Johannes Barta
Jüdische Familienerziehung

Johannes Barta

Jüdische Familienerziehung

Das jüdische Erziehungswesen
im 19. und 20. Jahrhundert

Benziger Verlag

2. Auflage 1975
© Copyright 1974 by Benziger Verlag
Zürich, Einsiedeln, Köln
Hergestellt im Graphischen Betrieb Benziger AG, Einsiedeln
ISBN 3 545 25036 9

INHALT

VORWORT

EINLEITUNG

ERSTER TEIL : DER HISTORISCHE HINTERGRUND

1. Probleme der Familienerziehung infolge der grossen politischen und wirtschaftlichen Veränderungen 23
2. Spezifische Probleme der Mädchenerziehung 27
3. Die Stellung der Frau in Ost- bzw. Mitteleuropa 32

ZWEITER TEIL : ZUR LAGE DER JUDEN

1. Die politische Situation der Juden in Ost- und Mitteleuropa 39
2. Ueber die soziologische Struktur der Juden in Ost- und Mitteleuropa 50
3. Die geistigen Strömungen innerhalb des Judentums 60
4. Ueber das jüdische Schulwesen 65

DRITTER TEIL : ANALYSE DER JUEDISCHEN FAMILIENERZIEHUNG

1. Grundlagen der jüdischen Familienerziehung 79
2. Wichtige Faktoren der jüdischen Erziehung
   a) die Bedeutung des Schabbat für die jüdische Erziehung ... 84
   b) die erzieherische Funktion der jüdischen Feste 94
   c) die Rolle der koscheren Haushaltsführung in der jüdischen Familienerziehung 102

VIERTER TEIL : DIE JUEDISCHE FAMILIE

1. Das jüdische Elternhaus 107
2. Der jüdische Vater als Träger der Erziehung 109
3. Die Rolle der jüdischen Frau als Mutter in der Familienerziehung 117
4. Erziehung der männlichen jüdischen Jugend 127
5. Erziehung der weiblichen jüdischen Jugend 135

FUENFTER TEIL : SCHLUSSBETRACHTUNGEN

1. Die jüdische Familienerziehung im Lichte allgemeinpädagogischer Ueberlegungen 143
2. Die Situation der jüdischen Erziehung heute 145

LITERATURVERZEICHNIS 156

VORWORT

Das Erscheinen dieser Arbeit fällt in eine Zeit, die durch bedeutende politische wie gesellschaftliche Bewegungen gekennzeichnet ist. Schicksalhafte Ereignisse verändern fast täglich die politische Lage in vielen Teilen der Welt. Angesichts dieser Tatsache müssen die Liebe zum Mitmenschen und die Sorge für die Völkerverständigung als Gebot der Stunde gelten. So wächst auch das Interesse für die Erziehungswelt des Judentums, dessen Kultur zwar mit der europäisch-abendländischen eng verbunden ist, deren pädagogische Intentionen und Erscheinungsformen jedoch einen eigenen Charakter besitzen.

Die Analyse und Erörterung des jüdischen Erziehungsphänomens, seiner Entwicklungsepochen und Gegenwartssituation möge neue Perspektiven in der pädagogischen und in der Geschichtsforschung erschliessen. Für die grosszügige Förderung der Veröffentlichung meiner Arbeit seitens offizieller kirchlicher und weltlicher Stellen und Persönlichkeiten sowie für die hilfreiche Beratung durch Herrn Prof. Dr. K.E. Nipkow, Tübingen, und Frau Dr. S. Eckle, Stuttgart, und nicht zuletzt für das Entgegenkommen des Benziger Verlages möchte ich meinen besonderen Dank aussprechen.

Stuttgart, im September 1974   Johannes Barta

EINLEITUNG

1. Systematische Ueberlegungen zum Thema

Die vorliegende Arbeit will die Ziele, Methoden und Inhalte sowie die mit ihnen zusammenhängenden Probleme der jüdischen Familienerziehung in der zweiten Hälfte des vorigen Jahrhunderts untersuchen.
Im Hinblick auf das Ziel der jüdischen Familienerziehung muss man zwischen orthodoxen und liberalen Juden unterscheiden. Für die Orthodoxen galt in erster Linie die Sicherung der jüdischen Tradition als wichtigstes Erziehungsziel[1] mit der möglichst lückenlosen Uebernahme tradierter Lebensformen. Auf dieser Basis sollte der zu Erziehende die Fähigkeit in sich entwickeln, in religiöser wie in ethischer Hinsicht Vorbild zu werden[2].
Dem liberalen Judentum ging es vor allem darum, einen Modus zu finden, wie mehr oder weniger eigenmächtig reduzierte jüdische Erziehungsinhalte in die am nächsten erreichbaren nichtjüdischen Lebensformen hinüberzuretten sind[3]. Für die liberale jüdische Familienerziehung stand daher die Erhaltung der traditionellen jüdischen Lebensformen mit allen ihren Reglements nicht im Vordergrund. Vielmehr waren für die liberalen Juden in Ost- wie in Mitteleuropa einerseits die Anpassung an die nichtjüdische Umwelt und andererseits die mögliche Integration fremden Kulturguts in noch vorhandene Reste jüdischer Erziehungselemente oberste Prinzipien. Den Hang zum Absoluten oder gar Rigorosen liess die Zielsetzung der liberalen jüdischen Familienerziehung durchweg vermissen. Sie gab zwar die konservativen jüdischen Erziehungsziele nie ganz auf, hielt sie allein aber zur Heranbildung des jüdischen Abendländers für nicht mehr ausreichend[4].
Die Methode der jüdischen Familienerziehung ist besonders auf die tradierten Lebensformen ausgerichtet, die den mehr oder weniger festen Rahmen für das jüdische Erziehungsgeschehen bilden[5]. Dementsprechend müssen die Wirkungsbereiche und Möglichkeiten des erzieherischen Zwanges und der erzieherischen Liebe als wichtigste Faktoren in der jüdischen Erziehung gegen Ende des vorigen Jahrhunderts analysiert werden.

---

1. Die aktive Rolle der jüdischen "Lehre" im Alltag wird bei Dubnow besonders deutlich: "Die Religion ist nicht etwa ein Ideal, das lediglich ersehnt, sondern ... tagtäglich und unmittelbar betätigt werden muss. ... Die mosaische Lehre verlangt überall eine aktive, nicht bloss eine passive Moral." S.M. Dubnow, Die jüdische Geschichte, S. 25.
2. Vgl. M.M. Sfurim, Schlojmale, S. 114.
3. Der aus Deutschland stammende frühere Oberrabbiner von Schweden, K. Wilhelm,

Dabei kommt vor allem der Beziehung zwischen Liebe und Zwang gerade aus der Sicht der jüdischen Erziehungswirklichkeit der zu betrachtenden Epoche eine grosse Bedeutung zu.

Durch eingehende Untersuchung gelangt man zu der Feststellung, dass Liebe und Zwang in der jüdischen Erziehung keineswegs Gegensätze bilden oder gar einander ausschliessen. Dem Aussenstehenden scheint der Zwang die dominierende Rolle in der jüdischen Erziehung zu spielen[6]. In Wahrheit aber ist die Liebe - aus welchen Motiven auch immer - als grundlegender Faktor aus der jüdischen Erziehungswirklichkeit nicht wegzudenken[7].

In der zu untersuchenden - politisch wie soziologisch wichtigen - Epoche des jüdischen Erziehungswesens muss die Einführung in die sog. jüdischen Lebensformen als wichtigster Inhalt der jüdischen Familienerziehung angesehen werden. Dieser Tatbestand schloss keinesfalls aus, dass es hinsichtlich der Prägnanz und Intensität der Erziehung zu echten jüdischen Lebensformen in verschiedenen Ländern und unter recht unterschiedlichen Bedingungen mitunter erhebliche Diskrepanzen gab; so etwa in der Gestaltung jüdischer Feiern in der kontinuierlichen Kette jüdischer Festtage, die in den jüdischen Lebensformen einflussreiche und belebende Faktoren darstellen[8]. Nach S.R. Hirsch z.B. sind die jüdischen Feste von fundamentaler Bedeutung für das jüdische Haus und seine Erziehungswelt[9].

Wichtige Erziehungsinhalte ergaben sich ferner aus der Durchdringung des jüdischen Familienalltags mit einer Fülle von Gesetzen, Geboten und Bräuchen. Dabei galten die zahllosen strengen Vorschriften aller Art weder für das osteuropäische noch für das mitteleuropäische Judentum als Dogma, sondern als bewährte Bausteine der jüdischen Erziehung, die darauf zielt, "ewig geltende" Gebote in lebendige Tat umzusetzen[10].

2. Erläuterung des Problemfeldes

Der Problemkomplex der jüdischen Familienerziehung gegen Ende des XIX. Jahrhunderts ist recht mannigfaltig. Einerseits handelt es sich hierbei um politische wie sozialökonomische Probleme, die sich in

---

3. ... äusserte sich hierüber treffend in: Juden, Christen, Deutsche, S. 72.
4. S. Levin beschäftigt sich mit den Aspekten der liberalen jüdischen Erziehung in: Jugend in Aufruhr, S. 54. Es stehen jedoch die allgemeinen Umweltbedingungen im Vordergrund seiner Untersuchungen.
5. Vgl. M.M. Sfurim, Schlojmale, S. 36.
6. Recht anschaulich schildert die Strenge der jüdischen Erziehung nach orthodoxem Massstab C. Michelson in: Jüdisches Kind aus dem Osten, S. 41.
7. Welch grosse Rolle die Liebe im Erziehungsalltag der jüdischen Familie zu spielen vermochte, schildert B. Strassburger in: Geschichte der Erziehung und des Unter-

Ost- und Mitteleuropa sehr unterschiedlich auf die jüdische Familie auswirkten[11]; andererseits um ideologische Probleme: sie spiegeln sich in den vielschichtigen geistigen Strömungen innerhalb des Judentums, die zum grossen Teil aus der geistigen Konfrontation mit der nichtjüdischen Umwelt entstanden[12]. Es erfordert äusserste Sorgfalt, festzustellen, wo die Trennungslinien zwischen den von aussen kommenden säkularisierenden Einflüssen und den sich ebenfalls stets entwickelnden echt jüdischen Erziehungsprinzipien innerhalb der jüdischen Familienerziehung lagen.

In steter Bezugnahme auf diese beiden Einflusssphären muss die besondere Rolle des Vaters in der jüdischen Familienerziehung näher geprüft werden. Dabei ist es wichtig, die Akzente in der väterlichen Erziehung bei den Juden in Ost- und in Mitteleuropa herauszustellen, sie zu vergleichen und die Unterschiede aufzuweisen. Allein die unterschiedliche Siedlungsweise in Ost- und in Mitteleuropa musste zu einer völlig anderen Stellung des Vaters in der Familienerziehung führen[13].

Eine entscheidende Aufgabe fällt auch der Frau als Mutter in der jüdischen Familienerziehung zu; man muss nämlich berücksichtigen, dass der Mangel an Möglichkeiten, zu einer angemessenen Allgemeinbildung zu gelangen, in breiten Schichten des Ostjudentums der Erziehertätigkeit der jüdischen Mutter in der Familie ein besonderes Gewicht verlieh. Aus dieser Tatsache ergeben sich weitere Probleme, denen nachzugehen ist. Die Erziehertätigkeit der jüdischen Mutter in Mitteleuropa unterlag demgegenüber weitgehend dem gesellschaftspolitischen Liberalisierungsprozess, dem sich nicht einmal die orthodoxe jüdische Mutter ganz entziehen konnte[14].

---

7. ... richts bei den Israeliten, S. 178.
8. Vgl. M. Friedländer, Die jüdische Religion, S. 319.
9. Der Nestor der jüdischen Orthodoxie in Deutschland, S.R. Hirsch, gehört zu den wenigen Autoren, die sich auch mit den pädagogischen Möglichkeiten im Erziehungsalltag des traditionsbewussten jüdischen Hauses befassen. Siehe dazu: Gesammelte Schriften, S. 415.
10. Eine ausführliche Begründung hierfür findet man bei F. Rosenzweig in: Zur jüdischen Erziehung, S. 64.
11. Vgl. dazu S. Mayer, Die Wiener Juden 1700 - 1900, S. 473.
12. Wie unumgänglich die Konfrontation der jüdischen Familie mit der Umwelt war, kommt im Aufsatz von F. Brodnitz in: "Die Juden im Gemeinschaftsleben der Völker", S. 45, besonders deutlich zum Ausdruck.
13. So M.M. Sfurim, Schlojmale, S. 98.
14. Eine ausführliche Schilderung hierüber findet man bei N.R. Lazarus in: Das jüdische Weib, S. 315. Ihre Untersuchung ist von besonderem Wert, da sie selbst durch Konversion zur Jüdin wurde.

Die Problematik der Erziehung der männlichen bzw. weiblichen jüdischen
Jugend in der zweiten Hälfte des XIX. Jahrhunderts wird nur unter Berücksichtigung
der vielseitigen politischen und sozialökonomischen Umweltbedingungen
verständlich. Es muss dabei auf den oft erheblichen
Unterschied zwischen den Erziehungs- bzw. Bildungsmöglichkeiten sowie
zwischen dem ost- und mitteleuropäischen Erziehungsalltag jüdischer
Jugendlicher hingewiesen werden. Dass innerhalb dieser zwei Erziehungsräume
auch die voneinander oft stark abweichende Modalität der orthodoxen
und der liberalen jüdischen Jugenderziehung näher zu untersuchen
ist, liegt auf der Hand[15].

Im Problemkomplex der jüdischen Mädchenerziehung werden die Akzente
auf die Zusammenhänge zwischen Ritus und Brauch auf der einen und Erziehungswillen
sowie Erziehungsgeschehen auf der anderen Seite gelegt.
Der Erziehung der Mädchen massen in erster Linie die orthodoxen Juden
grössten Wert bei. Man ging von der Ueberzeugung aus, dass der Aufbau
des jüdischen Hauses und die Pflege der zahlreichen traditionellen
häuslichen Bräuche Obliegenheiten der künftigen jüdischen Frau
seien[16].

Die ständige Konfrontation der jüdischen Familie mit der nichtjüdischen
Umwelt samt ihren Sitten, Gebräuchen und Forderungen im XIX. Jahrhundert
stellt einen Prozess dar, der dauernden Aenderungen unterworfen
ist[17]. Die jüdische Religion ist eine Tatreligion. Wenn auch das Judentum
kein Dogma besitzt, so ist doch sein Wesen im Gesetz festgelegt.
Gerade dieses undogmatische, aber durch feste Gesetze bestimmte Judentum
birgt erhebliche und vielschichtige Spannungen in sich. Der hebräische
Name für das jüdische Gesetz, "Halacha", bedeutet nämlich Weg,
und zwar: Weg des gelebten Lebens[18]. Das jüdische Gesetz besitzt zwei
einander sonst ausschliessende Grundeigenschaften: statische und progressive.
In bezug auf die jüdische Familienerziehung tritt das Statische
des Gesetzes in der Form des Zwangs zur Einhaltung und Wahrung
der Tradition[19] in Erscheinung, das Progressive hingegen in der Möglichkeit,
als Ebenbild Gottes diese Welt durch entsprechende Handlungen
- Taten - schöpferisch gestalten zu können. Der jüdischen Erziehung
obliegt daher die Aufgabe, die heranwachsende Jugend mit entsprechendem
Rüstzeug für den Weg des gelebten Lebens auszustatten, und zwar

---

15. Dazu auch B. Strassburger, Geschichte der Erziehung und des Unterrichts bei den Israeliten, S. 231.
16. Vgl. M. Lazarus, Die Ethik des Judentums, Bd. 1, S. 20.
17. Vgl. S. Schwarz, Die Juden in Bayern im Wandel der Zeiten, S. 295.
18. Weitere Ausführungen hierüber finden sich bei W. Freyhan in: Der Weg zum Judentum, S. 96.
19. Recht aufschlussreich untersucht das Problem des Zwanges zur Einhaltung und Wahrung der Tradition A. Ruppin in: Soziologie der Juden, Bd. 2, S. 182.

stets in Anbetracht sich fortschreitend entwickelnder Umweltbedingungen. Darin liegt das Grundproblem jüdischer Erziehung.

Die jüdische Familienerziehung muss ein echtes jüdisches Fundament haben. Sie kann daher nur in ausgesprochen jüdischen Lebensformen stattfinden. Diese brauchen allerdings nicht weit abgesondert von anderen Kulturen zu existieren; sie können sich vielmehr inmitten jeder anderen Gemeinschaft entfalten. Voraussetzung für die Entwicklungs- und Lebensfähigkeit dieses für die jüdische Familienerziehung unabdingbaren Fundaments ist jedoch, dass die Umwelteinflüsse keinen bestimmenden Charakter in bezug auf die eigenständige Entwicklung jüdischer Erziehungsvorgänge besitzen dürfen[20]. Die Umweltverhältnisse mögen die Art und den Gang der jüdischen Familienerziehung mitbedingen, ihren Inhalt und vor allem ihr Ziel dürfen sie jedoch keinesfalls beeinflussen.

Die vorliegende Arbeit muss sich ferner mit den verschiedenen geistigen Strömungen innerhalb des Judentums befassen und sie nach ihrem Trend dahingehend analysieren, ob sie für die jüdische Familienerziehung förderlich waren oder hemmend wirkten[21]. Dabei ist es unerlässlich, auf die oft erheblichen Unterschiede zwischen den einzelnen jüdischen Lebensräumen hinzuweisen. Es muss untersucht werden, ob die einzelnen geistigen Strömungen hauptsächlich religiös-sakrale oder weltliche Ziele verfolgten[22]. Ferner ist nach dem allgemeinbildenden Gehalt dieser geistigen Bewegungen zu fragen.

Warfen die verschiedenen Umweltbedingungen mannigfaltige politische, gesellschaftliche und ökonomische Probleme auf, so vermochten die innerjüdischen Bewegungen die jüdische Familienerziehung mehr auf geistiger Ebene zu prägen. War die Orthodoxie für die grossen jüdischen Massen des Ostens als eine mächtige geistige Bewegung von dominierender Bedeutung, so erwies sich die Assimilationsbewegung in den Ländern Mitteleuropas als wichtigster Faktor in der Erziehung[23]. Schliesslich gewann allmählich der Zionismus sowohl im politisch unterdrückten Judentum Osteuropas als auch im liberalisierten Mitteleuropa eine beträchtliche Anziehungskraft[24]. Der zionistische Gedanke sprach in erster Linie die jüdische Jugend in Ost- und in Mitteleuropa an, wogegen die ältere Generation sich zeitweilig heftig wehrte.

Wie die äusseren Einflüsse, so war auch der Einfluss der innerjüdischen geistigen Strömungen je nach Siedlungsraum unterschiedlich. Die ge-

---

20. Vgl. dazu den Aufsatz F. Goldmanns in: Das deutsche Judentum, S. 14.
21. Z. Rudys "Soziologie des jüdischen Volkes", S. 116, befasst sich eingehend mit den Assimilationsbestrebungen der jüdischen Oberschicht in Russland.
22. So M.M. Sfurim, Schlojmale, S. 192.
23. Die Untersuchung S. Mayers, "Die Wiener Juden 1700-1900", S. 363, gibt ein klares Bild über die Auswirkungen liberaler Tendenzen im österreichisch-ungarischen Judentum.
24. Siehe Th. Herzl, Zionistische Schriften, Bd. 1, S. 404.

wichtigsten Probleme in bezug auf die Erziehung entstanden durch die
Rigorosität der Orthodoxie, die sich in Mitteleuropa allerdings nie
ganz durchsetzen konnte; vielmehr wurde sie vom allgemeinen gesellschaftlichen Liberalisierungsprozess aufgehalten[25].

3. Bisheriger Stand der Forschung

Die vorliegende Arbeit kann sich im allgemeinen nur auf vereinzelt
vorkommende bisherige Forschungsergebnisse stützen. Die vorhandenen
Untersuchungen berühren lediglich verschiedene Randgebiete des Themas
meiner Arbeit. Darunter nimmt die Behandlung der politischen Situation
der Juden in Ost- und Mitteleuropa einen verhältnismässig breiten Raum
ein[26]. Für meine Arbeit ergibt sich daraus die Schwierigkeit, dass die
vorliegenden Untersuchungsergebnisse sich nur auf Teilgebiete meiner
Thematik erstrecken. Den besten Einblick in die politische Situation
der Juden und ihrer Aufnahmeländer bietet vor allem das Standardwerk
S.M. Dubnows, "Die jüdische Geschichte". Allerdings behandelt der Historiker Dubnow die Ereignisse um die und nach der letzten Jahrhundertwende ausführlicher als die Epoche, die die vorliegende Arbeit untersucht[27].
Weniger als die politische Situation ist die soziologische Struktur
des ost- und mitteleuropäischen Judentums, geschweige denn ihre Ein-
flussnahme auf die Erziehung bislang erarbeitet worden. J. Segalls
"Die beruflichen und sozialen Verhältnisse der Juden in Deutschland"
ist neben H. Silbergleits "Die Bevölkerungs- und Berufsverhältnisse
der Juden" hierfür noch die beste Fundgrube[28]. Hier wie dort blieben
aber Lücken, vor allem in bezug auf die osteuropäischen Verhältnisse,
wozu wesentlich weniger Daten vorliegen als zur sozialökonomischen
Situation der Juden in den Ländern Mitteleuropas.

---

25. R. Kaulla berichtet in: "Der Liberalismus und die deutschen Juden", S. 32, eingehend über die engen Kontakte, die die Judenheit im deutschsprachigen Mitteleuropa
mit ihrer Umwelt pflegte.
26. So untersucht u.a. H.G. Adler in "Die Juden in Deutschland", S. 111, das wichtige Problem der staatsbürgerlichen Gleichberechtigung der Juden im Deutschen Reich
im Zusammenhang mit dem Berliner Kongress 1878.
27. Auch S.M. Dubnows "Die neueste Geschichte des jüdischen Volkes", Bd. 3, 1789-1914,
S. 458ff., dient der historischen Forschung im Hinblick auf die Erhellung der politischen Situation des ost- und mitteleuropäischen Judentums.
28. Siehe J. Segall, Die beruflichen und sozialen Verhältnisse der Juden in Deutschland, und H. Silbergleit, Die Bevölkerungs- und Berufsverhältnisse der Juden, Bd. 1.
Es gibt ausserdem noch einige Arbeiten, die über die soziologische Struktur des Judentums in seinen verschiedenen Ballungsräumen Aufschluss geben, so u.a. A. Ruppin,
Soziologie der Juden, Bd. 1-2 und S.B. Weinryb, Neueste Wirtschaftsgeschichte der
Juden in Russland und Polen.

Ueber die mannigfaltigen geistigen Strömungen innerhalb des Judentums
gibt es mehrere Arbeiten. Etliche Autoren charakterisieren sie in einigen kleineren Arbeiten, aber sie nehmen auf die jüdische Erziehungswirklichkeit nur gelegentlich Bezug[29]. Zu den wichtigsten zählen im
deutschen Sprachbereich E. Simons "Brücken" und zahlreiche Aufsätze
von H.J. Schoeps[30].
Leider sind aber diese Untersuchungen für die vorliegende Arbeit nur
bedingt verwendbar; denn sie befassen sich mehr mit der Zeit zwischen
den zwei Weltkriegen. Um so bedeutsamer sind dagegen die zahlreichen
zeitgenössischen Darlegungen, so in erster Linie von M. Buber, L. Baeck
und F. Rosenzweig. Diese drei wichtigen Repräsentanten des mitteleuropäischen Judentums befassen sich nämlich nicht nur mit den Geistesbewegungen des ausgehenden XIX. Jahrhunderts, sondern z.T. auch mit den
durch sie bedingten jüdischen Erziehungsfragen ihrer Zeit[31]. Erwähnenswert ist ausserdem eine ganze Reihe teilweise weniger bekannter Autoren aus dem Osten, die oft wertvolle Hinweise auf das jüdische Geistesleben ihrer Heimat geben[32].
Nicht unmittelbar zum Thema gehörend, jedoch von erheblicher Bedeutung
für die jüdische Erziehung sind die Untersuchungen M. Güdemanns über
das jüdische Schulwesen[33]. Zu diesem Stoffgebiet sind im übrigen für
die zu untersuchende Epoche recht wenig sonstige Quellenschriften vorhanden. Zu erwähnen wäre noch H. Bärwalds "Geschichte der Realschule
(Philanthropin) der israelitischen Gemeinde zu Frankfurt am Main"
(1904).
Ueber die massgebenden Faktoren in der jüdischen Familienerziehung -
etwa die Institution der jüdischen Feiern, des Schabbats und der rituellen Haushaltführung - liegen einzelne nach Themen geordnete Arbeiten vor[34]. Diese Themen sind z.T. lediglich in allgemeingehaltener
Form in der zeitgenössischen Literatur behandelt worden. Am klarsten
tritt die Erziehungsfunktion der tradierten jüdischen Lebensformen in
den Werken S.R. Hirschs in Erscheinung, der die äusserste Richtung der
deutsch-jüdischen Orthodoxie vertritt[35]. L. Baecks "Das Wesen des Ju-

---

29. B. Murmelstein behandelt z.B. in "Geschichte der Juden", S. 392, die frühzionistische Bewegung in der zweiten Hälfte des vorigen Jahrhunderts im Osten Europas, aber ohne jede Bezugnahme auf die daraus entstandenen Erziehungsprobleme.
30. Siehe E. Simon, Brücken, Gesammelte Aufsätze, und H.J. Schoeps, Jüdischer Glaube und jüdisches Gesetz heute, in: H. Ganther, Die Juden in Deutschland. E. Simon gilt als Repräsentant der aufgeklärten, aber traditionsbewussten jüdischen Pädagogik mit zionistischer Orientierung. H.J. Schoeps vertritt dagegen das deutsche Assimilationsjudentum.
31. Bedeutsam in diesem Zusammenhang sind vor allem M. Bubers "Der Jude und sein Judentum", sowie L. Baecks "Dieses Volk - Jüdische Existenz", 1. u. 2. Teil und F. Rosenzweigs "Zur jüdischen Erziehung".
32. Dazu zählt u.a. C. Rosenbergs "Bilder aus einem Leben, Erinnerungen eines ostpreussischen Juden".
33. Siehe dazu M. Güdemann, Quellenschriften zur Geschichte des Unterrichts und der

dentums" weist ebenfalls echte erzieherische Aspekte der jüdischen
Glaubens- und Lebensprinzipien auf[36]. Beim Vergleich der Aussagen dieser zwei namhaften Vertreter des deutschen Judentums muss berücksichtigt werden, dass die strenge Gehorsamsforderung Hirschs in jüdischen
Erziehungsfragen etwa eine Generation später durch Baecks wesentlich
flexiblere Interpretation der massgebenden gesetzlichen Vorschriften
abgelöst wurde.

Wie jüdische Lebensformen im Osten Europas entstanden und praktiziert
wurden, ist systematisch bislang nicht dargelegt worden. Dubnow berichtet über sie aus der historischen Perspektive, während eine Anzahl
anderer Autoren schlicht den ostjüdischen Alltag in ihrer Heimat
schildern[37]. Diese zeitgenössischen Darstellungen besitzen Seltenheitswert und sind daher von grosser Bedeutung für die Forschung. In
M.M Sfurims "Schlojmale" findet man zahlreiche Hinweise, wie stark
tradierte Kulturgehalte den jüdischen Alltag prägten[38]. Ueber ihren
ausgesprochen erzieherischen Effekt wird hier jedoch nichts ausgesagt.

Ueber die Rolle der einzelnen Mitglieder der jüdischen Familie im Erziehungsgeschehen liegen nur wenige Untersuchungen vor. In den meisten
Fällen handelt es sich hierbei um zeitgenössische Darstellungen von
Lebensgewohnheiten fast ohne jeden Bezug auf die Erziehung. Alle diese
Arbeiten besitzen einen hohen historischen Wert und dienen in der Tat
als wichtige Grundlagen zur Erforschung der jüdischen Erziehungswirklichkeit in der zweiten Hälfte des vergangenen Jahrhunderts. M. Oppenheims "Erinnerungen" sind ein eklatantes Beispiel hierfür[39]. Auch in
R. Straus' "Wir lebten in Deutschland" wird das jüdische Familienleben
eingehend geschildert[40]; diese Lebensbilder sind aber schon eher dem
beginnenden XX. Jahrhundert zuzuordnen und somit für die vorliegende
Arbeit nur beschränkt verwendbar. Sowohl zeitlich als auch inhaltlich
bessere Fundgruben für die Untersuchung der Erziehertätigkeit jüdischer
Eltern bieten S.R. Hirsch und N.R. Lazarus[41]. Während N.R. Lazarus sich

---

33. ... Erziehung bei den deutschen Juden.
34. Zu diesen Einzelthemen geben M. Lehmanns "Sabbath" und M. Soloweitschiks "Die
Thora, der Lebensquell des jüdischen Volkes", wertvolle Hinweise.
35. Ein eklatantes Beispiel hierfür ist S.R. Hirschs "Versuche über Jissroels Pflichten in der Zerstreuung", S. 278ff.
36. Dazu L. Baeck, Das Wesen des Judentums, S. 16.
37. Vgl. S. J. Agnon, Das Buch von den polnischen Juden, S. 166.
38. Eindrucksvoll schildert M.M. Sfurim den ostjüdischen Alltag, vor allem, wenn
sich ein Fest näherte, in: Schlojmale, S. 168.
39. Hier und da befasst sich M. Oppenheim am Rande auch mit Problemen der jüdischen
Erziehung, wie in "Erinnerungen", S. 13.
40. Vgl. dazu R. Straus, Wir lebten in Deutschland, S. 50.
41. Siehe dazu die Kritik von N.R. Lazarus über die Nichtbeachtung der jüdischen
Tradition, Sitten und Bräuche seitens der modernen jüdischen Frau in: Das jüdische
Weib, S. 317.

in ihrer Untersuchung "Das jüdische Weib" mit der Persönlichkeit der jüdischen Frau befasst, geht S.R. Hirsch in seinen Werken "Versuche über Jissroels Pflichten in der Zerstreuung" und in "Gesammelte Schriften" auch auf die erzieherischen Pflichten der jüdischen Väter und Mütter ein. Wie bereits erwähnt, tritt er für den orthodoxen Standpunkt ein.

Der Erziehungsalltag im Ostjudentum ist bisher so gut wie gar nicht untersucht worden. Einige recht spärliche Hinweise darauf findet man jedoch in anderen Zusammenhängen in S. Levins "Jugend in Aufruhr" und in S.J. Agnons "Das Buch von den polnischen Juden". Levin wie Agnon befassen sich in ihren Arbeiten auch mit den Bildungschancen für jüdische Jugendliche in Osteuropa[42]. Sonst beschäftigen sich die ostjüdischen Autoren mit der Jugend und ihren Problemen auffallend selten. Der schon erwähnte M.M. Sfurim stellt allenfalls hie und da einige charakteristische Tätigkeitsmerkmale der einzelnen Glieder der jüdischen Familie heraus, die für die Forschung bedeutend sind.

Bei der Betrachtung des bisherigen Standes der Forschung auf dem Gebiet der jüdischen Familienerziehung in der zweiten Hälfte des XIX. Jahrhunderts muss man schliesslich berücksichtigen, dass infolge der jüdischen Katastrophe, die das mittel- und osteuropäische Judentum samt seiner Kultur am schwersten getroffen hat, eine Unzahl wertvoller Schriften und Dokumente verlorenging. Um so mehr müssen nun die noch vorhandenen alten Darlegungen als kostbares Gut eingehend untersucht und ausgewertet werden.

4. Ziel, Methode und Aufbau der Untersuchung

Aufgabe der vorliegenden Arbeit wird es sein, die Ergebnisse der jüdischen Familienerziehung, der in der zweiten Hälfte des XIX. Jahrhunderts bedeutende Erfolge vergönnt waren, im einzelnen aufzuzeigen, und zwar stets unter Berücksichtigung der vielschichtigen Begleitsumstände der jüdischen Erziehungsarbeit. Es ist zu interpretieren, wieweit die Konfrontation zwischen jüdischen und nichtjüdischen Erziehungsformen als sinnvoller Austausch, als Ergänzung und somit als Bereicherung des jüdischen Erziehungswesens zu verstehen ist[43]. So wird sich die jüdi-

---

42. Dazu S.J. Agnon, Das Buch von den polnischen Juden, S. 205, das die orthodoxe Seite behandelt, und S. Levin, Jugend in Aufruhr, S. 109, das über die universellen Bildungschancen der wohlhabenden liberalen Ostjuden berichtet.
43. S.M. Dubnow schildert in "Die neueste Geschichte des jüdischen Volkes 1789-1914", Bd. 3, S. 184, eingehend den Bildungshunger des liberalen russischen Stadtjudentums.

sche Erziehung - wie auch jede andere - als ergänzungsbedürftig erweisen und die vorliegende Untersuchung sich mit dem Problem zu befassen haben, ob die Ergänzungsimpulse unmittelbar oder erst in einem mitunter langen Umwandlungsprozess in der jüdischen Erziehung absorbiert werden können.

Begünstigten die allgemeinen Umweltbedingungen die Entstehung geschlossener Erziehungsformen im Osten Europas, so ergibt die eingehende Untersuchung der Strukturzusammenhänge, dass die rigorose Bewahrung althergebrachter Erziehungs- und Lebensformen viele, aber bei weitem nicht alle Kriterien einer rechten jüdischen Familienerziehung erfüllt hat. Der an zahllosen tradierten Grundsätzen für die Gestaltung jüdischer Lebensformen reichen Erziehung mangelte es vor allem bei den ostjüdischen Massen an der Entfaltung der jugendlichen Persönlichkeit, deren Wichtigkeit sie kaum erkannte[44]. In der Familienerziehung liberaler Schichten will die Arbeit dagegen nachweisen, dass hier moderne pädagogische und politische Tendenzen das erste Kriterium jüdischer Erziehung, den Aufbau jüdischer Lebensformen, oft verkümmern liessen[45].

Die vorliegende Arbeit wird ferner herauszuarbeiten haben, wieweit in der zweiten Hälfte des vorigen Jahrhunderts auf dem Boden Mitteleuropas entsprechend günstige Möglichkeiten zur mannigfachen Entfaltung der jüdischen Erziehung vorhanden waren. Die Untersuchung muss sich auch mit den Rückschlägen befassen, die infolge der oftmaligen Verzahnung jüdischer und nichtjüdischer Bevölkerungsteile in den Städten wie auch in der Provinz erfolgten. Der gesellschaftliche Wandlungsprozess durch die Industrialisierung beeinträchtigte die Wahrung traditioneller Lebensformen in der jüdischen Familienerziehung. Schliesslich nimmt die vorliegende Arbeit auch auf die verschiedenen pädagogischen Ideen und Tendenzen Bezug, die zur teilweisen Neuformung der jüdischen Familienerziehung beigetragen haben. Sie ergänzten das althergebrachte jüdische Erziehungsziel durch die sittlich einwandfreie, frei entscheidende Persönlichkeit.

Der vorliegenden Arbeit gingen jahrelange persönliche Forschungen im Untersuchungsgebiet voraus. Eine derartige Forschungsarbeit kommt ohne persönliche Kontakte mit den Trägern der zu untersuchenden Kultur nicht aus[46]. Diese Kontakte bildeten den Ansatz zur rechten Interpretation des Denkens, Fühlens und Handelns jener vergangenen Epoche.

---

44. Ein charakteristisches Beispiel bietet hierfür M.M. Sfurim in "Schlojmale", S.71.
45. Dazu C. Roth, Geschichte der Juden, S. 434.
46. Zahlreiche persönliche Kontakte zu Repräsentanten des ost- und mitteleuropäischen Judentums aus der zu untersuchenden Epoche ermöglichten es erst, die vorhandenen schriftlichen Unterlagen sinngemäss auszuwerten und auf Grund ihrer Aus-

Um die damaligen geistesgeschichtlichen Vorgänge in die Vorstellungsweise der heutigen Zeit zu übertragen, bedarf es der Durcharbeitung umfangreicher zeitgenössischer Dokumentationen. So wird es möglich, die Ordnungszusammenhänge jener Zeit wie auch die Beziehungen zwischen den einzelnen erzieherischen Bereichen sichtbar werden zu lassen. Es ist hierbei unerlässlich, auf der einen Seite die geplante bzw. vollzogene jüdische Familienerziehung, auf der anderen aber die mannigfaltigen prägenden Kräfte der Umwelt auf diese Erziehung miteinander in einen Zusammenhang zu bringen. Die Untersuchung hat die Auswirkungen der verschiedenen Sozial- und Kulturfaktoren in theoretischer und praktischer Hinsicht aufzuzeigen. Kulturfeld und Erziehungsfeld, geistiges Leben und erzieherisches Wirken werden somit in ihren wechselseitigen Zusammenhängen in bezug auf ihre Wertordnung verdeutlicht[47].
Eine möglichst breitangelegte Quellenausschöpfung verhilft der auf mehreren Ebenen verlaufenden Untersuchung, das erzieherisch Bewährte samt seiner Intention zu interpretieren. Es muss dabei das, was sich wertbeständig durchbildete, dahingehend überprüft werden, welche erzieherischen Massnahmen fruchtbar waren und den Anstoss zur Weiterentwicklung der jüdischen Erziehung gaben. Die jüdischen Erziehungsstrukturen sind mit grösstmöglicher Objektivität bei gleichzeitiger Erschliessung des Sozial- und Kulturfeldes herauszuarbeiten. So werden Gedanken, Handlungen und Institutionen in ihren Zusammenhängen und Verschiedenheiten zur "aktuellen Vergangenheit", deren pädagogische Probleme uns auch heute bewegen[48].
Die vorliegende Untersuchung ist in erster Linie aus den politischen und soziologischen Perspektiven der zweiten Hälfte des vergangenen Jahrhunderts zu deuten und zu verstehen[49]. Daher ist es unerlässlich, dass erst der historische Hintergrund sowohl allgemein als auch im Hinblick auf die Situation der Juden in Ost- und Mitteleuropa eingehend erörtert wird[50], um die Vergangenheit lebendig zu machen. Ihre Interpretation bringt Denken und Handeln der jüdischen Bürger in die richtige Relation zur Einstellung und Haltung ihrer übrigen Zeitgenossen und macht es zugleich für die Nachwelt verständlich.

---

46. ... sagen die Gedanken- bzw. Erziehungswelt der europäischen Juden zu rekonstruieren.
47. J.M. Landau befasst sich in "Israel", S. 291, ausführlich mit der Blütezeit des ostjüdischen Kulturlebens.
48. Hier gehe ich mit W. Roesslers Ausführungen in "Die Entstehung des modernen Erziehungswesens in Deutschland", S. 17ff., einig, der die Geschichtsschreibung in der Pädagogik nur in Verbindung mit sozialgeschichtlichen und kulturgeschichtlichen Fragestellungen für sinnvoll hält.
49. Dazu H. Schelsky, Wandlungen der Deutschen Familie in der Gegenwart, S. 11.
50. Vgl. H.G. Adler, Die Juden in Deutschland, S. 111.

Den Anfang hierzu bildet die Analyse der Probleme der Familienerziehung auf dem Hintergrund der grossen politischen und wirtschaftlichen Veränderungen in der zweiten Hälfte des vorigen Jahrhunderts. Zu den gesellschaftspolitisch wichtigen Themen in diesem Bereich gehören ferner die Behandlung der Mädchenerziehung und der Stellung der Frau in der Oeffentlichkeit, da sich beide am Anfang und am Ende des XIX. Jahrhunderts merklich unterscheiden[51].

Erst der zweite Teil befasst sich mit der Situation der Juden in Ost- und Mitteleuropa. Ihre Korrelation zur nichtjüdischen Umwelt wird durch die vorangegangene Erörterung der allgemeinen politischen und ökonomischen Grundlagen evident. Sowohl hinsichtlich der politischen als auch der soziologischen Struktur der Juden wird in der vorliegenden Untersuchung stets eine Trennungslinie zwischen ost- und mitteleuropäischen Verhältnissen gezogen, da die Erscheinungsformen und Merkmale des jüdischen Lebens in Ost- und Mitteleuropa unterschiedliche Züge trugen[52].

Nach den sozialökonomischen untersucht die Arbeit nun die geistigen Grundlagen des ost- und mitteleuropäischen Judentums inmitten der verschiedenen geistigen Strömungen, die für das jüdische Erziehungswesen in jener Epoche relevant waren[53].

Um den Themenkreis der die jüdische Erziehung betreffenden historischen Grundlagen abzurunden, ist es unerlässlich, sich auch die Entwicklung des jüdischen Schulwesens in Ost- und Mitteleuropa vor Augen zu führen. Gerade die jüdische Schule besass als ein aus der jüdischen Erziehungswirklichkeit nicht wegzudenkender Faktor einen entscheidenden Anteil an der jüdischen Erziehung und beeinflusste insbesondere die Familienerziehung. Auch im jüdischen Schulwesen zeigten sich erhebliche Unterschiede zwischen Ost- und Mitteleuropa[54].

Nach eingehender Beleuchtung der allgemeinen und der spezifisch jüdischen historischen Grundlagen wendet sich der dritte Teil der Arbeit der Untersuchung der Hauptelemente der jüdischen Erziehung zu. Zuerst zieht sie das jüdische Elternhaus in Ost- und Mitteleuropa ausführlich in Betracht[55]. Es kommt dabei vor allem den aus der herkömmlichen Tradition hervorgegangenen Institutionen überragende Bedeutung zu, so in erster Linie der Erziehungsfunktion des Schabbats und der traditionellen jüdischen Feiertage schlechthin.

---

51. Zu diesem Themenkomplex findet man ausführliche Studien bei G. Bäumer, Handbuch der Frauenbewegung, 1. Teil, Die Geschichte der Frauenbewegung in den Kulturländern, S. 105.
52. Eine detaillierte Darstellung der sozialökonomischen Verhältnisse der Juden in Ost- und Mitteleuropa erscheint für die vorliegende Arbeit unerlässlich. Die eingehende Erörterung dieses Teilthemas erleichtert das Verständnis auch für die kulturellen Zusammenhänge und ihre Problematik.
53. Siehe dazu den Aufsatz M. Bubers in: Juden, Christen, Deutsche, S. 87.

Entsprechend der Grundthese - von L. Baeck, S.R. Hirsch und anderen
namhaften Vertretern der jüdischen Orthodoxie vielfach bestätigt -,
dass für das Judentum die "Tat" als sittliche Handlung par excellence
gelten soll, muss bei der Behandlung der vielschichtigen Erziehungsfunktion der jüdischen Familie die des koscheren Haushaltes besonders
hervorgehoben werden[56].
Der vierte Teil der vorliegenden Arbeit befasst sich mit der Rolle der
einzelnen Mitglieder der jüdischen Familie im Erziehungsalltag. Zuerst
wird die Erziehertätigkeit des Vaters untersucht. Notwendigerweise ist
dabei deutlich der oft erhebliche Unterschied zwischen Ost- und Mitteleuropa in bezug auf den Erziehungsbereich und die Erziehungsbefugnisse
des jüdischen Vaters mit in Betracht zu ziehen[57].
Anschliessend folgt die Erörterung der Erziehertätigkeit der jüdischen
Mutter. Es darf keinesfalls auf eine detaillierte Beschreibung und
Analyse ihrer vielfältigen erzieherischen Tätigkeitsbereiche verzichtet
werden, ohne deren Kenntnis die Erzieherpersönlichkeit der jüdischen
Mutter gar nicht vorstellbar wäre[58]. Vor allem in der Erziehung der
Mädchen und in ihrer Anleitung zur Führung eines rituell einwand-
freien - koscheren - Haushalts ist die Rolle der Frau in der jüdischen
Familie von grösster Bedeutung.
Das folgende Kapitel untersucht die Erziehung der männlichen Jugend
und zeigt - wie schon bei den vorangegangenen Analysen - auch hier die
oft erheblichen Unterschiede zwischen den Erziehungsmöglichkeiten und
dem Erziehungsalltag jüdischer Jugendlicher in Ost- bzw. Mitteleuropa auf[59].
Die gleichen Untersuchungsprinzipien gelten auch für das letzte Kapitel des vierten Teils. Hier handelt es sich um die jüdische Mädchen-

---

54. Statt der "unerbittlichen" Strenge und Autorität des ostjüdischen "M'lamed"s
(Lehrer in der jüd. Religionsschule) wurde in Deutschland vom jüdischen Lehrer
"Frische des Gemüts und Freudigkeit des Wirkens" gefordert. Vgl. S.R. Hirsch, Gesammelte Schriften, Bd. 1, S. 264.
55. Vgl. dazu den Aufsatz I. Unnas in: Das deutsche Judentum, S. 9.
56. Es gibt kaum ein markanteres Beispiel dafür, wie hoch im Judentum die Tat - die
Handlung - eingeschätzt wird, als die Forderung nach einer rituellen - koscheren -
Haushaltsführung. So M. Friedländer in: Die jüdische Religion, S. 375.
57. Siehe dazu L. Baeck, Das Wesen des Judentums, S. 93/94 und 113.
58. Wie schon erwähnt, beschäftigt sich der Theologe S.R. Hirsch in "Gesammelte
Schriften", Bd. 4, S. 196, neben Glaubensfragen auch mit manchen Problemen der jüdi-
schen Erziehung, vor allem mit der Erzieherrolle der jüdischen Frau.
59. Ueber die Zielsetzung moderner jüdischer Schulen in Mitteleuropa berichtet
B. Strassburger in "Geschichte der Erziehung und des Unterrichts bei den Israeliten",
S. 237: "Das Ziel dieser Schulen ist: gründliche religiöse Durchbildung der der
Schule anvertrauten Zöglinge. Die besten Mittel zur Erreichung dieses Zweckes sind
neben dem in deutsche Form gekleideten Religions-, biblischen und geschichtlichen
Unterrichts die Kenntnis der Heiligen Schrift in der Ursprache und ein genügendes
Verständnis der hebräischen Sprache als der des israelitischen Gottesdienstes."

erziehung in Ost- und Mitteleuropa bei Orthodoxen und Liberalen mit ihren Erziehungssymptomen[60]. Eine ausführliche Darstellung der verschiedenen Komponenten der jüdischen Mädchen- und Jungenerziehung macht den komplexen Charakter der jüdischen Erziehung überhaupt evident.

Die historische Untersuchung der verschiedenen Faktoren der jüdischen Familienerziehung von 1850 bis 1900 wäre ohne den Vergleich mit der Situation in der Gegenwart und einen Ausblick in die Zukunft ein Torso. So muss sich der fünfte Teil der Arbeit mit einem analysierenden Vergleich in bezug auf die heutige jüdische Erziehung in Mitteleuropa befassen. Er erörtert ferner zugleich wichtige Aspekte, die in die Zukunft weisen[61]. Anschliessend untersucht er die Problematik der heutigen jüdischen Erziehung im osteuropäischen Raum. Die jeweilige politische Lage vor allem kennzeichnet die mannigfaltigen Unterschiede zwischen Mittel- und Osteuropa hinsichtlich der Gegenwartssituation und der Zukunftsaussichten der jüdischen Erziehung[62].

---

60. Vgl. dazu M. Friedländer, Die jüdische Religion, 1922, S. 383.
61. Recht aufschlussreich hierüber sind die Erörterungen von K.J. Ball-Kaduri, Jüdisches Leben einst und jetzt, S. 53.
62. Was die Gegenwartssituation und die Zukunftsaussichten der jüdischen Erziehung in Mittel- und Osteuropa betrifft, so schildert H.J. Schoeps diese in seinem Aufsatz "Jüdischer Glaube und jüdisches Gesetz heute" recht trostlos in H. Ganthers "Die Juden in Deutschland", S. 213.

ERSTER TEIL

DER HISTORISCHE HINTERGRUND

1. *Probleme der Familienerziehung infolge der grossen politischen und wirtschaftlichen Veränderungen*

Die Familie als einfachste und ursprünglichste Keimzelle der sozialen Ordnung[1] befand sich in der zweiten Hälfte des vorigen Jahrhunderts in einer starken Krise, die mannigfaltige Gründe hatte und sich in zahlreichen Erscheinungsformen offenbarte.
Mechanisierung und Vermassung als Folgeerscheinungen der Industriegesellschaft sind wohl als charakteristische Auswirkungen der Zivilisation jener Epoche zu bezeichnen. Die Familie als natürliche Zelle der Gemeinschaft und zugleich als naturgegebene Stätte der Kindererziehung wurde durch eine modernere Auffassung über die Ehe allmählich zu einer blossen Konsumgemeinschaft degradiert. Die Industriegesellschaft machte sich mit Hilfe ihrer zahlreichen Kommunikationsmittel daran, das bisherige Grundverhältnis zwischen den Familienmitgliedern, bestehend aus natürlicher Autorität und Pietät, die Familienleben wie Familiensitte geformt und geordnet hatten, zu zerstören. So verschwand das alte "Familienzimmer" immer mehr, das bislang zum gemeinsamen Aufenthalt für Mann und Frau, Kinder und Gesinde diente[2]. Dagegen wurden besondere Räume für die einzelnen Familienmitglieder immer zahlreicher eingerichtet; die Zurückgezogenheit wurde als vornehm angesehen. Somit erlitt die Familie auf entscheidende Weise eine Aenderung ihres Charakters, zumal die gesellschaftlichen Verhältnisse in der Epoche der beginnenden Industrialisierung ohnehin ganz allgemein differenzierter und komplizierter wurden.
Die krisenhafte Situation der Familie als eines sozialen Gebildes beruhte vor allem auf der Tatsache, dass die Grundprozesse der industriellen und wirtschaftlichen Entwicklung sowie die politischen und sozialen Umwälzungen in einem viel schnelleren Tempo abliefen, als die Familie des 19. Jahrhunderts sich mit ihren patriarchalischen Struktu-

---

1. Siehe dazu W. Röpke, Civitas Humana, S. 245. Röpke betont, dass eine "echte" Gemeinschaft nicht nur eine feste horizontale, sondern auch eine feste vertikale Struktur, d.h. eine von oben nach unten und von unten nach oben gerichtete Verbindung aufweist. Diese Gemeinschaftsideologie ist nicht unproblematisch.
2. Vgl. W.H. Riehl, Die Familie, S. 211. Mit dem seither gewohnten Familienzimmer lockerte sich auch "das Grundverhältnis der natürlichen Autorität bzw. Pietät" auf.

ren und entsprechenden institutionellen Vorstellungen rechtzeitig an sie hätte anpassen können[3]. Demzufolge war die Familie einerseits hinsichtlich ihrer moralischen und sozialen Idee in der Entwicklung zurückgeblieben, andererseits jedoch den gesellschaftspolitischen Veränderungstendenzen der Zeit preisgegeben[4]. Die moderne Wirtschaftsgesinnung brachte immer mehr eine Trennung zwischen der gefühlsbestimmten Intimität des herkömmlichen Familienlebens und der rationalen Organisationsform der Welt der Wirtschaft und Industrie. Diese Trennungslinie war umso deutlicher und ihre Ueberwindung gestaltete sich umso schwieriger, je mehr die bürgerliche Familie versuchte, die Jugend - aus der Geschichte des bürgerlichen Selbstbewusstseins heraus zwar verständlich - in einen Gegensatz zur Welt von draussen zu bringen. Die nun zur Rückständigkeit verurteilte Familie übte heftige Kritik an der Welt von draussen, ohne die Möglichkeiten eines Ausgleichs, eines Ueberganges von einem Sozialhorizont zum andern zu finden. Daneben spürte man intuitiv, dass die grundlegend veränderten Zeiten auch veränderte Erziehungsideen und -massnahmen forderten, wie es Friedrich Fröbel 1845 in seinem "Aufruf an die Deutschen Männer, besonders Väter, zur Bildung von Vereinen zur Erziehung" klar feststellte[5]. Durch die ungenügende Anpassungsfähigkeit der herkömmlichen Familie als Institution an die neuen Gesellschaftsformen wurde ihr möglicher Funktionswandel zum Funktionsverlust des grössten Teils ihres erzieherischen Potentials[6].

Während das Kind noch in der ersten Hälfte des vorigen Jahrhunderts - gleich welcher Gesellschaftsschicht - in eine mehr oder weniger geordnete, überschaubare Welt hineingeboren wurde, Lebens- und Weltverständnis unmittelbar erfahren konnte, einfache Kenntnisse und Fertigkeiten sowie Formen des Erwachsenseins zunächst nachahmend, später bewusst erlernte, war dieser durch die Tradition geprägte Weg in der zweiten Hälfte des Jahrhunderts nicht mehr gegeben. Allein schon der Wandel von der alten Grossfamilie zur modernen Kleinfamilie[7], von der früheren Selbstversorgung zur Konsumwirtschaft und nicht zuletzt die Trennung zwischen Wohnung und Arbeitsstätte verhinderten, dass das Kind ohne planmässige, aufeinander abgestufte Hilfen alles das erfahren und lernen konnte, was in der Familie der vorindustriellen Gesell-

---

3. Dazu H. Schelsky, Wandlungen der Deutschen Familie in der Gegenwart, S. 11. Schelsky bezeichnet die Familie des ausgehenden 19. Jahrhunderts - wegen der in ihr wirkenden konservativen Kräfte - als eine Institution von grosser Beharrlichkeit.
4. Vgl. E. Michel, Der Prozess "Gesellschaft contra Person", Soziologische Wandlungen im nachgoethischen Zeitalter, S. 211. Durch die Ausführungen Michels wird deutlich, dass die Familie ihren konkreten Standort inmitten anderer Institutionen des sozialen Lebens verloren hat.
5. Dazu die Ueberlegungen Fröbels: "Grosses und Wichtiges bewegt die Gegenwart und dies so allgemein wie noch zu keiner Zeit ... Und hier ist kein Stand und kein Verhältnis ausgeschlossen; es trifft den Vornehmsten wie den Geringsten, den Bürger wie

schaft ohne jede bewusste Planung möglich war. Dazu kam noch, dass die finanzielle Sicherheit der Familie gegen die Wechselfälle des Lebens früher weitgehend auf dem mit dem Eigentum verbundenen Sozialprestige aufgebaut war[8]. Die Erhaltung und Mehrung dieses Sozialprestiges setzte somit auch das ständige Streben nach Erhaltung bzw. Mehrung des Besitzes voraus. Das Eigentum wurde somit auch zum Machtfaktor, der gegebenenfalls dazu diente, in Notlagen fremde Hilfe und Dienstleistungen in Anspruch nehmem zu können.

Als Ersatz für die durch Eigentum fundierte Sicherheitsgrundlage trat nun das Versicherungsprinzip der öffentlichen Hand an seine Stelle. Ihm fiel die schwierige Aufgabe zu, das Individuum aus dem natürlichen System seines herkömmlichen Generationszusammenhanges herauszulösen und seine soziale Sicherheit auf künstlich konstruierte, zweckrationale "Gefahrengemeinschaften" zu übertragen. Diese reichten aber oft - vor allem bei kinderreichen Familien - nicht aus, um das Elend zu mildern, wenn der Ernährer der Familie aus irgendeinem Grunde mit der Arbeit aussetzen musste[9]. Somit wurde die Stabilitätsgrundlage der Familie ernstlich bedroht. Die Kollektivität der Schicksale zog mannigfaltige Verhaltensänderungen und die Erschütterung der bisherigen Lebensordnung nach sich[10].

Ein besonderes Problem für die Familie stellte die Zahl der Kinder dar. Früher waren dabei häufig auftretende Säuglingssterblichkeit, Unwissenheit der Mütter, Seuchen und andere Gefahren sowie ungünstige Lebensbedingungen entscheidende Faktoren. Sie bestimmten die natürliche Sterblichkeit in der Familie wie im Volk[11]. Nun hatten Hygiene und ärztliche Kunst sowie Mütteraufklärung und Mütterberatung die vorzeitige Sterblichkeit weithin einschränken können; die frühere natürliche

---

5. ... den Bauer, den Gebildeten wie den Ungebildeten ... So kann, so darf es mit der Erziehung der Kinder und Jugend nicht bleiben." Fr. Fröbel, Ausgewählte Schriften, Bd. 1, hrsg. v. E. Hoffmann, S. 126.
6. Vgl. G. Bäumer, Handbuch der Frauenbewegung, I. Teil, Die Geschichte der Frauenbewegung in den Kulturländern, S. 41.
7. Dazu R. und L. Wilbrandt, Handbuch der Frauenbewegung, IV. Teil, Die deutsche Frau im Beruf, S. 387. Es muss hierbei auch auf R. Wilbrandts "Arbeiterinnenschutz und Heimarbeit" hingewiesen werden. In dieser Arbeit untersucht Wilbrandt die Möglichkeiten und die Problematik der Heimarbeit im Hinblick auf den Schutz der Familie.
8. Vgl. P. Natorp, Sozialpädagogik, Theorie der Willenserziehung auf der Grundlage der Gemeinschaft. Natorp bezeichnet das Haus als "materielle Unterlage" und "körperliches Organ" der Familie.
9. Darüber ausführlicher bei B. Goltz, Buch der Kindheit, S. 211.
10. Dazu H. Schelsky, Wandlungen der Deutschen Familie in der Gegenwart, S. 19. Schelsky unterscheidet zwei Störungsquellen: einmal die Veränderung der "gesamtgesellschaftlichen Umwelt" und zum andern die Desorganisation der Familie, vor allem durch unharmonische Beziehungen der Familienmitglieder zueinander.
11. Vgl. F. Oeter, Wandlungen der Familie, in: Familie im Umbruch, S. 146. F. Oeter behandelt dieses Problem auch in seinem Aufsatz "Familienpolitik als europäische Aufgabe", in "Die Familie im Umbruch der Gesellschaft", S. 38.

Auslese blieb weg, ein erheblicher Familien- und Bevölkerungszuwachs war die Folge. Die unzureichenden Wohnverhältnisse in den Grossstädten erwiesen sich dabei als besonders nachteilig und boten Reibungsflächen sowohl innerhalb des Familienlebens als auch der einzelnen sozialen Schichten.

Trotz des allgemeinen Funktionsabbaus der Familie in der Erziehung bestand ein deutlicher Unterschied zwischen dem Funktionsverlust des Vaters und dem der Mutter. Während der Familienvater vieler seiner institutionellen Funktionen beraubt wurde, änderte sich die Stellung der Frau sogar zu ihren Gunsten innerhalb der Familie erheblich. Sie rückte hier in neue Positionen ein, erlangte beachtliche Unabhängigkeit und das Recht der Mitentscheidung, so dass eine Gewichtsverlagerung der institutionellen Rolle dieser beiden Partner in der Familie deutlich wurde. Die Auswirkungen der Arbeitsüberlastung des Mannes und der Frau, die oft in der Industrie tüchtig mitarbeiten musste[12], sowie der Wohnraumenge leisteten Vorschub, die materiellen Bedürfnisse des Lebens als vorrangig zu betrachten. Viele früher familiäre Verhaltensweisen verloren ihren bisher verinnerlichten, geistig-seelischen Gehalt und rückten in den Bereich materieller Nützlichkeitsberechnungen[13]. Anhand der Wandlung in der Berufsauffassung wurde die Erwerbstätigkeit zum blossen Gelderwerb degradiert. Das Haus, in dem die Generationen einander folgten und das die Stabilität der Familie fundierte, ist durch die Wohnung ersetzt worden, die viel stärker dem Wechsel unterlag. Der Zug zur auswärtigen Erwerbstätigkeit führte bald zur Aufgabe des Elternhauses; Wohnung und Arbeitsstätte waren vorwiegend getrennt; der Hausstand konnte jederzeit - fern vom Elternhaus - neu gegründet werden. Dazu kam noch das allmähliche Verschwinden des Gegensatzes zwischen der städtischen und der ländlichen Familie[14], die von den Auswirkungen des Industrialisierungsprozesses auch nicht verschont bleiben konnte, wenngleich die bäuerliche Familie der fortschreitenden Vermassungstendenz der Gesellschaft länger und beharrlicher Widerstand zu leisten vermochte als die städtische[15]. Dieser Widerstand war be-

---

12. Dazu R. und L. Wilbrandt, Handbuch der Frauenbewegung, IV. Teil, Die deutsche Frau im Beruf, S. 383. G. Bäumer erörtert in "Im Licht der Erinnerung", S. 124, wie wichtig es für die Frauen war, sich in den das Maschinenzeitalter bestimmenden wirtschaftlichen und sozialen Organisationen auszukennen.
13. Hierüber ausführlicher bei R. König, Materialien zur Soziologie der Familie, S.71.
14. Vgl. A. Bebel, Die Frau in der Vergangenheit, Gegenwart und Zukunft. S. 177. Bebel gibt fürs Verschwinden des Gegensatzes zwischen der städtischen und der ländlichen Familie die Dezentralisierung der Bevölkerung als Grund an.
15. Siehe dazu A. Flitner/G. Bittner, Die Jugend und die überlieferten Erziehungsmächte, Ueberblick zur Wissenschaftlichen Jugendkunde, Bd. 2, S. 46. Die Familie als "Intim- und Schutzgemeinschaft" konnte demnach auf dem Lande auf Grund gegenseitiger Hilfeleistung und Unterstützung eher dem Zeitgeist Widerstand leisten als die städtische Familie.

sonders auf dem Gebiet des religiösen Lebens unverkennbar; hier beharrte die ländliche Familie viel eher auf ihrer alten Tradition.
Eines der grössten Probleme der Familienerziehung im ausgehenden 19. Jahrhundert stellte schliesslich die Wandlung der Eheauffassung dar. Vielfach setzte sich eine extrem individualistische Auffassung der Ehe - vor allem in den Städten - durch, wonach die Ehe als "beglaubigtes Liebesverhältnis" oder "Lebenskameradschaft" ohne wesensmässigen Bezug auf etwaige Nachkommenschaft betrachtet wurde[16]. Gleichberechtigung und wachsende Eigenständigkeit der Frau - als Ausbeutung z.T. von nachteiliger Auswirkung - erzeugten nach W.H. Riehl eine Art "Ueberweiblichkeit" als Folgeerscheinung übersteigerter Emanzipationsbestrebungen[17]. Auch die Erleicherung der Ehescheidung war der ohnehin vielfach gestörten Erziehungssituation in der Familie kaum förderlich. Auf der andern Seite ermöglichte es die gesteigerte Individualität der Frau, dem Familienvater als Lebenspartnerin mit eigenem Profil an die Seite zu treten. Dieser Umstand trug seinerseits erheblich dazu bei, sich vom Autoritätsprinzip in der Erziehung, wie es die partriarchalische Familie der vorindustriellen Epoche gepflegt hatte, abzukehren. An seine Stelle trat das Prinzip des Wachsenlassens neben dem Führen, das für die einzelnen Familienmitglieder die Entfaltung der Persönlichkeit zu gewähren versprach.
Die einander ergänzende und gleichrangige Zusammenarbeit der Eltern in der Erziehung zum Wohle der Kinder auf dem Wege zum sozialen Aufstieg[18] - anstelle der bisherigen, vom Vater allein ausgeübten autoritären Verfügungsgewalt über das Kind - sollte nun helfen, die negativen Einflüsse des Gesamtstrukturwandels im öffentlichen Leben in der ebenfalls neustrukturierten Familie der Industriegesellschaft auszugleichen.

2. *Spezifische Probleme der Mädchenerziehung*

Wie vorher erwähnt, erfuhr die gesamte Struktur der Familienerziehung in der zu untersuchenden Epoche weitreichende Veränderungen. Besonders traf das im Hinblick auf die Mädchenerziehung zu.

---

16. Vgl. dazu den Aufsatz W. Metzgers "Der Auftrag des Elternhauses" in: F. Oeter, Familie im Umbruch, S. 160.
17. Erwähnenswert sind hierzu die Feststellungen W.H. Riehls, die für seinen konservativen Standort in der zeitgenössischen Literatur charakteristisch sind: "Gerade der natürliche conservative Beruf der Frauen zum Erhalten und Pflegen der ueberlieferten Sitten, zur Bewahrung des Hauses, zur Hebung eines Geistes der Selbstbeschränkung, des Masses und der Opferwilligkeit geht bei dem überweiblichen Wesen am sichersten verloren". W.H. Riehl, Die Familie, S. 95.
18. Vgl. R. König, Soziologie der Familie, in: A. Gehlen/H. Schelsky, Soziologie, S. 139. Ausführlicher hierüber bei: R. König, Materialien zur Soziologie der Familie, S. 115.

Bis zur Mitte des vorigen Jahrhunderts war das elterliche Haus der einzige und ausschliessliche Ort für die Mädchenerziehung, die zum grössten Teil der Mutter zufiel. Wenngleich die häusliche Erziehung auch weiterhin der entscheidende Faktor blieb, so haben doch die veränderten Umweltverhältnisse und in deren Folge die Frauenemanzipation die Tendenzen der Mädchenerziehung weitgehend beeinflusst. Dabei kam die entscheidende Forderung zur Geltung, mit aller Gründlichkeit an die Erforschung der psychischen Struktur des jungen Mädchens heranzugehen[19].

Das Erleben der eigenen Seele wurde als Grundlage für das Selbstverständnis des jungen Mädchens erkannt[20]. Immer mehr äusserte sich dessen Verlangen, als selbständig denkender und fühlender Mensch behandelt zu werden. Waren die Gedanken und Gefühle auch kindlich und unreif, so begehrten doch die Mädchen - vor allem in den Städten -, dass man über ihre Gedanken und Gefühle als über die einer werdenden Persönlichkeit nicht ohne weiteres zur Tagesordnung übergehe[21]. Neben diesem Streben nach Selbstverständnis stand allerdings bei einzelnen Mädchen auch das, möglichst lange Kind zu sein. Aus diesem Gegensatz entstanden oft schwierige Konflikte in der Familie. Das junge Mädchen fühlte sich unverstanden[22] und bäumte sich auf gegen die seiner Ansicht nach ungerechte Unterdrückung seiner Selbständigkeit, immer in dem Gefühl: "Ich bin ganz anders, als ihr denkt."

Sofern die Eltern dem jungen Mädchen mit Achtung vor seinem seelischen Eigenleben begegneten, gab es kaum Schwierigkeiten. Das so wünschenswerte Freundschaftsverhältnis zwischen Mutter und Tochter hing zum grossen Teil davon ab[23]. Dies war von grosser Bedeutung; denn die Töchter lebten im allgemeinen nicht nur die ganze Schulzeit hindurch, sondern auch während der Berufsausbildung - falls eine erstrebt wurde - oft bis zu ihrem 25. Lebensjahr bei den Eltern. Sie fügten sich dementsprechend in vielen Fragen des täglichen Lebens der elterlichen Autorität, vielfach sogar in den entscheidenden Fragen der Berufswahl und der Freizeitgestaltung, mit solcher Selbstverständlichkeit, dass diese Haltung auch für die eigene Zukunft in den meisten Fällen als Vorbild und Ziel des Zusammenlebens bestehen blieb.

---

19. Dazu E. Schilfarth, Die psychologischen Grundlagen der heutigen Mädchenbildung, Bd. 1, Berufsgestaltung, S.8. E. Schilfarth geht es nicht zuletzt um die Erforschung der psychologischen Grundlagen der Koedukation bzw. der Trennung nach Geschlechtern.
20. Vgl. E. Klamroth, Mutter und Tochter, Ein Beitrag zur Psychologie des reifenden Mädchens, S. 39.
21. Vgl. E. Spranger, Lebensformen, Geisteswissenschaftliche Psychologie und Ethik der Persönlichkeit, S. 199. Spranger befasst sich mit der Problematik, die angesichts der Ausnahmslosigkeit und Unpersönlichkeit der allgemeinen Rechtsordnung für das Individuum entsteht.
22. Hierüber ausführlicher bei Ch. Bühler, Praktische Kinderpsychologie, S. 198. Ch. Bühler behandelt dieses Thema auch in "Kindheit und Jugend, Genese des Bewusst-

Dabei wandelte sich die Erziehung zur Ehefrau gegenüber der ersten
Hälfte des Jahrhunderts unverkennbar, wie sich auch die Ehe und das
Eheideal selbst gewandelt hatten. Bedeutete früher die Erziehung zur
guten Ehefrau Erziehung zur Schmiegsamkeit, Passivität und Unterwürfigkeit, so forderte der künftige Ehemann jetzt geistige Beweglichkeit
und sachliches Verständnis für die allgemeinen Gegenwartsprobleme von
dem heiratsfähigen jungen Mädchen. Es wurde hinfort als gleichberechtigter Partner auf dem gemeinsamen Lebensweg betrachtet[24]. Die Erziehung zur Ehefrau und Mutter hing aber nach wie vor wesentlich davon
ab, wie die Ehefrau (Mutter) vom Ehemann (Vater) in der Familie gewertet bzw. geachtet wurde[25]. Für die jungen Mädchen galt die Mutter weiterhin als Vorbild.

Der fortschreitende Industrialisierungsprozess und der damit verbundene
wirtschaftliche Aufschwung gestalteten die Mädchenerziehung grundlegend um[26]. Als neue Wirtschaftsformen - vor allem die Massenproduktion
von Waren und deren Import- und Exportmöglichkeiten - aufkamen, brauchte man wegen der maschinellen Entlastung des Haushaltes die Mädchen
nicht mehr so nötig als jederzeit verwendbare, billige Arbeitskräfte.
Viele Mädchen aus unteren Schichten fanden in Fabriken und fremden
Haushalten einen Wirkungskreis, während den Töchtern begüterter Kreise
der Luxus eines sorglosen Daseins im Schosse der Familie vergönnt war.
Hier erschöpfte sich die Tätigkeit der Hausfrau und der erwachsenen
Töchter in der Pflege eines repräsentativen Haushalts und der Geselligkeit, in der Beaufsichtigung des Dienstpersonals und schliesslich
in der Tätigkeit für Wohltätigkeitsvereine. So war die Ausbildung dieser Töchter recht einseitig. Sie blieb auf überlieferte Kenntnisse in
Religion, Geschichte, Erdkunde, Literatur, Kunstgeschichte, auf gewisse Fertigkeiten in modernen Fremdsprachen und schönen Handarbeiten
beschränkt. Diese Mädchenbildung galt als "höhere Töchterbildung" und
entsprach ganz den Vorstellungen des künftigen Ehemannes dieser Gesellschaftskreise, der eine der vermeintlichen "weiblichen Eigenart"
entsprechende oberflächliche Salonbildung wünschte[27]. Die sog. "Höhere

---

22. ... seins", S. 275ff., eingehend.
23. Vgl. F.J.J. Buytendijk, Die Frau (Natur, Erscheinung, Dasein), S. 136. Nach Buytendijk ist für das Mädchen die Mutter der erste Mensch, auf den sich seine "vitale" Liebe richtet; etwas später wird der Vater sein Liebesobjekt. Dazu H. Gaudig, Die Idee der Persönlichkeit und ihre Bedeutung für die Pädagogik, S. 42. Ziel und Mass der erzieherischen Massnahmen müssen sich - so Gaudig - nach der werdenden kindlichen Persönlichkeit richten.
24. Die Ansicht, das Eheleben als partnerschaftliches Verhältnis zu verstehen, gewann freilich nur langsam an Boden. Mit der Berufstätigkeit der Frau zeichneten sich allmählich Fortschritte auf diesem Gebiet ab.
25. Siehe hierüber H. Gaudig, Die Idee der Persönlichkeit und ihre Bedeutung für die Pädagogik, S. 83. Gaudig betont, dass die Frau ein "eigenes Personenleben" mit allen Persönlichkeitsrechten besitzt.
26. Vgl. R. u. L. Wilbrandt, Handbuch der Frauenbewegung, IV. Teil, Die deutsche Frau

Töchterschule" entwickelte sich zu einer Art Standesschule für die
Töchter der Begüterten; ihr Besuch war daher mehr oder minder eine
gesellschaftliche Angelegenheit. Ihr Bildungsgut umfasste vor allem
das Gedächtnis stark belastende Jahreszahlen und Namen sowie fertige
Urteile über Geschichte und Kunst. Die jungen Mädchen hatten diesen
Wissensstoff lediglich zu konsumieren; auf eigene Erarbeitung legte
man wenig Wert.

Zu dieser Zeit bemühte sich der Allgemeine Deutsche Frauenverein auf
seiner ersten Generalversammlung in Leipzig 1867 um die Zulassung von
Mädchen aller Schichten zu den höheren Lehranstalten. Neugründungen
erfolgten, um breite Schichten dieser höheren Bildung teilhaftig werden zu lassen und besser erwerbsfähig zu machen[28]. Dem 1872 gegründe-
ten "Verein für das höhere Mädchenschulwesen" war es dann zu verdanken,
dass die Regierung einiger Mittel- und Kleinstaaten, später auch
Preussens, sich allmählich bemühten, anhand geeigneter Lehrpläne und
Prüfungsvorschriften für Lehrerinnen eine einheitliche höhere Mädchen-
schule zu schaffen. Zudem entstand eine tatkräftige, hauptsächlich von
Frauen getragene Frauenbildungsbewegung mit Helene Lange an der Spitze,
die mit grosser Energie die Errichtung von Real-, Realgymnasial- und
Gymnasialkursen durchsetzte. Somit gelang es der Frauenbewegung allmählich, die in zwei Jahrtausenden gewachsenen Vorurteile von der
Minderwertigkeit des Mädchens und der Frau auf geistigem Gebiet zu
überwinden.

Für die Mädchen aus einfachen Kreisen, deren Mütter noch nicht berufs-
tätig gewesen waren, stellte die höhere Schul- bzw. Berufsausbildung
ein gewisses Wagnis dar[29]. Denn der Beruf, den Tausende von Mädchen
möglicherweise ihr ganzes Leben lang würden auszuüben haben, wurde für
die meisten zu einer harten Notwendigkeit. Vielfach trieb er sie in
ungeliebte und wenig aussichtsreiche Laufbahnen. Ausserdem hatten die
Mädchen, die sich im Laufe des 19. Jahrhunderts zur Berufsausübung entschlossen, grossenteils das Schicksal der Pioniere auf allen Gebieten
des Erwerbslebens auszukosten. Als ungenügend ausgebildete Arbeitskräfte bezahlte man sie schlecht, wobei ihre mangelhafte Ausbildung
als selbstverständlich betrachtet wurde.

Nun war aber das im Beruf stehende Mädchen nicht mehr von der schützen-
den Mauer der Familie umgeben. Jetzt wirkten in ihm weniger stark als

---

26. ... im Beruf, S. 18.
27. Dazu G. Bäumer, Handbuch der Frauenbewegung, I. Teil, Die Geschichte der Frauenbewegung in den Kulturländern, S. 83. G. Bäumer berichtet auch in "Lebensweg durch
eine Zeitwende", S. 184, über lebhafte geistige Interessen der Frauen für aktuelle
Fragen in einem Münchner Frauenverein.
28. Hierüber ausführlicher in G. Bäumer, Handbuch der Frauenbewegung, I. Teil, Die
Geschichte der Frauenbewegung in den Kulturländern, S. 82f.
29. Vgl. E. Spranger/H. Siemering, Weibliche Jugend in unserer Zeit, S. 4.

früher die Ermahnungen der nun in den Hintergrund getretenen Eltern und Verwandten, umso stärker aber das Beispiel der Kameradinnen, der damals herrschende Zeitgeist und das gesamte sie umflutende Leben. Hinzu kamen die meist nicht ausreichende Entlohnung[30], die Abhängigkeit von männlichen Vorgesetzten, der Mangel an innerlich stärkenden Einflüssen und die körperlich wie sittlich schwächende Ueberarbeitung[31]. Auf der anderen Seite lockte ein mit der Industrie- und Grossstadtentwicklung wachsender Luxus mit zahlreichen Verfügungsmöglichkeiten. Es fragt sich nun, ob das Bürgermädchen in Haus und Schule die innere Festigung erhalten konnte, um dagegen genügend gewappnet zu sein. Unter diesen Umständen geriet die Auffassung über die Selbstverständlichkeit oder gar Notwendigkeit der Ehe ins Wanken. Strebten die Mütter begreiflicherweise noch immer danach, ihre Töchter recht bald glücklich verheiratet zu sehen, so fanden sich allmählich immer mehr Mädchen, die ihre Lebenserfüllung im Beruf anstatt in der Ehe suchten. Dabei spielten die neuaufgenommenen ausgesprochenen Frauenberufe auf dem Sektor der Erziehungs- und Sozialarbeit eine bedeutende Rolle. Der Dienst am Menschen schien vielen jungen Mädchen die Erfüllung ihres Daseins zu verkörpern; vermittelte er ihnen doch das Gefühl der Unentbehrlichkeit, der Verantwortlichkeit[32]. Durch ihre schöpferische Tätigkeit im Sozialberuf konnten sie sich geistig und seelisch voll entfalten.

Hinsichtlich der Hinführung zum Beruf ergaben sich in der Mädchenerziehung eine Reihe von Problemen. Mädchen waren ihren veränderten Umweltverhältnissen - der Berufswelt der Industriegesellschaft - schutzloser ausgesetzt als männliche Jugendliche. Sie litten darunter viel schwerer und es fehlte ihnen an der nötigen Erfahrung, mit Anpassungsschwierigkeiten fertig zu werden[33]. Die schlechte finanzielle Situation vieler armer Familien liess den Töchtern auch kaum Zeit, sich auf die Wahl eines ihnen gemässen Berufes zu besinnen. Eine Wahl aus persönlicher Neigung kam nur selten in Frage[34].

---

30. Aufschlussreiche Erörterungen findet man über dieses Thema bei D. Peyser, Alice Salomon, Die Gründerin der sozialen Frauenberufe in Deutschland, S. 23.
31. Dazu G. Kunza, Die Umwelt der weiblichen proletarischen Jugend in den Städten, in: E. Spranger/H. Siemering, Weibliche Jugend in unserer Zeit, S. 20.
32. Vgl. hierzu die Ausführungen M. Offenbergs in "Bildungsschicht der Grossstadt", in: E.Spranger/H.Siemering, Weibliche Jugend in unserer Zeit, S. 50.
33. Darüber ausführlicher bei E. Spranger, Psychologie des Jugendalters, S. 257. Spranger erörtert hier eingehend von der psychologischen Warte aus die Probleme der Berufswelt und das Verhältnis des jungen Menschen zum Beruf. Die Motive für die Einstellung zum Beruf sind nach Spranger bei den Mädchen viel schwächer und einförmiger als bei männlichen Jugendlichen.
34. Vgl. A. Flitner, Soziologische Jugendforschung, Darstellung und Kritik aus pädagogischer Sicht, S. 74.

Die erwähnten soziologischen und psychologischen Probleme der Mädchenerziehung in der zweiten Hälfte des 19. Jahrhunderts bedingten einander. Ausgedehnte empirische Forschungsarbeiten der experimentellen Psychologie jener Zeit deckten erst die Eigenart der seelischen Entwicklung des jungen Mädchens auf. Ihre Ergebnisse stellen seitdem ein wichtiges Teilgebiet der Erziehungswissenschaft dar.

3. Die Stellung der Frau in Mittel- bzw. Osteuropa

Nach der Erörterung der spezifischen Probleme der Mädchenerziehung müssen nun die Situation der Frau und ihre Stellung in der Familie sowie der Oeffentlichkeit näher beleuchtet werden.
Die allgemeine wirtschaftliche und soziale Entwicklung drängte seit Mitte des vergangenen Jahrhunderts *in Mitteleuropa* viele Frauen aus der Familie ins Berufsleben hinein[35]. Somit war das Ringen um eine selbständige und gleichberechtigte Rolle der Frau in der Gesellschaft in erster Linie ein soziales Problem. Die Frauenfrage als solche hat sich ja als Teil der Gesamtproblematik der aufkommenden Industriegesellschaft entwickelt. Erst als Folge der primären sozialen Bestrebungen der Frauenbewegung wurde für die Frau die kulturelle Gleichstellung durch bessere Ausbildungsmöglichkeiten und mehr Freizeit sowie mehr Einfluss im öffentlichen Leben mit dem Ziel der rechtlichen Gleichstellung des weiblichen Geschlechts gefordert[36]. Vor allem haben sich Luise Otto-Peters, die 1865 den Allgemeinen Deutschen Frauenverein gründete, sowie Elisabeth Gnauck-Kühne um die Verbesserung der sozialen Lage der Frau und um die Verwirklichung ihrer Gleichberechtigung auf sozialem Gebiet verdient gemacht.
Die neue Konstellation der wirtschaftlichen Verhältnisse zog auch entscheidende Veränderungen im bürgerlichen Haushalt nach sich. Mit der Entwicklung der Industrie und ihrer Ausweitung auf eine Fülle von Produkten, die bislang im Hause hergestellt worden waren, und mit der Vereinfachung der Herstellung häuslicher Bedarfsartikel wurde der Aufgabenkreis der Frau im Hause, wie schon angedeutet, immer kleiner. Dazu kamen noch Vereinfachungen in der Führung des Haushaltes durch zahlreiche Erleichterungen und Fortschritte in Beleuchtung, Heizung, Reinigung u.ä., die früher der Frau körperliche Leistungsfähigkeit und

---

35. Siehe dazu W. Flitner, Die Geschichte der abendländischen Lebensformen, S. 333. Die Problematik um das Berufsleben der Frau wird hier im Hinblick auf die Frauenbewegung und die formalen Gleichheitschancen zwischen Mann und Frau eingehend erörtert.
36. Vgl. H. Schelsky, Wandlungen der Deutschen Familie in der Gegenwart, S. 342. Schelsky weist ausdrücklich darauf hin, dass es sich hier "um eine echte Gleichstellung, d.h. Gleichberechtigung und Gleichverpflichtung der Frau mit der Rolle handelt, die der Mann in dieser Gesellschaftsverfassung spielt".

technische Fertigkeiten abverlangten, nunmehr aber mit viel geringerem
Aufwand an Zeit, Kraft und Kunstfertigkeit zu bewerkstelligen waren.
Somit wurden im Haushalt viel weniger Arbeitskräfte benötigt. Vor allem
die unverheirateten Mädchen und Frauen sahen sich gezwungen, ein neues
Tätigkeitsfeld zu suchen, das einigermassen ihrer Kraft und ihren Fähigkeiten entsprach[37].

Da es sich um die Gleichberechtigung von Mann und Frau im Berufsleben
handelte, musste vor allem die Ausbildung der Mädchen verbessert werden. Zur sozialen Sicherung der arbeitenden Frau gehörte ja eine
Frauenbildung, die der der Männer gleichwertig war. Um ihre vielseitige Gestaltung haben sich Helene Lange und Gertrud Bäumer mit Erfolg bemüht. Es galt, Erziehungs- und Bildungsformen zu finden, die - ihrer
Ansicht nach - der weiblichen Eigenart entsprachen; denn Bildung bahnte den Weg zur Selbständigkeit. Nachteilig wirkte allerdings bei der
Planung der Berufsausbildung der Mädchen die Tatsache, dass Frauen nur
selten in höhere, wirklich selbständige Stellungen gelangen konnten[38];
wenn überhaupt, dann erst nach vielen Dienstjahren. Die meisten Frauen
beendeten aber ihre Erwerbstätigkeit bereits viel früher, um ihren
Frauen- bzw. Mutterberuf zu erfüllen. Daraus folgte, dass man der Berufsausbildung der Töchter nur eine untergeordnete Stellung zubilligte,
die Zeit der Berufstätigkeit lediglich als leidiges Zwischenstadium
auffasste.

Die liberalen Bestrebungen stellten die Frau als gleichwertige "polare
Ergänzung" neben den Mann[39]. Die Andersartigkeit der Natur und des
Empfindens der Frau wurde respektiert, nachdem sie gleichzeitig mit
den Emanzipationsbestrebungen erst "entdeckt" worden war[40]. Das Anderssein des weiblichen Wesens war auch der Grund dafür, dass die nüchternen Sachberufe der Industriegesellschaft die Frau in ihrer fraulich-mütterlichen Eigenart nicht fördern und daher auch nicht voll befriedigen konnten. Es fehlte der Arbeit in der Anonymität der mechanisch-industriellen Nivellierungsprozesse die geistig-seelische Ausstrahlung.

Besonders schwer wogen die Probleme der Gleichberechtigung der Frau -
neben dem sozialen und kulturellen Sektor des öffentlichen Lebens - in

---

37. Dazu K. Saller, Biologie der Familie, in: F. Oeter, Familie im Umbruch, S. 120.
Ueber die beschränkte Belastungsfähigkeit der Frau ausführlicher bei K. Saller,
Psychohygiene der Familie, S. 33f.
38. Vgl. E. Barschak, Die Einstellung des jungen proletarischen Mädchens zum Beruf,
in: Spranger/Siemering, Weibliche Jugend in unserer Zeit, S. 63.
39. Siehe dazu W. Flitner, Die Geschichte der abendländischen Lebensformen, S. 332.
Flitner sieht Mann und Frau nicht als von Natur aus gleich an, sondern als "gleich im
Rang, aber polar verschieden und dialogisch aufeinander bezogen".
40. Hierüber ausführlicher bei R.u.L. Wilbrandt, Handbuch der Frauenbewegung, IV. Teil,
Die deutsche Frau im Beruf, S. 31.

der in ihrer Struktur veränderten Familie[41]. Hier hatte sich ja der Durchbruch aus der bisherigen patriarchalischen Bewertung der Frau zur Bejahung ihrer eigenständigen - weiblichen - Persönlichkeit zu vollziehen. Hatte schon der fortschreitende Industrialisierungsprozess weite Risse am Hause der ehemals grossen Familie verursacht, so zeigte sich bald, dass die Emanzipation der Frau manche Aenderung in ihrer bisherigen Rolle mit sich brachte. Da die männlichen und weiblichen Jugendlichen auf Grund der in der modernen Industriewelt sich vollziehenden Trennung von Haus und Arbeitsplatz[42] bzw. Ausbildungsort in stärkerem Masse in Betrieben, Büros und auf der anonymen Strasse und nicht mehr allein in der Obhut der Familie aufwuchsen, entzogen sich viele Frauen mehr und mehr ihren bisherigen familiären Verpflichtungen; die einen aus wirtschaftlicher Not, die andern aus gesellschaftlichem Geltungs- und Anerkennungsbedürfnis[43]. Die schon ohnehin mannigfachen Erziehungsschwierigkeiten angesichts der sich rasch verändernden Umweltverhältnisse wurden schliesslich durch die immer häufiger auftretenden ehewidrigen Verhaltungsweisen vieler moderner Frauen noch komplexer und problematischer.

Zusammenfassend kann festgestellt werden, dass die Stellung der Frau in den Industrieländern Mitteleuropas von der Mitte des vergangenen Jahrhunderts an sowohl innerhalb als ausserhalb der Familie eine bedeutsame Aenderung erfahren hat. Der Vermassungs- und Nivellierungsprozess in der Industriegesellschaft, der die Entwicklung von Industrie und Wirtschaft begleitete, nahm zwar der Frau manche Erziehungsfunktionen, die sie bisher in der Familie ausgeübt hatte, öffnete ihr aber entsprechend ihren Fähigkeiten und der Eigenart ihrer Persönlichkeit zugleich den Weg zur Verwirklichung ihrer Selbständigkeit in der Gesellschaft. So überwogen in dieser kämpferischen Epoche die positiven sozialen Errungenschaften der Frauenbewegung weitaus die negativen. Die neugeschaffenen und laufend erweiterten Ausbildungsmöglichkeiten für Mädchen und Frauen können als beachtliche Erfolge dieses weltweiten Liberalisierungsprozesses betrachtet werden[44].

Die Bestrebungen um die Gleichberechtigung der Frauen in *Polen* um die Mitte des vergangenen Jahrhunderts wurden von mannigfaltigen Begleit-

---

41. Dazu R. Virchow, Ueber die Erziehung des Weibes für seinen Beruf, S. 18. Auch F. Naumann behandelt in seiner Arbeit "Die Erziehung zur Persönlichkeit im Zeitalter des Grossbetriebs", die Problematik der Persönlichkeitsbildung im Zuge der Gleichberechtigung der Geschlechter am Arbeitsplatz.
42. Vgl. F. Naumann, Die Frau im Maschinenzeitalter, S. 4. Naumann ist der Ansicht, dass durch die Trennung zwischen Familie und Arbeitsstätte das Haus zusehends ärmer an Arbeit geworden ist.
43. Ebenda, S. 17.
44. Siehe dazu A. Gubler, Berufswahl und Lehrlingswesen der Töchter, S. 15.

erscheinungen beeinflusst. Besonders stark wirkte sich vor allem die
Frauenbewegung in Mittel- und Westeuropa auf Polen aus. Industrie und
Handel erlebten auch hier einen raschen Aufschwung nach dem Vorbilde
der übrigen Staaten Europas. Ausserdem trug die Bauernbefreiung 1861
erheblich zur Umwälzung der bisherigen Lebensverhältnisse bei. Zu den
Veränderungen auf wirtschaftlichem Gebiet kam nun die prekäre politische Lage Polens, der Verlust seiner politischen Selbständigkeit. Die
Notlage der Nation veranlasste die Frauen Polens, noch wirkungsvoller
und eifriger um ihre soziale und kulturelle Gleichberechtigung im
öffentlichen Leben zu kämpfen. In Galizien, wo es mehr politische
Freiheit gab[45], verzeichnete die Frauenbewegung bedeutende Erfolge
insbesondere auf dem Gebiet der kulturellen Gleichberechtigung.
Die polnische Frauenbewegung hatte insofern einen wesentlich schwere-
ren Stand gegenüber der mittel- und westeuropäischen, als sie sich neben dem Ziel der sozialen und kulturellen Gleichsetzung der Geschlechter auch das politische setzte, die althergebrachten Klassenunterschie-
de auszugleichen, an denen der absolutistische Staat mit allen Mitteln
festhielt[46]. Die russische Besatzungsmacht misstraute den für ihre
Rechte kämpfenden polnischen Frauenorganisationen. Sie übte auch eine
strenge Kontrolle über diese aus, obwohl deren Kampf für eine sozial
gerechte Stellung in der Oeffentlichkeit nicht mit Geheimbündelei zu
tun hatte.
Der polnischen Frauenbewegung ging es - wie schon angedeutet - um
Selbständigkeit der Frau im Erwerbsleben und um gerechte Entlohnung.
Die rasche Bevölkerungszunahme führte zu einem rapiden Wachstum der
Städte. Die Fabrikanten stellten gern Frauen ein[47], die in grosser
Zahl Beschäftigung suchten und als Arbeitskräfte billiger waren als
Männer. Die staatlichen Stellen für Frauen wurden jedoch vorzugsweise
mit Töchtern und Witwen russischer Beamten ersetzt.
Frauen mit guter Ausbildung fanden in zahlreichen freien Berufen oder
sozialen Frauenberufen eine Betätigung. Da manche Hochschulen - so
auch die Universität Warschau - für Frauen verschlossen blieben, stu-
dierten viele von ihnen im Ausland, meist in Deutschland, Frankreich

---

45. Hierüber ausführlicher bei G. Manteuffel-Szoege, Geschichte des polnischen Volkes während seiner Unfreiheit 1772-1914, S. 247. Nach Manteuffel konnte sich auch
die Sozialdemokratie in Galizien frei entfalten, da die Regierung auf die breiten
Massen sowohl in nationaler als auch in sozialer Hinsicht mehr und mehr Rücksicht
nehmen musste.
46. Vgl. dazu G. Stadtmüller, Geschichtliche Ostkunde, S. 156. Stadtmüller weist
darauf hin, dass eine Umbildung des ständischen Gefüges in eine Nationalitätenord-
nung damals weder versucht worden ist, noch möglich gewesen wäre. Siehe hierzu
G. Manteuffel-Szoege, Geschichte des polnischen Volkes während seiner Unfreiheit
1772-1914, S. 207.
47. Vgl. I. Moszczenska, Die Geschichte der Frauenbewegung in Polen, in: G. Bäumer,
Handbuch der Frauenbewegung, I. Teil, Die Geschichte der Frauenbewegung in den

oder in der Schweiz. Im allgemeinen durften diese Frauen dann mit ihrem Auslandsdiplom eine entsprechende Tätigkeit in der Heimat ausüben. In Galizien nahmen gebildete Frauen auch am politischen Leben regen Anteil, da die österreichischen Gesetze sie nicht daran hinderten.

Mit Beginn der sechziger Jahre - fast gleichzeitig mit der Bauernbefreiung - setzte sich auch in Russland die Frauenbewegung durch. Ihre Bestrebungen gingen dahin, den immer zahlreicher werdenden Arbeiterinnen ihr Los zu erleichtern und die rechtliche Situation der russischen Frau im privaten und öffentlichen Leben zu verbessern. Hier errang die Frauenbewegung gegen Ende des vergangenen Jahrhunderts einen beachtlichen Erfolg. Die russische Frau erhielt u.a. das Recht auf einen sog. "Separatpass", der ihr beliebige Reisen im In- und Ausland gestattete[48]. Bislang galt nämlich in Russland, dass eine verheiratete Frau nur mit Zustimmung ihres Ehemannes einen Pass erhalten konnte. Nun wurde die russische Frau personenrechtlich mit dem Manne gleichgestellt, was auch im Hinblick auf eine in Angriff zu nehmende Neuregelung der Ehescheidung von besonderer Bedeutung war. Beachtenswerterweise bedurften die Reformbestrebungen der russischen Frauenbewegung einer kräftigen Unterstützung seitens einflussreicher bürgerlicher und adliger Damen der höheren Gesellschaft, die von sich aus versuchten, die zuständigen Leiter hoher staatlicher Organe auf die Notwendigkeit längst fälliger Reformen in der Frauengesetzgebung aufmerksam zu machen.

Auch auf dem Gebiet des Bildungswesens brachte die zweite Hälfte des 19. Jahrhunderts für die russischen Mädchen und Frauen beachtliche Fortschritte. Nach der Bauernbefreiung[49], als für die Männer manche Staatsämter offenstanden, machte sich bei den Frauen - vor allem der jüngeren Generation - ein ausgesprochener Bildungshunger bemerkbar. Bisher hatte im russischen Dorf eine weit verbreitete Bildungsfeindschaft geherrscht[50]. Wenn man auch den praktischen Wert des Lesens und Schreibens allmählich einsah, so stand man einem allgemeinen Schulbesuch - vor allem für Mädchen - verständnislos gegenüber. Die Bauern

---

47. ... Kulturländern, S. 355.
48. Eine eingehende Erörterung dieses Themas findet man bei H. Bessmertny, Die Geschichte der Frauenbewegung in Russland, in: G. Bäumer, Handbuch der Frauenbewegung, I. Teil, Die Geschichte der Frauenbewegung in den Kulturländern, S. 349f.
49. Dazu O. Hoetsch, Grundzüge der Geschichte Russlands. Zur Situation nach der Bauernbefreiung in Russland enthält auch B. Jelavichs "Russland 1852-1871, Aus den Berichten der bayerischen Gesandtschaft in St. Petersburg", S. 110ff., wertvolle Beiträge.
50. Vgl. G. Manteuffel-Szoege, Geschichte des polnischen Volkes während seiner Unfreiheit 1772-1914, S.247. Manteuffel berichtet, dass im Jahre 1895 in Galizien etwa 60% der Männer und 70% der Frauen Analphabeten waren.

hielten an der Auffassung fest, dass der Schulbesuch für Mädchen und Frauen überflüssig sei. Die zunehmende Industrialisierung, die Annäherung des Dorfes an die Stadt und schliesslich das Ende der Sklavenarbeit brachten aber eine entscheidende Wende sowohl im Kampf um die soziale als auch um die kulturelle Unabhängigkeit der russischen Frau[51]. Vor allem haben das Fröbelsche Erziehungssystem, die Organisation einer Fröbelgesellschaft und schliesslich die Eröffnung von Seminaren für Kindergärtnerinnen und die Gründung von Kindergärten von 1863 an Müttern und Erziehern Wege zur rationellen, pädagogisch fundierten Kindererziehung aufgezeigt. Aus den Fröbelkursen gingen später die "Höheren Frauenkurse" der russischen Frauenbewegung hervor[52]. Diese durch den Akademiker Bestuschew 1878 gegründete neue Einrichtung vermittelte begabten russischen Frauen wissenschaftliche Fachkenntnisse auf vielen Gebieten.

Zusammenfassend kann festgestellt werden, dass es der russischen Frauenbewegung unter schwersten Bedingungen gelungen ist, die soziale und rechtliche Lage sowie das kulturelle Prestige der russischen Frau erheblich zu verbessern.

---

51. Siehe dazu G. Stadtmüller, Geschichtliche Ostkunde, S. 10/11. Hierüber ausführlicher bei W.O. Kljutschewskij, Russische Geschichte von Peter dem Grossen bis Nikolaus I., Bd. 2, S. 398.
52. Vgl. M. Bessmertny, Die Geschichte der Frauenbewegung in Russland, in: G. Bäumer, Handbuch der Frauenbewegung, I. Teil, Die Geschichte der Frauenbewegung in den Kulturländern, S. 341. Dazu auch C. de Grünwalds "An den Wurzeln der Revolution, Alexander II. und seine Zeit", S. 110, wo über eine Generalreform der Schulen und Neugründungen höherer Lehranstalten durch Alexander II. berichtet wird.

ZWEITER TEIL

ZUR LAGE DER JUDEN

1. Die politische Situation der Juden in Ost- und Mitteleuropa

Nachdem wir nun allgemein die politischen und soziologischen Grundlagen im Europa des XIX. Jahrhunderts erörtert haben, müssen wir uns der Untersuchung der politischen Lage der Juden im besonderen zuwenden.
Wie sich die Masse der europäischen Judenheit in den Raum des *östlichen* Mitteleuropas verlagerte, erklärt sich aus der Lage der alten polnisch-litauischen Reichsgrenzen. Polen hatte sich im XVI. Jahrhundert durch die dynastische Union mit Litauen, das damals ein riesiges Territorium umfasste, weit über Kiew hinaus bis in die Nähe des Schwarzen Meeres ausgedehnt. Dieser Staat war eine lockere Föderation mit freiheitlichen Lebensformen, die in Europa sonst in dieser Zeit nirgends erreicht worden waren.
Der polnische Freiheitsgeist wirkte magnetisch auf ganz Osteuropa. Wer von den Juden aus russischem Gebiet fliehen konnte, floh nach Polen als dem Land der "goldenen Freiheit". Dieses riesige polnisch-litauische Reich bot nicht nur der deutschen Einwanderung breiten Raum; es lockte auch das mitteleuropäische Judentum, und zwar zu einer Zeit, als im deutschsprachigen Mitteleuropa sich die Lage der jüdischen Gemeinden wesentlich verschlechterte. So wird verständlich, dass die Anziehungskraft der föderalen, freiheitlichen Gestaltung des polnischen Staates und die dadurch günstigen wirtschaftlichen Möglichkeiten die jüdischen Gemeinden, die in ihrer bisherigen Heimat viele Schwierigkeiten hatten, dazu bewogen haben, nach dem Osten abzuwandern. Sie nahmen allerdings ihre deutsche Muttersprache mit[1]. So kam es, dass dieses Judentum, das sich allmählich immer mehr innerhalb der Grenzen des polnisch-litauischen Doppelreiches zusammenzog, jenes Judendeutsch - Jiddisch genannt - als Umgangssprache sprach, eine deutsche Mundart, durchsetzt mit hebräischen Ausdrücken. Jiddisch wurde später auch als Literatursprache verwendet[2].

---

1. Siehe dazu den Aufsatz von F. Brodnitz, Die Juden im Gemeinschaftsleben der Völker, S. 43.
2. Vgl. C. Roth, Geschichte der Juden, S. 439. Roth bezeichnet Salomon Abramowitsch (Mendele Mocher Seforim) und Schalom Rabinowitz (Schalom Aleichem) als wichtigste Repräsentanten der jiddischen Literatur.

Die Emanzipation der Juden erfolgte in Osteuropa erst später als in
den Ländern West- und Mitteleuropas. Die Französische Revolution hatte
im Prinzip die Judenemanzipation im Westen herbeigeführt; die deutschen
Staaten folgten bald nach, in Osteuropa dauerte es länger. Im Grunde
genommen hat erst der Berliner Kongress im Jahre 1878 mit der Anerkennung und völkerrechtlichen Garantie der staatsbürgerlichen Gleichberechtigung der Juden den Schlussstrich unter diese Entwicklung gesetzt.
Die gesellschaftliche oder gar politische Praxis hat sich jedoch nicht
von heute auf morgen geändert.
Die Masse des osteuropäischen Judentums lebte seit der Teilung Polens
in der zweiten Hälfte des XVIII. Jahrhunderts zu Dreiviertel im Rahmen
des russischen Zarenreiches. Zum kleineren Teil war das Judentum unter
österreichische und preussische Herrschaft geraten. Die russische Politik gegenüber den Juden war völlig anders orientiert als die Politik
des ehemaligen polnischen Staates. Russland war - im Gegensatz zu der
freiheitlichen polnischen Föderation - zentralistisch aufgebaut. Die
Russen haben bis zur Revolution von 1905 an der Einschränkung der Bür-
gerrechte der Juden festgehalten. Es gab u.a. eine "Demarkationslinie"
in Westrussland, die es den Juden unmöglich machte oder zumindest
ausserordentlich erschwerte, in den innerrussischen Gouvernements
ihren Wohnsitz zu nehmen[3]. Die Geschichte der im Laufe des XIX. Jahrhunderts auf zweieinhalb Millionen angewachsenen jüdischen Bevölkerung
des russischen Reiches spielte sich daher vorwiegend im engen Raum der
westlichen und südwestlichen Gouvernements ab.
Nach der Thronbesteigung Alexanders III. im Jahre 1881 loderte nun der
Judenhass auf, den Russland in dieser Stärke noch nicht gekannt hatte.
Wie im Westen[4], bewirkten auch hier bestimmte politische und ökonomische Ursachen den Judenhass, aber in Russland waren entsprechend dem
System des ungeheuren Polizeistaates die Folgen primitiver. Die sozialökonomischen Gründe der antijüdischen Hetze in Russland waren denen
in Mitteleuropa in mancher Beziehung ähnlich. Hier wie dort wurde die
Unzufriedenheit durch das angeblich schnelle Eindringen der Juden in
die christliche Gesellschaft und die privilegierten Berufe hervorgerufen. Die unter Alexander II. den jüdischen Kaufleuten eingeräumten Erleichterungen verstärkten den Konkurrenzkampf, besonders bei der Gründung von Fabriken, Banken und Aktiengesellschaften[5]. Die früheren Zu-

---

3. Dazu C. Roth, Geschichte der Juden, S. 420, wonach in einem rd. 53 km breiten
(50 Werst) Gebietsstreifen an der Westgrenze keine Juden in den Dörfern wohnen durften.
4. Hierzu P. Massing, Vorgeschichte des politischen Antisemitismus, S. 100. Juden,
die das Land verlassen wollten, mussten für 3 Jahre eine doppelte Steuervorauszahlung leisten.
5. Vgl. C. Roth, Geschichte der Juden, S. 421. Unter Alexander II. nahm die russische Gesellschaft eine tolerantere Haltung den Juden gegenüber ein.

geständnisse für Juden mit Hochschulbildung bewirkten nun einen harten
Existenzkampf zwischen Juden und Nichtjuden auf dem Gebiet der freien
Berufe, z.B. des Arztes, Anwalts, Ingenieurs, teilweise auch des
Schriftstellers und des Journalisten. Das Emporsteigen einiger kleiner
Gruppen des Judentums auf der sozialen Leiter stiess auf die Ablehnung
der entsprechenden Gruppen der russischen Gesellschaft, und die russi-
sche Intelligenz nahm nur zu einem kleinen Teil die gebildeten Juden
in ihre Mitte auf[6]. Die grosse Masse der armen russischen Juden blieb
ohnehin abseits jeglicher Allgemeinbildung.
Nach der Bauernbefreiung kam der Jude auch mit dem Bauern in nähere
Berührung, da zwischen den beiden kein Grossgrundbesitzer und Dorfherr
mehr stand. Der Einkauf landwirtschaftlicher Produkte auf Dörfern und
Stadtmärkten und ihr Tausch gegen städtische Erzeugnisse wurde in Westrussland hauptsächlich von Juden betrieben, die infolge ihrer relati-
ven Rechtlosigkeit und Eingeschlossenheit im Ansiedlungsrayon immer
noch an den Kleinhandel gebunden waren. Zwischen den Juden und Bauern
entstanden naturgemäss Konflikte, die dann besonders scharf wurden,
wenn das Geschäft in den von Juden betriebenen Kneipen abgeschlossen
und das bäuerliche Getreide gegen jüdischen Branntwein getauscht
wurde.
Die sozialökonomischen Faktoren samt den politischen verstärkten den
Judenhass weiter. Die Teilnahme einer Gruppe der fortschrittlichen
jüdischen Jugend an der revolutionären Bewegung erzürnte die Regieren-
den[7]. In konservativen Kreisen wuchs die Ueberzeugung, dass die Reformen Alexanders II. überhaupt schädlich seien, da das Volk nach jedem
Zugeständnis ein weiteres verlange. Da unter den Terroristen, die ihn
1881 ermordet hatten, auch ein Freund der Jüdin Hessja Helfmann war,
häuften sich die Ueberfälle auf die Juden, die man als Feinde der Ordnung ansah. Die Uebergriffe arteten von nun an zu organisierten Pogromen aus und wurden von der Regierung legalisiert[8]. Die vierzehnjähri-
ge Regierungszeit Alexanders III. begann also mit Pogromen und schloss
1894 mit Massenausweisungen vor allem aus den inneren Gouvernements
in die sog. Ansiedlungsrayons. Die Ausweisungsbefehle, durch die Hun-
derttausende von Familien betroffen wurden, verhärteten das ohnehin
schwere Schicksal des russischen Judentums beträchtlich[9].

---

6. Darüber ausführlicher bei R. Maurach, Russische Judenpolitik, S. 253. Maurach
sieht den Grund für die Distanzierung der Russen von den Juden - wie auch von anderen Völkern - im ausgeprägten russischen Nationalbewusstsein.
7. Siehe S. Levin, Jugend in Aufruhr, S. 265, wo über neue Beschränkungen für jüdische Studenten berichtet wird.
8. Vgl. E. Schopen, Geschichte des Judentums im Abendland, S. 125.
9. Dazu S. Levin, Jugend in Aufruhr, S. 10. Levin vergleicht die Torturen der
russischen Juden mit der berüchtigten spanischen Inquisition im Mittelalter.

In *Oesterreich - Ungarn* war die Lage der Juden eine andere. Das vielsprachige Oesterreich-Ungarn besass keine vorherrschende Staatsnation. Im deutschen Oesterreich betrachteten sich die Deutschen als souveräne Nation, in Böhmen und Mähren aber machten ihnen die Tschechen diesen Rang streitig. In Galizien herrschten die Polen vor, in Ungarn die Magyaren. Jede dieser Nationen war bestrebt, die in ihrer Mitte wohnenden Minderheiten zu assimilieren.

Am schlimmsten hatten es inmitten dieser nationalen Zwistigkeiten die Juden[10]. Jede anerkannte nationale Minderheit hatte innerhalb der nationalen Mehrheit des betreffenden Gebietes jeweils nur einen einzigen Gegner gegen sich; die Juden aber, die als Nation offiziell nicht anerkannt wurden, hatten alle übrigen miteinander ringenden Nationalitäten des betreffenden Gebietes zu ihren Gegnern. Jede von ihnen verlangte, dass die Juden sie im Kampf gegen die übrigen unterstützten. Die Zahl der Juden in Oesterreich-Ungarn war in der zweiten Hälfte des XIX. Jahrhunderts recht erheblich. Im Jahre 1890 betrug sie annähernd 2 Millionen, durchschnittlich über 4% der Gesamtbevölkerung. In einigen Provinzen - z.B. in Galizien und der Bukowina - machten die Juden sogar etwa 12% der Bevölkerung, in vielen Städten sogar mehr als die Hälfte aus. Die Tschechen, die Polen und die Ungarn missbilligten, dass die Juden sich in ihren Gebieten den Deutschen assimilierten und dadurch ihre Gegner stärkten[11]. Die Deutschen ihrerseits aber entrüsteten sich über die Polonisierung und Magyarisierung der Juden. Somit waren inmitten der miteinander kämpfenden Völker die Juden einem allseitigen Druck ausgesetzt[12].

Diese peinliche Lage der Juden war die Hauptquelle ihrer Leiden in der Oesterreichisch-Ungarischen Monarchie. Nach der Verfassung von 1867, die die bürgerliche Gleichberechtigung endgültig festgelegt hatte, trat mancher jüdische Intellektuelle als Beamter, Richter, Lehrer sowie in allen freien Berufen und sogar in der Armee hervor. Natürlicherweise entfalteten die Juden auch im Handel eine emsige Tätigkeit[13]. Die schnellen Erfolge der emanzipierten Juden riefen Unruhe unter der Bevölkerung hervor. Der Zustrom der Juden aus Galizien und anderen "Krähwinkeln" verdoppelte die Zahl der Wiener Juden. Sie stieg im Jahre 1890 auf 120 000.

---

10. Siehe hierüber Z. Scharfstein, History of Jewish Education in Modern Times, Volume 1, In Europa 1789-1914, S. 220.
11. Die Juden bedienten sich auch im tschechischen Siedlungsgebiet meist der deutschen Sprache. Dazu A. Bohmann, Bevölkerungsbewegungen in Böhmen 1847-1947, Heft 3, S. 98.
12. In nationalistischen Kreisen empfand man die Juden als eine staatsfremde Gruppe. Siehe R. Kaulla, Der Liberalismus und die deutschen Juden, S. 58.
13. Vgl. L. Bato, Die Juden im alten Wien, S. 145.

Von der "jüdischen Gefahr" begann man zuerst unter den Klerikalen zu
sprechen. Sie brachten die berüchtigten Ritualmordprozesse in Gang[14].
Der schlimmste war der Prozess im ungarischen Dorf Tisza-Eszlar, wo
sogar der minderjährige Sohn eines angeklagten Juden zur Aussage gegen
seinen eigenen Vater gezwungen wurde. Unzählige antisemitische Veröffentlichungen und Schmähschriften ergänzten noch das damalige Bild
von Wien, wo 1895 der Führer der betont judenfeindlichen Christlich-
Sozialen, Karl Lueger, zum Bürgermeister gewählt wurde[15]. Im slawi-
schen Teil Oesterreichs, in Galizien und Böhmen, nahmen währenddessen
die Juden eine Art Mittelstellung zwischen dem Gross- und dem Klein-
grundbesitzer ein - wie früher zwischen dem Landherrn und dem Bauern -
und waren vor allem im Handel und in der Industrie tätig. Da die Umgangssprache der galizischen Juden, das Jiddisch[16], nicht zu den übrigen Sprachen im Lande, die gesetzlich als Nationalsprachen anerkannt
waren, aufgenommen wurde, waren die Juden gezwungen, sich bei Volkszählungen als "deutschsprechend" oder "polnisch sprechend" einzutra-
gen und wurden auf diese Weise vollkommen willkürlich auf fremde Nationen verteilt, während sie in Wirklichkeit in ihrer Masse ein selbständiges Volk blieben.

Die staatsbürgerliche Emanzipation fand ihren Ausdruck auch in der
Umgestaltung der Namen[17]. Die Juden hatten früher ihre eigenen hebräischen Namen: Vatersnamen, Sohnesnamen, Beinamen. Nunmehr namen sie
"richtige" Familiennamen an. Das ist allerdings - vor allem in den
östlichen Gebieten - z.T. mit beträchtlichen Willkürmassnahmen der
staatlichen Behörden verbunden gewesen. Die Vornamen blieben zunächst
hebräisch - Abraham, Moses, u.ä. -, und neben sie traten dann mehr und
mehr christliche Nornamen, so dass die Juden auch die Vornamen ihrer
Umgebung annahmen[18]. Im Laufe des XIX. Jahrhunderts griff die Uebernahme christlicher Vornamen um sich, was harte Auseinandersetzungen
innerhalb der jüdischen Gemeinschaft auslöste. Die strenggläubigen
Juden wollten wenigstens an den Vornamen festhalten, durch die der
Jude sich eindeutig bekennend von den Nichtjuden unterscheiden
sollte.

Somit geriet das Judentum des XIX. Jahrhunderts durch die Emanzipation
in ein schweres Dilemma. Als der Jude aus seinem früheren Status, den
er als demütigend empfinden musste, in die Welt staatsbürgerlicher

---

14. Hierüber ausführlicher bei E. Schopen, Geschichte des Judentums im Abendland,
S. 124 ff.
15. Dazu S. Mayer, Die Wiener Juden, 1700-1900, S. 385. Mayer erörtert eingehend die
verschiedenen politischen Richtungen in der Reichshauptstadt Wien.
16. Vgl. W. Kuhn, Bevölkerungsstatistik des Deutschtums in Galizien, S. 32. Kuhn erwähnt dabei, dass in Galizien Ansätze zu einer jiddischen Schriftsprache erkennbar
waren.
17. Siehe dazu C. Roth, Geschichte der Juden, S. 418.

Gleichberechtigung eintrat, war nun die Frage, wie er sich zu den neugewonnenen Möglichkeiten verhalten solle. Es stellte sich die Alternative: Assimilation oder nicht[19]. Im Grunde genommen ist während des ganzen vorigen Jahrhunderts um diese Frage gekämpft worden. War der Jude, der um 1800 mit seiner Familie aus dem bisherigen Judenviertel als gleichberechtigter Staatsbürger heraustrat, in der neuen, für ihn so ungeheuerlich veränderten Welt ein Angehöriger polnischer oder ungarischer Nation, während er sich auch weiterhin zur israelitischen Konfession bekannte; oder gehörte er einem Judentum an, das sich sowohl als Religion als auch als Volk verstand und das in den einzelnen Ländern die jeweilige Umgangs- und Literatursprache des Gastgebervolkes benutzte? Auf der einen Seite standen die Assimilationsjuden, die entschlossen waren, die Möglichkeiten des neuen Zeitalters mit Dankbarkeit anzunehmen und in der Nation, in der sie lebten, kulturell aufzugehen, dabei aber am Judentum als Konfession festzuhalten[20]. In der Praxis ergaben sich hierbei freilich manche Schwierigkeiten. Für die andere Möglichkeit entschieden sich die Gesetzestreuen, die an ihrem Judentum als Religion, Kultur *und* Volkstum festhielten, weil sich diese drei Dinge ihres Erachtens nicht voneinander trennen liessen. Sie waren bereit, loyale Bürger ihres Gastlandes zu sein und ihre staatsbürgerlichen Pflichten treu zu erfüllen, hielten aber an ihrem jüdischen Kultur- und Volksbewusstsein fest.

Unter diesen Gesichtspunkten ist es von grosser Bedeutung, dass die Wiener Juden an der Revolution vom 13. März 1848 einen intensiven Anteil hatten. Der erste Student, den eine Kugel niederstreckte, war der 18-jährige Heinrich Spitzer aus Nikolsburg, der zweite - ebenfalls ein Jude - der 25-jährige Bernhard Herschmann. Auch die Konservativsten unter den Juden waren begeisterte Anhänger der 1848er Märzbewegung[21]. Die Juden in Oesterreich haben bis Ende des XIX. Jahrhunderts im öffentlichen Leben in zahlreiche kommunale Institutionen Eingang gefunden, aber in der höheren Beamtenschaft fehlten sie ganz. Sie haben zwar nach der Einführung der Gleichberechtigung prinzipiell das gleiche Recht erworben wie die Nichtjuden, aber ihre Bedeutung im öffentlichen Leben stand weit unter der ökonomischen.

---

18. Vgl. den Aufsatz von F. Löwenstein in: Das deutsche Judentum, S. 27.
19. Ebd. - Zur gleichen Problematik siehe auch I. Elbogen, Geschichte der Juden in Deutschland, S. 276.
20. Dazu K. Wilhelm in: Juden, Christen, Deutsche, S. 70.
21. Vgl. S. Mayer, Die Wiener Juden 1700-1900, S. 311. Mayer berichtet, dass die jüdischen Studenten besonders enthusiastisch waren. Sie zeigten ein brennendes Interesse an einer Aenderung der politischen Lage.

Wie war nun die Situation der Juden in Deutschland? Das deutsche Bürgertum des XIX. Jahrhunderts hat bis zum Ende der siebziger Jahre eine antisemitische Bewegung nicht gekannt[22]. In der Epoche der Restauration ging es - wenn man von der Judenhetze des Jahres 1819 absieht - allein um die Frage der legitimen Eingliederung der emanzipierten Juden in die traditionelle christliche Gesellschaftsordnung. Mit dem Uebertritt zum Christentum war deren Ansprüchen meist Genüge getan. Im Parlament der Frankfurter Paulskirche, das zu seinen 589 Abgeordneten auch viele Vertreter des emanzipierten und getauften Judentums zählte, war von einer rassisch orientierten Judengegnerschaft nichts zu spüren[23]. Ohne Widerspruch war ein getaufter Jude, der Königsberger Eduard Simson, Präsident der Nationalversammlung und später des ersten Deutschen Reichstages geworden. Wenn in der Literatur vereinzelt Töne der Kritik am Judentum zu hören waren - etwa in Gustav Freytags "Soll und Haben" (1855) und Wilhelm Raabes "Hungerpastor" (1864) -, so war das ein Nachklang von Ressentiments ohne Propagandazwecke. Von irgendwelchen Ausschreitungen konnte nicht die Rede sein.

Das letzte Viertel des XIX. Jahrhunderts aber war bereits durch einen neuaufkommenden Antisemitismus gekennzeichnet[24]. Seit 1881 hatte nämlich eine starke Einwanderung von Juden aus dem Osten nach Deutschland stattgefunden. Die aufstrebende junge Reichshauptstadt Berlin bildete für die meisten einen starken Anziehungspunkt[25]. Um 1880 lebten in Berlin rd. 45 000 Juden, etwa ebenso viele wie in England oder in Frankreich. Die Juden Deutschlands sahen auf die osteuropäischen Juden von oben herab. Sie ignorierten die eindrucksvolle Renaissance der hebräischen Literatur, die im Osten aufzublühen begann. Und was die jiddische Literatur des Ostjudentums betraf, so hielten es die deutschen Juden für unter ihrer Würde, von dieser Notiz zu nehmen; denn die jiddische Sprache, deren sie sich schämten, war ihnen ein ständiger Dorn im Auge.

Nach 1870 konnte sich nun die deutsche Judenheit - eine Körperschaft innerhalb der so rasch wachsenden Weltmacht - mit einer zweiten Stelle in der jüdischen Welt nicht begnügen. Schliesslich bildete sie die grösste Gruppe unter den emanzipierten Westjuden; denn die Juden Galiziens waren nur halb emanzipiert und gehörten in gewissem Grade zu

---

22. Siehe S.M. Dubnow, Die neueste Geschichte des jüdischen Volkes 1789-1914, Bd. 3, S. 458. Nach Ansicht Dubnows bestand im Deutschen Reich Bismarcks eine latente Judenfeindschaft, die aber nur selten offen zutage trat.
23. "Ein Feind, ein Hass, ein Teufel, das bringt Leben in die Politik". Siehe G. Mann, Deutsche Geschichte des XIX. und XX. Jahrhunderts, S. 466.
24. Vgl. E. Schopen, Geschichte des Judentums im Abendland, S. 123.
25. Dazu S. Levin, Jugend in Aufruhr, S. 248. Levin berichtet, welchen Eindruck Berlin auf die neuankommenden Ostjuden machte.

den Juden Osteuropas. Dazu kam noch, dass die geographische Lage
Deutschlands den dort beheimateten Juden eine zentrale Stellung ein-
räumte. Nun hat das Verlangen der neueingewanderten Ostjuden, die
deutsche Konjunktur zu geniessen, mancherlei Unwillen erregt[26]. Das
aus Idealismus, Romantik und Nationalismus gespeiste Selbstbewusstsein
der Deutschen nährte die Ablehnung gegenüber den Eindringlingen[27]. Na-
mentlich in den Kreisen des Mittelstandes, in Gewerbe und Handwerk,
die unter den wirtschaftlichen Krisen der siebziger Jahre - den Folgen
der sog. Gründerzeit - unmittelbar zu leiden hatten, war man nur zu
leicht geneigt, im Juden den Prototyp des wendigen Händlers in der
Welt des geistigen und politischen Liberalismus zu sehen[28]. Dazu kam,
dass diese kleinbürgerlichen Schichten in ihrem unreflektierten Nationalbewusstsein im alten staatserhaltenden Konservatismus die auch ihre
eigenen Interessen schützende Macht sahen.
So wurde die Auseinandersetzung zwischen den Deutschen und den Juden
auf das sozialpolitische Gebiet übertragen. Die von dem evangelischen
Geistlichen und konservativen Politiker Adolf Stoecker geführte "Berliner Bewegung" war von 1879 bis 1885 die populärste politische Massen-
bewegung in der Reichshauptstadt; Stoecker selbst war der am meisten
umjubelte Agitator des Antisemitismus[29]. In kurzer Zeit hatte er eine
wachsende Schar von Anhängern um sich sammeln können. So wurde die
fortschreitende jüdische Assimilation von antisemitischen Strömungen
begleitet[30]. Charakteristisch war nun, dass der Berliner Domprediger
Stoecker mit seiner antisemitischen Kampagne den assimilierten Juden
treffen wollte[31], der - wie er spöttisch zu sagen pflegte - "lieber in
der Jerusalemer Strasse wohnte als in den Strassen von Jerusalem", den
vom Alten Testament abgefallenen Juden, "dessen Gott das Geld und dessen Tempel die Börse" sei[32].
Die antisemitische Bewegung stand im Zeichen des Patriotismus und der
Liebe zu Gott, Kaiser und Vaterland. Im einleitenden Teil einer Petition aus den Kreisen Stoeckers an den Reichskanzler im Jahre 1880 waren die Motive der Judenkampagne klar formuliert: "Seit längerer Zeit
sind die Gemüter ernster vaterlandsliebender Männer aller Stände und
Parteien durch das Ueberwuchern des jüdischen Volkselements in tiefste

---

26. Siehe dazu R. Kaulla, Der Liberalismus und die deutschen Juden, S. 88. Kaulla
weist darauf hin, dass viele deutsche Juden den Zustrom ihrer Glaubensgenossen aus
dem Osten nicht begrüssten, weil sie die zu erwartenden Konsequenzen fürchteten.
27. Vgl. J. Bühler, Deutsche Geschichte, Bd. 6, S. 204.
28. Hierüber ausführlicher bei P.W. Massing, Vorgeschichte des politischen Antisemitismus, S. 44. Massing berichtet über den organisierten Antisemitismus in Berlin;
so auch über ein Flugblatt des Hofpredigers Stoecker, in dem über "die drohende Gefahr unredlicher Spekulationen und der Ansammlung mobilen Kapitals durch jüdische
Wucherer" die Rede ist.
29. Dazu W. Holsten in: Christen und Juden, S. 183. Holsten analysiert hier die so-
zialpolitischen Symptome in der antisemitischen Bewegung Stoeckers. Vgl. G. Mann,

Besorgnis versetzt. Die früher von vielen gehegte Erwartung einer Verschmelzung des semitischen Elements mit dem germanischen hat sich trotz der völligen Gleichstellung beider als eine trügerische erwiesen. Es handelt sich jetzt nicht mehr um eine Gleichstellung der Juden mit uns, sondern um eine Verkümmerung unserer nationalen Vorzüge durch das Ueberhandnehmen des Judentums, dessen steigender Einfluss aus Rasse-Eigentümlichkeiten entspringt, welche die deutsche Nation weder annehmen will, noch darf, ohne sich selbst zu verlieren"[33].

Die Petitionsmänner verlangten von der Regierung, die Juden aus allen verantwortlichen Staatsämtern, zu denen sie ohnehin kaum Zugang hatten, zu verdrängen; Juden als Einzelrichter im Justizdienst nicht zuzulassen; Juden das Lehramt nur in Ausnahmefällen zu genehmigen; eine amtliche Sonderstatistik für Juden wieder einzuführen; die Einwanderung von Juden aus anderen Ländern nach Deutschland einzuschränken[34]. Dementsprechend wurde eine grössere Anzahl polnisch-russischer Juden, die sich bereits vor langer Zeit in Deutschland angesiedelt hatten, rigoros ausgewiesen[35]. Der Zentralverband der deutschen Juden, der "Deutsch-Israelitische Gemeindebund", versuchte nun - gemäss seinen Statuten - alle Ereignisse zu verfolgen, die die rechtliche und soziale Lage der Mitglieder der jüdischen Gemeinschaft betreffen, um sie vor möglichen Angriffen zu schützen.

So wandte sich das Komitee des Gemeindebundes, das ursprünglich seinen Sitz in Leipzig hatte, aber nachher nach Berlin übersiedelte, an die Regierung mit der Bitte, der antisemitischen Agitation Einhalt zu gebieten. Auch der Vorstand der Berliner Gemeinde ist beim Innenminister in derselben Angelegenheit vorstellig geworden; jedoch ohne Erfolg.

---

29. ... Deutsche Geschichte des XIX. und XX. Jahrhunderts, S. 465.
30. Siehe dazu E. Krippendorff in: Erziehungswesen und Judentum, München, 1960, S. 67. Krippendorff weist auf die Diskrepanz zwischen formaler Gleichstellung und faktischer sozialer Ungleichheit auch nach der Emanzipation hin.
31. Hierüber ausführlicher bei P. Massing, Vorgeschichte des politischen Antisemitismus, S. 101. Massing stellt klar, dass Stoecker in den Juden nicht nur eine ökonomische, sondern vor allem eine sittliche Gefährdung Deutschlands sah.
32. Vgl. F. Kahn, Die Juden als Rasse und Kulturvolk, S. 236. Dazu W. Holsten in: Christen und Juden, S. 184. Nach Holsten sieht Stoecker diese Zustände als Folge des schrankenlosen ökonomischen Liberalismus an.
33. S.M. Dubnow, Die neueste Geschichte des jüdischen Volkes, 1789-1914, Bd. 3, S. 17.
34. Auch die Abschaffung des Wahlrechts für die Juden wurde in der Petition, die die Unterschriften von über 250 000 Personen trug, gefordert. Siehe C. Roth, Geschichte der Juden, S. 451.
35. Dazu S. Adler-Rudel, Ostjuden in Deutschland, S. 20. S. Adler-Rudel weist darauf hin, dass 1900 trotz harter Massnahmen der preussischen Polizei die Zahl der ausländischen Juden im Reich allmählich auf über 40 000 angewachsen war.

Im Wirtschaftsleben genossen die Juden dieselbe Freiheit und die
gleichen Rechte wie alle andern; auch gesellschaftlich hatte trotz
mancher Anfeindung die Annäherung Fortschritte gemacht. Einzig und
allein der Staat, der die Gleichberechtigung durch Gesetz verankert
hatte, erkannte in seinen Angelegenheiten diese Gleichberechtigung
nur offiziell an, führte sie aber tatsächlich nicht durch; er schloss
vielmehr - wie schon erwähnt - die Juden von seinem Dienste nahezu
aus. Auch den antisemitischen Ausschreitungen war zuzuschreiben, dass
um 1880 wöchentlich 15 bis 20 Personen aus der jüdischen Religionsgemeinschaft austraten[36]. Der häufigste Grund war - vor allem bei
Frauen - die Eheschliessung mit einem arischen Deutschen.
Währenddessen beschlossen die Vertreter des deutschen Judentums, sich
jeder Gegenagitation zu enthalten und Ruhe zu bewahren, um die Feinde
nicht noch mehr zu reizen. In einem Rundschreiben des israelitischen
Gemeindebundes an die Mitglieder Ende 1880 hiess es, dass der Rassen-
hass "das Herz der Juden gegen ihre christlichen Mitbürger nicht ver-
bittern und ihren Sinn für die bürgerlichen Pflichten nicht trüben
sollte"[37]. Im übrigen wurde über "Prüfungszeit", Arbeitsliebe, das
Gebot der Ehrlichkeit im Handel sowie davon gesprochen, dass man gegen Beleidigungen nicht allzu empfindlich sein sollte, dass die Juden
treue Deutsche und gleichzeitig treue Söhne der Synagoge zu sein
hätten[38].
Unterdessen gestaltete sich das Leben für die privilegierten jüdischen
Familien, die sich immer mehr den Gepflogenheiten vornehmer deutscher
Kreise anpassten, ausgezeichnet. In Berlin - wie schon in Wien - waren die Häuser der wohlhabenden Juden um die Mitte des XIX. Jahrhunderts Mittelpunkte des gesellschaftlichen Lebens. In den berühmten
Salons der jüdischen Bankiers Arnstein und Erkeles in Wien traf sich
die diplomatische Welt, später ebenso bei den Rothschilds in Frankfurt am Main und in Paris[39]. In der preussischen Hauptstadt waren es
die Kreise der Berliner Romantik, die sich bei Henriette Herz und
Rahel Lewin, der Gattin des Diplomaten und Schriftstellers Karl August
Varnhagen von Ense, zusammenfanden[40]. Mit den Vertretern dieses modernen deutschen Judentums trafen sich hier Friedrich von Schlegel, des-

---

36. Vgl. H.G. Adler, Die Juden in Deutschland, S. 124. Ueber die Zerrüttung des religiösen Lebens der Juden durch den militanten Antisemitismus berichtet auch I. Elbogen, Geschichte der Juden in Deutschland, S. 301.
37. Hierzu S.M. Dubnow, Die neueste Geschichte des jüdischen Volkes 1789-1914, Bd.3,
S. 28. Nach Dubnows Ansicht hatte das deutsche Judentum noch immer nicht begriffen,
dass seine demütige Haltung den Antisemitismus nicht eindämmen konnte.
38. Vgl. S. Schwarz, Die Juden in Bayern im Wandel der Zeiten, S. 306. Schwarz berichtet über zahlreiche jüdische Stiftungen zum Wohle der Allgemeinheit in Bayern.
39. Dazu C. Roth, Geschichte der Juden, S. 425.
40. Siehe bei P. Massing, Vorgeschichte des politischen Antisemitismus, S. 117.
Massing berichtet über Mischehen zwischen Juden und Nachkommen christlicher Adelsfa-
milien.

sen Gattin Dorothea eine Tochter des jüdischen Philosophen Moses Mendelssohn war, Schleiermacher, Kleist, Wilhelm von Humboldt und viele andere in heiterer Geselligkeit. Unter den Zuhörern der Privatvorlesungen des jüdischen Arztes Markus Herz über Kants Philosophie befand sich auch der preussische Kronprinz, der später gar nicht judenfreundliche König Friedrich Wilhelm III.[41].

Im Jahre 1893 wurde dann in Berlin der "Zentralverein deutscher Staatsbürger jüdischen Glaubens" gegründet, der die Thesen der assimilierten Mehrheit des deutschen Judentums klar umrissen hatte: "Wir sind nicht deutsche Juden, sondern deutsche Staatsbürger jüdischen Glaubens. Wir stehen fest auf dem Boden der deutschen Nationalität. Mit Juden anderer Länder haben wir ebensoviel gemeinsam wie deutsche Katholiken und Protestanten mit Katholiken und Protestanten anderer Länder"[42]. Inwieweit aber diesen noch so ehrlich gemeinten Bekenntnissen von der nichtjüdischen Bevölkerung Glauben geschenkt werden konnte und in Wirklichkeit geschenkt wurde, haben Vertreter des religiös und politisch wesentlich besser organisierten Ostjudentums im voraus richtig prophezeit und die entsprechenden Konsequenzen gezogen, wie wir später sehen werden.

Trotz der Grundsätze des die jüdische Assimilation unterstützenden Israelitischen Zentralvereins - "Geburt, Erziehung, Sprache und Gefühle haben uns zu Deutschen gemacht, und keine Zeitströmung kann uns unserm teuren Vaterlande entfremden" - blieb im letzten Jahrzehnt des XIX. Jahrhunderts dem deutschen Judentum nichts anderes übrig, als in der damals immer stärker werdenden Sozialdemokratie als einem legalen Kampfgenossen Unterstützung und Hilfe zu suchen. Diese Unterstützung seitens der Arbeiterklasse, die keine Rivalität zwischen Rassen und Nationalitäten kennt, wurde den Juden allerdings nicht als "Volk" gewährt;[43] und obwohl etliche Juden in die sozialdemokratische Partei eintraten, blieben die Probleme des deutschen Judentums weiterhin ungelöst.

---

41. Vgl. E.L. Ehrlich, Geschichte der Juden in Deutschland, S. 81. Siehe dazu auch H. Arendt, Rahel Varnhagen, S. 207, wo über die Heuchelei der damaligen Gesellschaft berichtet wird, die vorgab, assimilierte Juden als Nichtjuden zu behandeln.
42. Zitat aus: S.M. Dubnow, Die neueste Geschichte des jüdischen Volkes 1789-1914, Bd. 3, S. 46.
43. Hierüber ausführlicher bei A. Bebel, Antisemitismus und Sozialdemokratie, S. 56. Im übrigen sah Bebel im Konkurrenzkampf einen wichtigen Grund für den Antisemitismus.

2. *Ueber die soziologische Struktur der Juden in Ost- und Mitteleuropa.*

Nach der Behandlung der politischen Lage müssen wir nun die Frage stellen: Welche Bedeutung besass die sozialökonomische Situation der Juden im einzelnen und in ihrer Gesamtheit im Hinblick auf die Familienerziehung? Angesichts der Tatsache, dass die gesellschaftspolitische Gleichberechtigung auch manche ökonomischen Erleichterungen für die Juden brachte, muss ihre Auswirkung auf das Berufsleben näher untersucht werden.

Das Statistische Jahrbuch des Russischen Reiches wies 1871 nur rund zweieinhalb Millionen Juden auf, Polen eingeschlossen; sie machten hiernach etwa 3,4% der Gesamtbevölkerung aus[44]. Zum Vergleich ist darauf hinzuweisen, dass die Gesamtzahl der Juden am Ende des XIX. Jahrhunderts mit rd. 10 1/2 Millionen nur 0,8% der Gesamtbevölkerung der Welt erreichte. Dazu kam noch, dass die Zahl der Juden in Wirklichkeit in Osteuropa grösser war, als die obigen Zahlen zeigen, da sicherlich viele Juden sich der Registrierung bei den Volkszählungen aus Furcht vor dem Militärdienst oder der Besteuerung entzogen[45]. Das verhältnismässig rasche Anwachsen des osteuropäischen Judentums im XIX. Jahrhundert hat seinen Grund vor allem darin, dass in den Städten - und die Juden waren typische Stadtmenschen - sich die sanitären Verhältnisse - Wasserleitungen, Kanalisation - sehr stark verbesserten und die Volkshygiene im allgemeinen beachtliche Fortschritte machte. Die Folge war ein bedeutendes Absinken der Säuglingssterblichkeit[46].

In Polen selbst stieg die Zahl der Juden nach der endgültigen Eingliederung Polens ins Russische Reich in den sechziger Jahren durch Einwanderung russischer Juden von 555 000 im Jahre 1850 auf 720 000 im Jahre 1865, somit auf 13,5% der Gesamtbevölkerung Polens[47]. Dabei überwog die Zahl der jüdischen Männer. Viele Juden wanderten auch aus Podolien wie aus Litauen in die südlichen Gebiete in der Umgebung von Odessa und nach Bessarabien aus, nachdem letzteres an Russland gekommen war. Während in Polen der Aufschwung der beginnenden Industriali-

---

44. Vgl. A. Ruppin, Soziologie der Juden, Bd. 1, S. 76.
45. Dazu N. Fromer, Vom Ghetto zur modernen Kultur, S. 115.
46. Siehe hierzu Z. Rudy, Soziologie des jüdischen Volkes, S. 16. Rudy bezieht sich auf die Untersuchungen A. Ruppins, Die soziale Struktur der Juden (Hebr.), S. 65.
47. Vgl. S.B. Weinryb, Neueste Wirtschaftsgeschichte der Juden in Russland und Polen, S. 229. Weinryb befasst sich hier mit der statistischen Erfassung der gesamten jüdischen Bevölkerung in Polen 1845-1865.

sierung als Anziehungspunkt für die russischen Juden wegen besserer
Verdienstmöglichkeiten galt, so wurde der neuerschlossene Süden der
Ukraine wegen der reichen landwirtschaftlichen Möglichkeiten von vielen Juden bevorzugt.
Hinsichtlich der beruflichen Gliederung des russischen Judentums ist
aus der Volkszählung von 1897 ersichtlich, dass Industrie und Handwerk sowie Handel und Verkehr für je 37% der Juden als Broterwerb
dienten; daneben waren 5,5% in freien Berufen, 2,6% in der Landwirtschaft, 11% in sonstigen Berufen tätig, während rd. 7% berufslos galten[48].
Was die Tätigkeit der russischen Juden in der Landwirtschaft betrifft,
so war ihr Prozentsatz in den Nebenzweigen viel grösser als im Getreideanbau und in der Tierzucht; unter 1000 Getreidebauern in Russland
waren nur 2 Juden, während unter 1000 in Jagd und Fischerei Beschäftigten 17, in der Forstwirtschaft sogar 38 Juden waren[49]. Die Erklärung hierfür liegt in der russischen Wirtschaftspolitik bzw. in der
Judengesetzgebung der 80er Jahre, deretwegen die Zahl der in den Fünfzigerjahren auf Regierungsboden angesiedelten jüdischen Landwirte
allmählich herabsank[50].
Es war ungünstig, dass die jüdischen landwirtschaftlichen Kolonien,
die den Juden vom Staat zugewiesen worden waren, von den Städten und
den anderen Bauerndörfern im allgemeinen ziemlich weit entfernt lagen.
So konnten die Juden bei den russischen Bauern die Landwirtschaft nur
unter Schwierigkeiten erlernen; sie waren daher gezwungen, russische
Bauern, die frei beweglich waren, zur Verrichtung der Feldarbeiten
heranzuziehen. Diese wiederum verlangten meist zu hohe Löhne[51]. In
Polen selbst waren rd. 5% der Juden in der Landwirtschaft tätig, also
doppelt so viel wie in Russland. Bei der Bauernbefreiung in Polen bekamen 1864 auch die jüdischen Landwirte den Boden als Eigentum[52].

---

48. Hierzu ist zu bemerken, dass bis zu 22% der Anwälte in Russland Juden waren;
1889 bestimmte daraufhin ein Gesetz, dass die Zulassung von Nichtchristen zur Rechtsanwaltschaft einer ministeriellen Sondergenehmigung bedurfte, um - besonders in
den Grossstädten - den jüdischen Andrang zum Anwaltsberuf einzudämmen. Vor allem
in Petersburg lebte eine grosse Anzahl begabter jüdischer Juristen, die - in den
staatlichen Justizdienst nicht aufgenommen - in der Anwaltspraxis ihre Karriere
machen wollten, wodurch freilich eine starke Berufskonkurrenz mit ihren nichtjüdischen Kollegen entstand. Vgl. A. Ruppin, Soziologie der Juden, Bd. 1, S. 353, sowie
R. Maurach, Russische Judenpolitik, S. 320 und S.M. Dubnow, Die neueste Geschichte
des jüdischen Volkes, Bd. 3, S. 176.
49. Siehe dazu A. Ruppin, Soziologie der Juden, Bd. 1, S. 92.
50. Die Verordnungen von 1882 machten der Existenz der jüdischen Pächter ein Ende.
Vgl. S.B. Weinryb, Neueste Wirtschaftsgeschichte der Juden in Russland und Polen,
S. 218.
51. Die russischen Bauern waren den jüdischen Landwirten gegenüber nicht freundlich
gesinnt. Sie warfen den Juden vor, sie hätten ihnen den Boden weggenommen. Siehe
ebenda, S. 214.
52. In der Ortschaft Kuchary, die ausschliesslich von Juden bewohnt war, wurde 1864
sogar erlaubt, einen jüdischen Vogt zu wählen. Vgl. ebenda, S. 192.

Da es vielerorts in Russland an Handwerkern fehlte[53], gestand die Regierung 1865 jüdischen Mechanikern und Handwerkern im gesamten inneren Reichsgebiet das Wohnrecht zu[54]. Diese Möglichkeit nutzten nun die Juden reichlich aus (rd. 37%), so dass eine Reihe von Gouverneuren, besonders in den Westgebieten, wegen des Uebermasses an jüdischen Handwerkern bei der Regierung Protest einlegten[55].
In Polen selbst waren 21% der Juden im Handwerk beschäftigt, mancherorts aber bis zu 40%. Die übermässige Konkurrenz unter den jüdischen Handwerkern verringerte die Verdienstmöglichkeiten, da der Arbeitslohn sank. Im Gouvernement Minsk gehörten z.B. nicht ganz 2% der Handwerker zu den reichen, 38% zu den mittleren und rd. 60% zu den armen Schichten[56]. In den sog. "Ansiedlungsrayons" bestand die gesamte Handwerkerschaft fast ausschliesslich aus Juden; so in Wilna und in vielen Städten Litauens[57]. Da viele von ihnen ohne Arbeit waren, versuchten einige, sich ausserhalb des "Rayons" in Orten, die für Juden verboten waren, niederzulassen, da es hier an Handwerkern mangelte.
Die Ueberfüllung des Handelsberufes in Osteuropa durch Juden hatte mehrere Ursachen. Einmal war der Prozentsatz der Juden im Handel - rd. 37% - abhängig von der Bereitschaft und Fähigkeit der christlichen Bevölkerung zum Handel in dem betreffenden Lande; zum andern schoben sich zwischen Produzenten und Konsumenten immer mehr jüdische Händler ein. Die letzten Glieder dieser Kette waren daher keine Kaufleute im eigentlichen Sinne, vielmehr kleine Händler, die mit wenigen Waren von geringem Werte auf der Strasse handelten oder von Haus zu Haus zogen. Trotz der bescheidenen Verdienstmöglichkeiten liessen sich diese jüdischen Händler nur im äussersten Notfall auf einen andern Beruf abdrängen[58].

---

53. Dazu B. Murmelstein, Geschichte der Juden, Berlin, 1932, S. 382. Nach Murmelstein wurde hauptsächlich reichen und gebildeten Juden das Wohnrecht ausserhalb des Siedlungsrayons zugebilligt.
54. Die Einreise ins Reichinnere wurde jüdischen Handwerkern meist nur gegen Vorlage des Meisterbriefes erlaubt. Siehe R. Maurach, Russische Judenpolitik, S. 273.
55. In der Denkschrift des Kiewer Generalgouverneurs von 1871 wird in den drei südwestlichen Gouvernements - Kiew, Wolhynien und Podolien - über die Existenz von 27 jüdischen Zuckerfabriken unter insgesamt 105, 619 jüdischen Schnapsbrennereien unter insgesamt 712 und 5700 jüdischen Mühlen unter insgesamt 6353 berichtet. Vgl. S.M. Dubnow, Die neueste Geschichte des jüdischen Volkes, Bd. 2, S. 419.
56. Noch schlimmer war die Lage der jüdischen Angestellten und Arbeiter. Dazu S.B. Weinryb, Neueste Wirtschaftsgeschichte der Juden in Russland und Polen, S. 118.
57. Es fehlte jedoch den jüdischen Handwerkern an Aufträgen, siehe ebenda, S. 117.
58. Die armen russischen Juden hielten an ihrer wenig einträglichen Hausierertätigkeit fest, weil sie auch in anderen Berufen keine Chancen hatten. Vgl. A. Ruppin, Soziologie der Juden, Bd. 1, S. 475. - Im Vergleich zu Mitteleuropa war die Beteiligung der handeltreibenden Juden am Geld- und Kredithandel und auch die Anzahl reicher Kaufleute in Russland ausserordentlich klein. Siehe ebenda, S. 331.

In Polen standen rd. 35% im Handel tätigen Juden nur 1,3% Nichtjuden gegenüber. Der Handel lag zu rd. 68% in jüdischen, zu etwa 32% in nichtjüdischen Händen, obwohl der Anteil der Juden an der Gesamtbevölkerung nur 11 - 13% betrug. In einigen Woiwodschaften hatten die Juden sogar ein Monopol im Handel, wie z.B. in Tarnopol, Stanislau und anderen Orten, wo bis zu 90% des Handels durch sie getätigt wurden[59].

Zu den 7% berufslosen Ostjuden zählten in erster Linie die Tagelöhner und Gelegenheitsarbeiter aller Art, meist in den Städten. Laut Volkszählung im Jahre 1897 waren 11% der russischen Juden in "sonstigen" Berufen tätig. Dazu zählten vor allem die Rabbiner, Lehrer und sog. Privatgelehrten, die jede Synagogengemeinde in Russland wie in Polen in zunehmendem Masse besass, aber nur einen Teil davon hauptamtlich. Die Mehrheit der ostjüdischen Geistlichkeit hatte auch einen Handwerksberuf neben ihrer religiösen Lehrtätigkeit; sie zählte aber nicht selten zu den 40 - 50% ihrer Glaubensgenossen, die - vor allem in den Städten - auf Gemeindeunterstützung angewiesen waren[60].

Was die Bauernbefreiung und die damit verbundene wirtschaftliche sowie industrielle Entwicklung betrifft, so war ein wirtschaftlicher Aufschwung auch für die Juden Osteuropas bemerkbar. Die Juden Russlands beteiligten sich in den sechziger Jahren am Bau von Eisenbahnen, an Bankgründungen und am Getreideexport. Der politische Rückschlag liess aber nicht lange auf sich warten; besonders die russische Zollpolitik von 1868 - neben ausgedehnten und verhärteten Konkurrenzbedingungen seitens der enteigneten Adligen und ihrer entlassenen Angestellten - brachte unzählige jüdische Kaufleute in schwere Not. Die verbesserten Verkehrswege - die Eisenbahn - entzogen vielen kleinen Händlern die Erwerbsmöglichkeit. Auch wurden nach der Bauernbefreiung neue und schwerere Anforderungen an den Kaufmann gestellt. Diesen waren die vielfach veralteten Praktiken und traditionellen Formen des weitverbreiteten jüdischen Kleinhandels kaum gewachsen[61].

Die Verteilung der osteuropäischen Juden auf Dörfer und Städte war in erster Linie von wirtschaftspolitischen Ueberlegungen her bestimmt. In Osteuropa hatte eine kleine Stadt noch stark dörflichen Charakter; in ihr wohnten oft mehr Juden als Nichtjuden. Die Juden wurden nämlich im XVII. Jahrhundert durch das Bürgertum und den Klerus im Wirtschaftsbereich in den grösseren Städten erheblich beschränkt und übersiedelten daher in die Ländereien des Adels; ihre meist planlosen Siedlungen wuchsen allmählich zu Städtchen an. So lebten in der

---

59. Die Entstehung der Handelsgenossenschaften, die keine Juden aufnahmen, und die Einführung des staatlichen Monopols für Tabak und Alkohol waren für die jüdischen Händler ein schwerer Schlag. Vgl. ebenda, S. 482.
60. Hierüber ausführlicher bei M. Wischnitzer, Die Juden in der Welt, Gegenwart und Geschichte, S. 210.

Ukraine und Weissrussland 1897 48% bzw. 34% der Juden in Dörfern und
kleineren Städten. Nachdem in Zentralrussland Juden in Dörfern überhaupt nicht wohnen durften, konnte hier keine jüdische Abwanderung
stattfinden[62].

In Polen selbst, wo vor allem das Gouvernement Warschau das Zentrum
der polnischen Industrie war, übertraf die Abwanderung der Juden aus
dem Dorf in die Stadt diejenige bei den Nichtjuden, besonders in den
Industriegebieten. Im Gouvernement Warschau wohnten 1865 rd. 92% der
Juden in Städten[63]. Somit war die Verteilung der Juden auf Stadt oder
Dorf von der Lage und dem Grad der Industrialisierung der einzelnen
Gouvernements abhängig.

Bei der Untersuchung der soziologischen Struktur der Judenheit in
Mitteleuropa müssen Deutschland (der Deutsche Bund, bzw. das Deutsche
Reich) sowie die Länder der Oesterreichisch-Ungarischen Monarchie, wo
die meisten Juden lebten (Deutsch-Oesterreich, Ungarn, Böhmen und Mähren, Galizien), gesondert behandelt werden.

Im Deutschen Reich wohnten 1880 rd. 560 000 Juden, im Jahre 1900 aber
schon ca. 590 000; im Reichsdurchschnitt rd. 1% der Gesamtbevölkerung[64]. In der zweiten Hälfte des XIX. Jahrhunderts setzte unter den
Juden eine immer stärkere Abwanderung vom Land in die Städte ein. So
wuchs die Zahl der Juden in einzelnen Grossstädten erheblich[65]. In
Städten wie Dresden, Hannover und München, wo das Wohnrecht der Juden
neu geregelt wurde, war sogar ein zwei- bis dreifaches Wachstum der
Zahl der Juden zu verzeichnen. Andererseits sind viele jüdische Gemeinden in Mecklenburg, Pommern und Westpreussen kleiner geworden; denn
ihre Mitglieder wanderten in die grösseren Städte ab, wo die Industrie
bessere Verdienstmöglichkeiten bot.

In Deutsch-Oesterreich lebten um die Jahrhundertwende rd. 195 000 Juden, d.h. etwa 4,5% der Gesamtbevölkerung[66]. Dabei wurde Wien, als
Handelszentrum im Herzen Europas zum besonderen Anziehungspunkt für

---

61. Für den Handel wurde ein grösseres Kapital notwendig, das nur wenige Juden aufbringen konnten. Dazu S.B. Weinryb, Neueste Wirtschaftsgeschichte der Juden in Russland und Polen, S. 59.
62. Vgl. A. Ruppin, Soziologie der Juden, Bd. 1, S. 109.
63. Im Gouvernement Radom rd. 86%, im Gouvernement Augustow rd. 79%. Siehe S.B. Weinryb, Neueste Wirtschaftsgeschichte der Juden in Russland und Polen, S. 233.
64. 1880 bildeten die Juden in Preussen rd. 13 o/oo, um 1900 aber rd. 11 o/oo; in Bayern etwa 10 o/oo bzw. 9 o/oo und in Baden rd. 17 o/oo bzw. 14 o/oo der Gesamtbevölkerung. Vgl. H. Silbergleit, Die Bevölkerungs- und Berufsverhältnisse der Juden, Bd. 1, S. 14, ferner: A. Ruppin, Soziologie der Juden, Bd. 1, S. 85.
65. Wie in Berlin, wo 1840 nur rd. 6500 Juden (2% der Gesamtbevölkerung) wohnten, aber 1871 schon rd. 30 000 Juden (3,3%), oder in Breslau, wo die Zahl der Juden von 6000 im Jahre 1840 auf 18 000 Juden im Jahre 1880 wuchs, und in Köln, wo 1840 615 Juden nur rd. 0,9% der Einwohner abgaben, aber 1871 3172 Juden rd. 2,5% ausmachten. Siehe Elbogen- Sterling, Die Geschichte der Juden in Deutschland, S. 242.
66. Die meisten Juden lebten in Niederösterreich (rd. 9300), gefolgt vom Burgenland (rd. 4800), dann von Steiermark mit etwa 2700 und Oberösterreich mit rd. 1200 Juden,

die Juden; ihre Zahl nahm von rd. 73 000 im Jahre 1880 auf ca. 150 000 im Jahre 1900 zu (8% der Gesamtbevölkerung)[67]. Bemerkenswert ist dieser Zuwachs besonders im Vergleich mit dem Jahre 1847, als Wien nur 5 000 Juden zählte[68].
1869 lebten in Ungarn 550 000 Juden, d.h. fast 4% der Gesamtbevölkerung; davon in Budapest selbst rd. 45 000 (ca. 17% der Einwohnerschaft). Kurz nach der Jahrhundertwende stieg aber die Zahl der Budapester Juden auf über 200 000 (24%); somit war jeder vierte Bürger in der ungarischen Hauptstadt ein Jude[69]. Der Grund für diese Anhäufung lag offenbar im Zentralismus der ungarischen Teilmonarchie, in der die Hauptstadt Budapest als kultureller und wirtschaftlicher Mittelpunkt in ihrer Bedeutung die rückständige Provinz mit ihren wesentlich kleineren Städten und Ortschaften weit überragte und somit als Hauptanziehungspunkt für die ungarischen Juden wirkte. In der Provinz wohnten die meisten Juden in den Städten Miskolc, Debrecen, Szeged und Pecs (Fünfkirchen), also in Nordost- und Südungarn.

In Böhmen und Mähren gab es im Jahre 1848 rd. 110 000 Juden, 1869 aber schon mehr als 130 000; in Böhmen lebten somit rd. 14% und in Mähren fast 7% der Juden der Donaumonarchie.

Nach der Emanzipation im Jahre 1869 begann ein mächtiger Abwanderungsprozess aus den böhmisch-mährischen Provinzen in die Reichshauptstadt Wien, wodurch die Zahl der Juden 1880 mit rd. 140 000 einen Stillstand erreichte, während die Judenheit Wiens stark zunahm[70]. Die Juden machten nach der Jahrhundertwende in Böhmen wie in Mähren 1,3% der Gesamtbevölkerung aus, während sie in der benachbarten Slowakei 4,5% und in Karpatorussland sogar über 15% der Gesamtbevölkerung darstellten[71]. Sowohl die Slowakei als auch Karpatorussland erhielten Zuzug aus Mähren, ferner durch Emigranten aus Galizien und in den neunziger Jahren durch Flüchtlinge aus Russland, deren starker osteuropäischer Einschlag der Assimilation an die einheimischen Juden im Wege stand[72].

---

66. ... während in Salzburg nur 285 und in Vorarlberg 126 Juden wohnten. Vgl. M. Wischnitzer, Die Juden in der Welt, Gegenwart und Geschichte, S. 171.
67. Siehe H. Tietze, Die Juden Wiens, S. 231.
68. Vgl. M. Wischnitzer, Die Juden in der Welt, Gegenwart und Geschichte, S. 167
69. Siehe ebenda, S. 138.
70. Hierüber ausführlicher bei S.M. Dubnow, Die neueste Geschichte des jüdischen Volkes, Bd. 2, S. 377.
71. In Böhmen und Mähren hatten die Juden schon zu Beginn des XIX. Jahrhunderts ein starkes Interesse an einer guten Allgemeinbildung, während sich ihre orthodoxen Glaubensgenossen in der Slowakei und in Karpatorussland der weltlichen Bildung gegenüber viel reservierter verhielten. Dazu A. Ruppin, Soziologie der Juden, Bd. 1, S. 492.
72. Vgl. M. Wischnitzer, Die Juden in der Welt, Gegenwart und Geschichte, S. 154.

Im östlichen Landesteil der Oesterreichisch-Ungarischen Monarchie, in Galizien, lebten rd. 73% der Juden Oesterreichs[73]. 1890 betrug die Zahl der Juden Galiziens einschliesslich der Bukowina 850 000 (rd. 10% der Gesamtbevölkerung)[74]. In Galizien befanden sich die Juden im Feld der Auseinandersetzungen zwischen drei Nationen, den Deutschen, den Polen und den Ruthenen, während sie selbst nicht als Nation anerkannt wurden, wenngleich sie in Wirklichkeit ein selbständiges Volk bildeten[75].

In beruflicher Hinsicht passten sich die Juden Mitteleuropas der soziologischen Struktur ihrer Wirtsvölker und ihrer jeweiligen politischen Lage an.

Im Deutschen Reich standen kurz nach der Jahrhundertwende rd. 50% der Juden im Handel, in der Versicherung und im Verkehrswesen, 21% in der Industrie und im Handwerk, 7% im öffentlichen Dienst und in freien Berufen; rd. 2% waren als Tagelöhner und Hausangestellte, 1% in der Landwirtschaft tätig; rd. 19% ohne Beruf[76]. Freilich sind die entsprechenden Prozentzahlen in den einzelnen Ländern des Deutschen Reiches in den verschiedenen Berufen auch verschieden[77]. Während der Anteil der Juden an der Gesamtbevölkerung im Durchschnitt 1% ausmachte, betrug dieser an der Gesamtzahl aller Erwerbstätigen im Handel, Versicherungs- und Verkehrswesen rd. 4%, im öffentlichen Dienst und in freien Berufen 1%, in der Industrie und im Handwerk 0,6% und in der Land- und Forstwirtschaft 0,04%. Ihr Anteil unter den Tagelöhnern und Gelegenheitsarbeitern sowie unter dem häuslichen Dienstpersonal machte lediglich 0,3% aus. Unter den Deutschen, die keinen Beruf hatten, waren 1,6% Juden[78]. Bemerkenswert ist dabei, dass die Juden auch nach der vollen Emanzipation seit 1870 niemals Berufsoffiziere und auch keine Reserveoffiziere werden konnten, obwohl an der Vaterlandstreue gebürtiger reichsdeutscher Juden kein Zweifel bestand[79]. Reserveoffizier zu sein war aber im Reich Bismarcks von grosser gesellschaftlicher Bedeutung[80]. Die Wendigkeit und schnelle Anpassungsfähigkeit der deutschen Juden, nicht zuletzt auch ihr Mut zum Risiko, brachten ihnen in Handel und Industrie beachtliche Erfolge. Das galt ebenso für private Rechtsberatung, Presse- und Theaterwesen, wo ein vielseitiger Bedarf bestand[81].

---

73. Siehe Statistik bei A. Ruppin, Soziologie der Juden, Bd. 1, S. 76.
74. Vgl. S.M. Dubnow, Die neueste Geschichte des jüdischen Volkes, Bd. 3, S. 75.
75. Hierüber ausführlicher ebenda, S. 76. Dubnow berichtet über die Problematik, die sich aus der Stellung der Juden zwischen Deutschen, Polen und Ruthenen ergab. Vgl. auch W. Kuhn, Bevölkerungsstatistik des Deutschtums in Galizien, S. 32.
76. Siehe Statistik bei A. Ruppin, Soziologie der Juden, Bd. 1, S. 76.
77. Bayern, wo anstelle des Reichsdurchschnitts von rd. 50% etwa 69% der Juden im Handel, Versicherungs- und Verkehrswesen tätig waren, ist besonders hervorzuheben. In dieser Prozentzahl ist allerdings diejenige der berufslosen Selbständigen mit einbegriffen.

In Deutsch-Oesterreich standen um die Jahrhundertwende 49% der jüdischen Bevölkerung im Handel, Versicherungs- und Verkehrswesen; rd. 26% in Industrie und Handwerk; rd. 11% in der Land- und Forstwirtschaft; 7% im öffentlichen Dienst und in freien Berufen; ca. 8% waren als Tagelöhner oder in Haushaltungen tätig bzw. hatten keinen Beruf[82]. Beachtenswert ist dabei die wesentlich höhere Prozentzahl der in Land- und Forstwirtschaft beschäftigten Juden im Vergleich zum Deutschen Reich. Der Grund hierfür liegt in erster Linie in der Bodenbeschaffenheit und der geographischen Lage Deutsch-Oesterreichs. Während die Juden rd. 4% der Gesamtbevölkerung ausmachten, war ihr Anteil an der Gesamtzahl aller Beschäftigten im Handel, Versicherungs- und Verkehrswesen ca. 19%, im öffentlichen Dienst und in freien Berufen 7%, in der Industrie und im Handwerk 4%, in der Land- und Forstwirtschaft 0,8%. Unter den Tagelöhnern und Gelegenheitsarbeitern waren 7% Juden, und unter denen, die keinen Beruf hatten, betrug der Anteil der Juden rd. 11%[83].

In Ungarn gestaltete sich die Berufsstruktur der Juden um die Jahrhundertwende in manchem anders als in Deutsch-Oesterreich[84]. Eine jüdische Industriearbeiterschaft gab es nicht. Der Anteil der Juden am Handel war siebenmal so gross wie der der Nichtjuden, in Industrie und Gewerbe war er doppelt so gross, in den freien Berufen auch bedeutend. So waren in der Hauptstadt Budapest 46% aller Rechtsanwälte, 60% aller Aerzte, 40% aller Journalisten jüdische Bürger[85]. Sogar hohe Regierungsämter wurden nach der Emanzipation von 1867 von ihnen bekleidet. Darin drückte sich die von beiden Seiten, Juden wie Nichtjuden, geförderte völlige Verschmelzung beider Bevölkerungsteile aus. Von echter patriotischer Einstellung zeugte auch die Tatsache, dass bereits 1848 20 000 ungarische Juden in der 180 000 Mann starken ungarischen Landwehr mitkämpften[86]; rd. 11% der Landwehr bestand also aus Juden, während ihre Zahl nicht einmal 4% der Gesamtbevölkerung ausmachte[87].

---

78. Vgl. A. Ruppin, Soziologie der Juden, Bd. 1, S. 357.
79. Hierüber ausführlicher bei A. Eloesser, Vom Ghetto nach Europa, S. 242.
80. Es galt als ungeschriebenes Gesetz, dass Juden nicht zum Reserveoffizier ernannt werden sollten. Das zeigte, dass sie in gesellschaftlicher Hinsicht doch nicht als ebenbürtig angesehen wurden. Dazu A. Leschnitzer, Die Problematik der deutsch-jüdischen Lebensgemeinschaft, S. 64.
81. Vgl. R. Straus, Die Juden in Wirtschaft und Gesellschaft, S. 123.
82. Siehe Statistik bei A. Ruppin, Soziologie der Juden, Bd. 1, S. 348.
83. Ebenda, S. 357.
84. Vgl. M. Wischnitzer, Die Juden in der Welt, Gegenwart und Geschichte, S. 139.
85. Die ungarischen Juden bekleideten auf allen Gebieten des öffentlichen Lebens wichtige Positionen; der Antisemitismus trat jedoch immer wieder neu in Erscheinung. Dazu G. Patai, in: Jüdisches Lexikon, Bd. IV/2, S. 1110.
86. Siehe ebenda.
87. Nach der Jahrhundertwende, als die Zahl der ungarischen Juden auf rd. 6% der

In Böhmen und Mähren waren um die Jahrhundertwende rd. 47% der jüdischen Bevölkerung in Handel und Verkehr beschäftigt, in Karpatorussland dagegen nur 26%; in Handwerk und Industrie in Böhmen und Mähren 21% gegenüber rd. 24% in Karpatorussland; im öffentlichen Dienst und in freien Berufen rd. 9% gegenüber 5%; in der Landwirtschaft 3% gegenüber rd. 27%. In Böhmen und Mähren waren ca. 12% der Juden Rentner und Unterstützungsempfänger; ihnen standen in Karpatorussland rd. 8% gegenüber[88]. Der Anteil der Juden an der Gesamtbevölkerung betrug in Böhmen und Mähren 1,3%, in Karpatorussland dagegen über 15%[89]. Während die entsprechenden Prozentzahlen für Böhmen und Mähren auch für Schlesien Geltung hatten, so waren in der Slowakei fast viermal so viele Juden (rd. 11%) in der Land- und Forstwirtschaft tätig, die - bei einer Beteiligung der Juden an der Gesamtbevölkerung mit 4,5% - nur 0,8% aller in der Land- und Forstwirtschaft Beschäftigten ausmachten[90]. Einen wesentlich grösseren Unterschied hinsichtlich der Berufsstruktur weist aber Karpatorussland auf, wo die wirtschaftliche Entwicklung am niedrigsten war und rd. 80% der Juden in grosser Armut lebten. Hier erreichten die Juden zwar mit fast 27% in der Forst- und Landwirtschaft einen neunfachen Prozentsatz ihrer Glaubensbrüder in Böhmen und Mähren, aber es handelte sich hierbei vorwiegend um kümmerliche Zwergwirtschaften im Gegensatz zum Grossgrundbesitz der Juden in Böhmen und Mähren[91]. Bemerkenswert ist, dass die rd. 27% der Juden Karpatorusslands in der Forst- und Landwirtschaft nicht einmal die Hälfte ihres prozentualen Anteils an der Gesamtbevölkerung unter den Beschäftigten in diesem Bereich ausmachten.
In Galizien lebten 1900 34% der Juden, aber nur ca. 7% der christlichen Bevölkerung in Städten[92]. Die massenhafte Ansiedlung der Juden auf dem Lande spielte sowohl als geeigneter Widerstandsfaktor gegenüber Assimilationstendenzen an die Umwelt als auch hinsichtlich der beruflichen Gliederung der Juden Galiziens eine wichtige Rolle. Der

---

87. ... Gesamtbevölkerung angewachsen war, standen sie mit rd. 50% im Handel, Bank-, Versicherungs- und Verkehrswesen, mit ca. 12% in Industrie und Handwerk, mit rd. 10% im öffentlichen Dienst und in freien Berufen, mit 2,4% in der Armee, aber nur mit 0,4% in der Landwirtschaft. Ihr Anteil an Tagelöhnern und Gelegenheitsarbeitern betrug etwa 3%, an Berufslosen rd. 11%. Vgl. A. Ruppin, Soziologie der Juden, Bd. 1, S. 357.
88. Siehe M. Wischnitzer, Die Juden in der Welt, Gegenwart und Geschichte, S. 157.
89. Der jüdische Anteil im Handel und Versicherungswesen betrug in Böhmen und Mähren rd. 10% gegenüber 87% in Karpatorussland, im öffentlichen Dienst und in freien Berufen rd. 2% gegenüber 25%, in der Armee rd. 1% gegenüber 3%, in Industrie und Handwerk 0,7% gegenüber rd. 34%, im Verkehrs- und Transportwesen 0,7% gegenüber rd. 25%, in der Land- und Forstwirtschaft 0,1% gegenüber rd. 6%; unter den Tagelöhnern, Gelegenheitsarbeitern und Berufslosen betrug der Anteil der Juden in Böhmen und Mähren 2% gegenüber rd. 20% in Karpatorussland. Vgl. A. Ruppin, Soziologie der Juden, Bd. 1, S. 357.
90. Siehe M. Wischnitzer, Die Juden in der Welt, Gegenwart und Geschichte, S. 155.
91. Ebenda, S. 156.

Unterschied zum benachbarten Preussen wird besonders deutlich; denn
dort wohnten rd. 86% der Juden - und rd. 45% der Nichtjuden - in
Städten. In Ostgalizien gab es 69 Orte, in denen die jüdischen Einwohner die Majorität bildeten[93]. Rd. 55% der galizischen Juden waren
im Handel und Verkehr tätig, 22% in Handwerk und Industrie, vor allem
in der Bekleidungs-, Leder-, Nahrungsmittel- und Papierbranche. Da es
in Galizien vor der Jahrhundertwende nur wenige Industriebetriebe gab,
so waren auch die Juden oft im Handwerk und in der sog. Heimindustrie
tätig. In freien Berufen waren um die Jahrhundertwende rd. 12%, in der
Landwirtschaft ca. 10% der Juden beschäftigt[94]. Die ökonomische Lage
der Juden war infolge ihrer problematischen Zwischenstellung zwischen
den verschiedenen anerkannten Nationalitäten und nicht zuletzt wegen
der ihren Handel und ihr Kleingewerbe sehr beeinträchtigenden bäuerlichen Konsumgenossenschaften ausserordentlich schlecht; sie machten
rd. 90% der Armen und Besitzlosen der galizischen Bevölkerung aus[95].
Die Hälfte der Juden Galiziens lebte von Wohltätigkeitseinrichtungen.
Unter diesen Umständen wanderten viele nach Amerika aus. Den in der
Heimat verbliebenen Juden versuchte der 1891 gegründete "Baron Hirsch-
Fonds" durch Errichtung von Ausbildungsstätten zu helfen, die bisher
ganz gefehlt hatten.

---

92. Hierüber ausführlicher bei A. Ruppin, Die Juden der Gegenwart, S. 86.
93. Im Jahre 1860 zählten in Galizien 7 grössere Städte mehr jüdische als nichtjüdische Einwohner, darunter auch Stanislau und Tarnopol. Vgl. den Beitrag J. Meisels in: Jüdisches Lexikon, Bd. 2, S. 875.
94. Rd. 40% der Juden übten einen Beruf aus. Bei einem ca. 10%igen Anteil der galizischen Juden an der Gesamtbevölkerung betrug dieser im Handel das 6-fache, in Industrie und Handwerk das 2 1/2-fache, im öffentlichen Dienst und in freien Berufen das 1,7-fache, in der Armee das 0,5-fache, in der Land- und Forstwirtschaft das 0,1-fache und unter den Tagelöhnern, Gelegenheitsarbeitern und Berufslosen das 1,1-fache ihres prozentualen Anteils an der Gesamtbevölkerung. Siehe den Beitrag J. Meisels in: Encyclopaedia Judaica, Bd. VII, S. 67, ferner den Artikel J. Meisels in: Jüdisches Lexikon, Bd. II, S. 875 und A. Ruppin, Soziologie der Juden, Bd. 1, S. 357.
95. Dazu S.M. Dubnow, Die neueste Geschichte des jüdischen Volkes, Bd. 3, S. 82. Nach Dubnow verfielen zwei Drittel der galizischen Judenheit in eine Armut, die sonst nirgendwo in Europa anzutreffen war.

3. Die geistigen Strömungen innerhalb des Judentums

Nach der Erörterung der politischen und soziologischen Struktur des Judentums muss nun sein Geistesleben näher untersucht werden. In der zweiten Hälfte des XIX. Jahrhunderts waren Vertreter dreier geistiger Strömungen im Judentum zu verzeichnen: die Zionisten, die Assimilanten und die Orthodoxen.

Angesichts der häufigen schweren Judenverfolgungen - vor allem in Russland - kam die frühzionistische "Chibbat-Zion"-Bewegung (Liebe zu Zion) im *Osten* Europas zur besonderen Bedeutung[96]. Sie hatte am Anfang nur kleine Kreise ergriffen. Das war durchaus natürlich; denn zunächst musste die Bewegung bei denen Anklang finden, die ihre hebräische Bildung modernisieren wollten, anstatt zur Kultur des Gastgeberlandes überzugehen. Die Orthodoxen bekämpften sie geradezu. Denn diese Bewegung harmonierte nicht mit religiösen Anschauungen; sie gab dem Nationalen den Vorrang vor dem Religiösen. Die orthodoxen Juden waren der Ueberzeugung, dass diese frühzionistische Bewegung eine Rebellion bedeute, einen Protest gegen das Schicksal des jüdischen Volkes und gegen die göttliche Allmacht, die dieses Schicksal verhängt habe; und ein solcher Protest grenze an Atheismus. Die Feindseligkeit der reichen Juden entsprang noch anderen Erwägungen. Sie hatten instinktiv eine Scheu vor allen radikalen revolutionären Tendenzen, und so auch vor dieser frühzionistischen Bewegung. Als der Sturm der Verfolgungen und Pogrome ausbrach, steckten die Reichen den Kopf in den Sand und trösteten sich damit, dass der Sturm bald vorübergehen werde. Sie waren freilich mehr um ihren eigenen Status quo besorgt, und die Möglichkeit einer Veränderung der Verhältnisse schreckte sie. Auf jeden Fall war die frühzionistische Bewegung im Osten Europas in der zweiten Hälfte des vorigen Jahrhunderts bedeutungsvoll, besonders hinsichtlich der späteren geschichtlichen Entwicklung des Ostjudentums und der ersten ostjüdischen Ansiedlungen in Palästina[97].

Der Drang nach kultureller Assimilation war im Ostjudentum bedeutend, obwohl viele im Westen den Eindruck hatten, er habe sich nur in Westeuropa stark entwickelt, während die Juden Osteuropas davon unberührt geblieben seien. Allerdings erreichten die Ostjuden dieses Stadium der Assimilation später als die Juden Westeuropas. Danach gehörten die Ostjuden dieser Bewegung nicht minder an als ihre Glaubensbrüder in West- bzw. Mitteleuropa. Die Verzögerung war auf zwei Umstände zu-

---

96. Vgl. S. Levin, Jugend in Aufruhr, S. 211. Nach Levin löste der Patriotismus mancher reichen russischen Juden bei der Jugend starke Gefühle eines jüdischen Nationalismus aus.
97. In den einzelnen Städten Russlands bildeten sich Gruppen der "Zionistenfreunde". Dazu B. Murmelstein, Geschichte der Juden, S. 392.

rückzuführen. Zum ersten bestanden äussere Hindernisse. Zwar behauptete die russische Regierung, dass sie die Juden zu assimilieren wünsche, in der Tat legte sie aber tausend Hindernisse in den Weg[98]. Sie fürchtete gerade den intelligenten, aufgeklärten Juden, der - mit den Waffen westlicher Bildung ausgerüstet - eine grössere Gefahr denn je im Kampf um die Emanzipation zu werden drohte. Zum zweiten hielten die Ostjuden wegen ihrer zahlenmässigen Stärke eine Assimilation an ihre Umwelt nicht für notwendig. Die Juden Osteuropas bildeten die jüdische Masse, und diese setzte der Assimilation einen hartnäckigeren Widerstand entgegen, als es in Mitteleuropa der Fall war. Die Jugend der jüdischen Oberschicht stürzte sich aber mit der ganzen Gier ihres unstillbaren Bildungshungers auf die russische bzw. polnische Literatur[99]. Aus dieser Literatur schöpfte sie ihre Ideale. Puschkin, Dostojewskij und Tolstoi hatten sich den Weg zur assimilierten jüdischen Jugend gebahnt und verdrängten die ursprünglichen Kulturwerte, die sie bis dahin geschätzt hatte. Hebräisch sank auf das Niveau einer Sprache herab, aus der man lediglich übersetzte. Russisch und Polnisch waren die Sprachen, in denen sie dachten und lebten. So war auch die Geisteshaltung der oberen jüdischen Schichten in Russland ausgesprochen russisch. Die assimilierte junge Generation erhielt eine russische Erziehung; und da die russische Literatur an erster Stelle stand, begannen russische Bücher die hebräischen von den Regalen zu verdrängen, und diese wanderten allmählich in die Keller und Bodenkammern. In wohlhabenden jüdischen Vierteln wurde an Stelle des althergebrachten Jiddisch fast ausschliesslich russisch bzw. polnisch gesprochen. So machte die kulturelle Assimilation im osteuropäischen Judentum 1850 - 1900 manche Fortschritte, während die nationale Annäherung der Juden an ihre osteuropäischen Gastgebervölker wesentlich langsamer voranging; denn die Zugehörigkeit zu einer Nation ist nicht nur eine Willensfrage, sondern gemeinsame Herkunft und Tradition spielen dabei eine grosse Rolle[100].

Die dritte grosse Gruppe im Osten bildeten die Orthodoxen, die in der jüdischen Masse eine beherrschende Stellung einnahmen. Die jüdische Orthodoxie war vor allem in Ostgalizien gut organisiert. Unter Führung des Rabbi von Belz wurde 1880 die Vereinigung "Machsike Hadaat" (Förderer des Wissens) gegründet, die einen harten Kampf gegen die Liberalen führte. Der Rabbi von Belz, hinter dem weite Kreise des ostgalizischen Chassidismus standen, bekämpfte u.a. den "profanen" Unterricht

---

98. Hierüber ausführlicher bei C. Roth, Geschichte der Juden, S. 456.
99. Vgl. S.M. Dubnow, Die neueste Geschichte des jüdischen Volkes, Bd. 3, S. 184. Nach Dubnow wollte ein Teil der jüdischen Jugend in Russland nicht nur die Annäherung an die Umwelt, sondern das völlige kulturelle Aufgehen in der russischen Gesellschaft.

der Jugend, insbesondere der Mädchen. Die grosse Masse der jüdischen Bevölkerung des Ostens lebte in alten Traditionen, hing z.T. dem Chassidismus an, war streng orthodox und sprach jiddisch. Die osteuropäische jüdische Orthodoxie fühlte sich berufen, auch für das jüdische Schulwesen Sorge zu tragen[101]. So betrachtete sie die Errichtung von möglichst vielen Talmud-Thora-Schulen und Jeschiwoth (Talmudakademien) als ihre vornehmste Pflicht. Ausserdem hatten die orthodoxen Juden ihre besonderen Vereine, z.B. Krankenpflege- und Wohltätigkeitsvereine und den Verein der Frühbeter (die früh aufstehen, um zu beten). Der osteuropäischen jüdischen Orthodoxie lag es allein daran, sich möglichst vollständig von der nichtjüdischen Umwelt abzukapseln[102], um die Echtheit des jüdischen Daseins unter schicksalsbedingten Umständen aufrechtzuerhalten und zu bewahren. Ihre Massnahmen gingen sogar so weit, dass auch ihre menschlichen Kontakte - wie Eheschliessung und Freundschaft - auf bewährte und bekannte Mitglieder ihrer orthodoxen Gemeinschaft begrenzt blieben. Eine Heirat zwischen orthodoxen und assimilierten Juden war ausgeschlossen, da weder ein orthodoxes Mädchen noch ein religiöser junger Mann auf den Gedanken kam, mit einem nicht strenggläubigen Partner in Verbindung zu treten. Eine "Mischehe" hätte angesichts der unzähligen Bräuche und sonstigen religiösen Vorschriften gar nicht funktionieren können. Ausserdem war bei orthodoxen Juden in Osteuropa die Ehevermittlung im allgemeinen Sache der Eltern oder der nächsten Angehörigen. Selbst der traditionelle jüdische Heiratsvermittler, der Schadchen, achtete peinlich darauf, keine religiös unpassende Partie zu vermitteln[103]. So war die jüdische Orthodoxie ein mächtiger Faktor im Leben des osteuropäischen Judentums.

Aehnlich wie in Osteuropa, bestanden auch im *mitteleuropäischen* Judentum die zionistische Bewegung sowie die Gruppen der Assimilanten und der Orthodoxen. Im Unterschied zu Osteuropa gelangte jedoch im Judentum Mitteleuropas die Bewegung, die eine rasche Assimilation der Juden an die nichtjüdische Umwelt anstrebte, zur grössten Bedeutung und war auch zahlenmässig am stärksten vertreten. Ihr folgte mit Abstand die Orthodoxie; die Zionisten mussten sich in Mitteleuropa mit dem letzten Platz in der Reihenfolge der jüdischen geistigen Strömungen begnügen.

---

100. Siehe C. Roth, Geschichte der Juden, S. 419.
101. Dazu A. Ruppin, Soziologie der Juden, Bd. 2, S. 148. Ruppin analysiert vortrefflich die Tendenzen im orthodoxen jüdischen Schulwesen und weist auf die Vor- und Nachteile hin, die sich aus der Spezialisierung auf den Traditionsunterricht ergeben.
102. Vgl. M. Buber, Der Chassidismus und die Krise des abendländischen Menschen, Aufsatz in: Juden, Christen, Deutsche, hrsg. v. H.J. Schultz, S. 87. Buber erörtert hier die Symptome der orthodoxen jüdischen Erziehung in bezug auf ihre Tendenz zum "Heiligwerden allen Handelns".
103. Siehe bei S.J. Agnon, Das Buch von den polnischen Juden, S. 164.

Die Bedeutung des ungarisch-jüdischen Rechtsanwalts Theodor Herzl
(1860-1904), des Gründers des politischen Zionismus, bestand in der
Erkenntnis, dass die jüdische Minorität zur Majorität werden, das Volk
ohne Land sein eigenes Territorium erhalten, das Händlervolk zur
"Scholle" zurückkehren und die Literaten wieder Schöpfer jüdischer
Kultur werden sollten[104]. Diese Gedanken fanden im mitteleuropäischen
Judentum in der zweiten Hälfte des vorigen Jahrhunderts keinen grossen
Widerhall; die Zionistische Vereinigung für Deutschland stellte jedoch
den ältesten Landesverband der zionistischen Organisation dar. Im Mittelpunkt ihrer Arbeit stand vor allem die Wiederbelebung der hebräischen Sprache sowie die ständige Aufklärung der Oeffentlichkeit über
das Wesen des Zionismus[105]. Es oblag ihr ferner, auf eine Berufsumschichtung der mitteleuropäischen Judenheit hinzuwirken, um für das
künftige Heimatland Palästina eine beruflich vorbereitete Generation
heranzubilden.

Die Zionisten Deutschlands und Oesterreich-Ungarns formierten sich in
drei Hauptgruppen: Der "Misrachi", gegründet um die Jahrhundertwende,
stellte die religiöse Richtung dar und stammte ursprünglich aus dem
tschechoslowakischen Teil der Donaumonarchie. Die Misrachi-Zionisten
folgten der strengen jüdischen Gesetzestradition[106]. Die zweite zionistische Gruppe war die sozialistische zionistische Arbeiterpartei
"Poale-Zion". Diese Gruppe vertrat die Auffassung, dass der jüdische
Mittelstand, der auch die nationalistischen Parteien der Gastgeberländer unterstützte, Systemen Vorschub leistete, innerhalb deren politische Ausschreitungen und Judenverfolgungen möglich seien. Somit
stand die "Poale-Zion" extremen sozialistischen Richtungen ziemlich
nahe. Ihre Hauptziele waren: Reform der wirklichkeitsfremden religiösen Elementarschule (Cheder), Kampf gegen die weltfremde Orthodoxie
und Pflege der hebräischen Sprache, Kunst und Literatur. Diese sozialistische zionistische Bewegung, anfangs auch von Buber mitgetragen[107], ebbte in Deutschland bald ab. In Wien war sie hingegen von Anfang an verhältnismässig stark. Die dritte zionistische Gruppe war liberal orientiert; sie fand hauptsächlich in Deutschland und Oesterreich-Ungarn - besonders im ungarischen Landesteil - ihre Anhänger.

---

104. Hierüber ausführlicher im Aufsatz I. Heinemanns in: Vom jüdischen Geist, S. 69.
105. Vgl. S. Bernfeld, Das jüdische Volk und seine Jugend, S. 139. Bernfeld behandelt hier Ziele und Aspekte der Zionistischen Bewegung.
106. Dazu R. Straus, Wir lebten in Deutschland, S. 100. R. Straus berichtet hier über die Diskussion, warum ursprünglich Zionismus und orthodoxes Judentum einander ausschlossen, "wo doch sein ganzes Sinnen und Trachten, sein Beten und Hoffen auf Zion gerichtet sei."
107. In seinem Aufsatz "Warum muss der Aufbau Palästinas ein sozialistischer sein?" meint Buber: "Wenn der Aufbau Palästinas wirklich geraten soll, muss er sozialistisch sein." Siehe: M. Buber, Der Jude und sein Judentum, Gesammelte Aufsätze und Reden, S. 376 ff.

Der überwiegend grösste Teil der Judenheit Mitteleuropas bekannte sich zur Assimilation an die Gastgebervölker, ohne aber das Judentum als Religionsgemeinschaft aufzugeben. Besonders die Gebildeten unter den Juden wollten den Christen im bürgerlichen Leben gleichgestellt sein[108]. Sie fühlten sich ihnen gleich an Kultur und Können, gleich durch Erziehung, gleich auch in der Liebe zum Vaterland, dem vollberechtigt anzugehören die Sehnsucht dieser Juden war. Daher verletzte es sie bereits, wenn man überhaupt von ihren "jüdischen Eigenschaften" sprach. Sie empfanden es als eine Betonung der Verschiedenheit, als ein Nichtanerkennenwollen der kulturellen Gleichheit, die sie zu besitzen glaubten bzw. stets anstrebten[109]. Die Juden, die die Assimilation mit grösster Selbstverständlichkeit betrieben, setzten ihren Stolz darein, die Anerkennung ihrer Gleichheit, d.h. ihrer Gleichwertigkeit, zu erringen und daran festzuhalten. Daraus aber ergab sich ganz von selbst das teils bewusste, teils unbewusste Bestreben, alles aus dem Wege zu räumen, was diese Gleichheit stören konnte. Das Wichtigste und für viele deutsche und österreichisch-ungarische Juden einzige, was trennend zwischen ihnen und den Nichtjuden stand, war das Religionsbekenntnis und alles, was dieses an besonderen Gebräuchen mit sich brachte[110]. So haben die mitteleuropäischen Juden, die die Assimilation anstrebten, Schritt für Schritt ihr Judentum "reformiert", der eine mehr, der andere weniger. Etliche assimilierte Juden gingen sogar so weit, dass sie dem Judentum den Rücken kehrten[111]. Diese modernen Juden hatten weder für den Zionismus noch für die Orthodoxie etwas übrig, weil beide sie an ihre jüdische Eigenart erinnerten. Von den Orthodoxen wurden sie auch verpönt, da sie in den Augen der Religiösen eine Gefahr für die Existenz des Judentums darstellten.

Ganz im Gegensatz zu den liberalen Assimilationsjuden standen die Orthodoxen. Nach ihrer Auffassung galt für das Judentum das "Leben gestaltende Gesetz", welches sich in Taten manifestiere[112]. Tat und Leben liessen sich nicht voneinander trennen. Jeder gesetzestreue

---

108. 1863 erklärte sogar die Israelitische Oberkirchenbehörde in Stuttgart auf eine Anfrage des Kultusministeriums: "Durch die Heirat eines Juden oder einer Jüdin mit einer Christin oder einem Christen wird kein mosaisches Gebot übertreten. Ebensowenig wird durch eine solche Ehe ein Gebot des Talmud verletzt." Siehe A. Tänzer, Die Geschichte der Juden in Württemberg, S. 99.
109. Trotz aller Bemühungen, sich an die Umwelt anzupassen, fühlten viele deutsche Juden doch ihre Andersartigkeit, indem vor allem die jüdische Jugend von den "Strassenjungen" als Fremdkörper empfunden wurde. Dazu R. Straus, Wir lebten in Deutschland, S. 77.
110. Vgl. J. Bühler, Deutsche Geschichte, Bd. 5, Berlin, 1954, S. 473. Nach Bühler stellte die Judenfrage im wesentlichen ein religiöses, kein rassisches Problem dar. Hierüber ausführlicher bei R. Kaulla, Der Liberalismus und die deutschen Juden, S.17.
111. Siehe S. Mayer, Die Wiener Juden 1700-1900, Wien, 1917, S. 494. Auch C. Roth, Der Anteil der Juden an der politischen Geschichte des Abendlandes, S. 38, behan-

Jude war dem gesetzentfremdeten liberalen Juden ein Dorn im Auge,
quasi ein lebendiger Vorwurf, während der letztere diesen Vorwurf
innerlich überwinden musste, oft durch Verachtung. Die orthodoxen Juden in Mitteleuropa erreichten nie den hohen Stand der ultrareligiösen
"Chassidim" des Ostens, für die nur das Studium des Gesetzes nach
schriftlichen und mündlichen Ueberlieferungen als Lebensgrundlage
galt. Die orthodoxen Juden des Deutschen Reiches und Oesterreich-Ungarns waren zwar in den meisten Städten und grösseren Orten vertreten,
aber immer in der Minderheit gegenüber den Liberalen; ausser im ungarischen Landesteil, wo mancherorts die Orthodoxie überwog. In religiöser Hinsicht war die Spaltung der starken ungarischen Judenheit besonders einschneidend, wobei kurz vor der Revolution von 1848 zwischen
den orthodoxen und den liberalen Juden ein heftiger Kampf entbrannte[113]. Es handelte sich um Gemeinde- und Schulangelegenheiten. Die Gegensätze erwiesen sich als unüberbrückbar. Seitdem die Orthodoxen den
vom Kultusminister 1868 einberufenen Kongress der jüdischen Gemeinden
wegen der aufgetretenen Meinungsverschiedenheiten verlassen hatten,
gründeten sie ihre eigenen Gemeindeorganisationen. Auch der Chassidismus, der bereits früh in Ungarn Eingang fand, stärkte die hiesige
Orthodoxie. Die stets regen Beziehungen zu Polen machten die Juden
Ungarns für den Chassidismus besonders empfänglich[114]. Somit war Ungarn in der zweiten Hälfte des XIX. Jahrhunderts wohl die stärkste
Bastion der jüdischen Orthodoxie in Mitteleuropa, und zwar nicht allein
wegen ihrer zahlenmässigen Stärke, sondern auch wegen ihrer ständigen
Kontakte mit den religiösen Massen des Ostens.

4. Ueber das jüdische Schulwesen

Nach der Untersuchung der vielfältigen geistigen Strömungen innerhalb
des Judentums müssen wir uns nun der Behandlung der jüdischen Schulen
zuwenden.

---

111. ... delt die politischen und ökonomischen Begleiterscheinungen, deretwegen Juden zum Christentum übergetreten sind. Vgl. R. Kaulla, Der Liberalismus und die deutschen Juden, S. 31.
112. Dazu F. Rosenzweig, Zur jüdischen Erziehung, Berlin, 1937, S. 64. Rosenzweig betont, dass nicht das Verbot, sondern das Gebot den Charakter des Gesetzes bestimme, d.h. die Aufforderung zur Tat.
113. Siehe S.M. Dubnow, Die neueste Geschichte des jüdischen Volkes, Bd. 3, S. 104. Dubnow berichtet, dass die orthodoxen jüdischen Gemeinden in Ungarn die im progressiven Budapester Rabbinerseminar ausgebildeten Rabbiner nicht anerkannt haben.
114. 1888 gelangte der Führer des orthodoxen Judentums in Krakau, Simon Schreiber, Sohn des berühmten ungarischen Rabbiners und Talmudgelehrten Moses Sofer, in den polnischen Reichsrat. Siehe ebenda, S. 102.

1850 - 1900 wies das jüdische Schulwesen zwei Grundrichtungen auf. Zum ersten gab es den "Cheder", die Religionsschule für das Vor- und Grundschulalter und die "Jeschiwa", die höhere Talmudschule für Jugendliche. Beide Einrichtungen gab es nur in streng orthodoxen Gemeinden; denn sie dienten ausschliesslich der religiösen Bildung. Cheder und Jeschiwa bestätigten eindeutig die Tendenz der - vor allem ostjüdischen - Orthodoxie, ihre eigene Kultur zu wahren und sich von fremden Bildungseinflüssen fernzuhalten. Während beide Schultypen im osteuropäischen Judentum eine dominierende Rolle spielten, kamen sie im Deutschen Reich und in Deutsch-Oesterreich nur vereinzelt, in Ungarn und Galizien häufiger vor. Zum zweiten entwickelte sich - vorrangig in den Ländern Mitteleuropas, aber auch in Polen und Russland - ein fortschrittliches jüdisches Schulwesen, das den Forderungen einer gutfundierten Allgemeinbildung Rechnung trug. Diese jüdischen Grund- und Realschulen, Gymnasien, Lehrer- und Rabbinerseminare sind in Mittel- wie in Osteuropa durch das liberale Judentum unter dem Aspekt der Notwendigkeit kultureller Angleichung an das allgemeine Bildungswesen errichtet worden.

In kleineren Orten *Osteuropas* war der Cheder oft in einem einstöckigen Holzhaus untergebracht[115]. Die Schüler lernten hier mit kurzer Unterbrechung von morgens bis abends[116]. An langen Tischen auf schmalen Bänken ohne Rückenlehne sassen Knaben verschiedenen Alters, in Gruppen geordnet, vor sich eines der Bücher von Moses, den Propheten, den Psalmen oder der "Mischna" (Grundstock des Talmud), je nachdem, was der "M'lamed" (Religionslehrer) für die betreffende Gruppe für angebracht hielt. Der Cheder wurde fast ausschliesslich von Knaben besucht. Der im allgemeinen grosse Unterrichtsraum war von einem Durcheinander singender, leiernder Stimmen erfüllt[117]. Je grösser der vielstimmige Lärm um den M'lamed war, um so besser passte es zu der gewünschten und geforderten Atmosphäre[118].

Der Lehrer - oft über 50 Jahre im Dienst - bewohnte mit seiner Familie zumeist zwei enge Stuben hinter dem Schulraum; das trug ebenfalls zum Intimcharakter des Unterrichts im Cheder bei. Der M'lamed war meist sehr streng; ja, er musste es sein, und zwar im Auftrag der Eltern, die ihn zu bezahlen hatten und viel Wert darauf legten, dass ihren Söhnen das Lernen so früh wie möglich beigebracht wurde[119]. Die

---

115. Das hebräische Wort "Cheder" heisst Zimmer; dies weist auf den Intimcharakter des Unterrichts hin.
116. Vgl. M.M. Sfurim, Schloimale, S. 192.
117. Hierüber ausführlicher bei A. Ruppin, Soziologie der Juden, Bd. 2, S. 147.
118. Siehe M. Balaban, Die Judenstadt von Lublin, S. 5. Balaban schildert eingehend das eigentümliche Milieu im Cheder.
119. Vgl. S.J. Agnon, Das Buch von den polnischen Juden, S. 209.

M'lamdim waren nicht wissenschaftlich ausgebildet[120]. Dem Elternhaus lag viel daran, dass die Kinder im Cheder durch die harten Methoden des M'lamed früh den Ernst des Lebens kennenlernten[121]. Ein guter Schüler im Cheder - und mochte er es mit noch so viel Tränen erkämpft haben - war nach Ansicht der Eltern widerstandsfähig und erfolgreich im Leben. Die Schüler mussten im Cheder hart arbeiten. Der Lehrer duldete keine Faulheit oder Trödelei. Die Vier- und Fünfjährigen lernten teils mühselig, teils spielend, sangen die Segenssprüche, die Morgen- und Abendgebete oder die Psalmen; der Lehrstoff diente ausschliesslich dem synagogalen oder dem häuslichen Gebrauch. Der M'lamed stand bald vor diesem Schüler, bald vor jenem; wusste dank seines scharfen Gedächtnisses immer genau, bei welcher Aufgabe der eine oder der andere versagt oder sich ausgezeichnet hatte; fragte unerwartet ab; so unterhielt er im Cheder eine dauernde Spannung. Einen wichtigen Bestandteil seines Lehrsystems bildete die Prügelstrafe, wiederum vom Elternhaus voll bejaht[122].

Die Autorität des M'lamed wurde mit allen Mitteln den Schülern aufgezwungen. Sie flüchteten oft vor der drohenden Prügelstrafe in den Hof hinter dem Cheder und suchten Erholung. Besonders in der warmen Jahreszeit bot der Hof eine rechte Zuflucht; die Kinder kamen hierher, um die Stille und Abgeschiedenheit zu geniessen.

Entweder im selben Gebäude oder neben dem Cheder war oft auch ein "Beth-Hamidrasch", das Lehrhaus der Gemeinde, das zum Lernen für Jugendliche und Aeltere unter der Leitung eines "Rebbe" vor oder nach dem Gottesdienst und auch als Betsaal diente[123]. Im Parterre waren Wohnungen, während sich der Lernsaal - Betsaal - im Obergeschoss befand. Lernen und Beten erfolgten zumeist in demselben Lehr- und Betraum[124]. In grösseren Orten gab es auch Talmud-Thora-Schulen für die

---

120. Es gibt auch heute noch in streng religiösen Gegenden Israels Cheder mit einem M'lamed; der am Lehrerseminar ausgebildete Lehrer, der auch weltlichen Unterricht erteilt, heisst auf Hebräisch More - Unterrichtender, während die wortgetreue Uebersetzung von M'lamed ist: einer, der das Lernen intensiviert.
121. "Das allerfleissigste Lernen, Tag und Nacht, um seiner selbst willen, ... war hier immer allgemeine Gepflogenheit." Siehe A. Tänzer, Die Geschichte der Juden in Brest-Litowsk, S. 15.
122. Dazu J. Fishmann, The History of Jewish Education in Europe, S. 19. - Die Atmosphäre im Cheder veranschaulicht folgendes Situationsbild: "Reb (Rabbi) Mendel geht würdigen Schrittes zum Schrank, wo die heiligen Bücher stehen. Er holt aus dem untersten Fach ein Gerät hervor, eine Art Knute, bestehend aus kurzen verknoteten Riemen. Ebenso würdevoll schreitet er auf Chaim zu, als gelte es, eine feierliche Handlung zu vollziehen, packt ihn am Kragen, schiebt ihn vor sich hin mit eisernen Fingern bis zum Holzsessel, der in der Mitte des Raumes steht, legt darauf den Dünnen, Federleichten, und eins-zwei, eins-zwei sausen in getragenem Rhythmus die knotigen Riemen auf ihn herab. Feierlich sagt Reb Mendel seinen Text dazu her ...: 'Nicht folgen? Du wirst Reb Mendel nicht folgen? Solang Reb Mendel lebt und lehrt, muss gefolgt werden!'". Siehe C. Michelson, Jüdisches Kind aus dem Osten, S. 41.
123. So M.M. Sfurim, Schloimale, S. 55.
124. "Die Andacht hatte hier ihr Nachdenkliches, und das Lernen hatte sein Gottes-

Schuljugend. Sie umfassten ein wesentlich grösseres Lehrpensum und wurden ebenfalls von M'lamdim geleitet. Die höchste Stufe der religiösen Ausbildung stellte dann die Jeschiwa dar, wo nur ausgesprochene Talmudgelehrte, berühmte Rabbis, ihre Vorlesungen und Vorträge hielten. Der Besuch der Jeschiwa konnte entweder mit dem Rabbinerdiplom abgeschlossen werden oder diente auch ohne Abschluss zu einer gutfundierten religiösen Bildung[125].

Sowohl der Cheder als auch die Talmud-Thora-Schule und die Jeschiwa waren nur Jungen vorbehalten; Mädchen gingen in die allgemeine jüdische Volksschule, die - im Gegensatz zu den vorhergenannten - Oeffentlichkeitscharakter trug, behördlich anerkannt war und selbstverständlich Buben und Mädchen aufnahm. Der Cheder und besonders die Jeschiwa waren als zusätzliche Ausbildung hauptsächlich zur Vertiefung der religiösen Unterweisung der männlichen Jugend gedacht. Die russische Regierung hat sogar 1893 durch Gesetz den ausschliesslich religiösen Charakter des Cheder bestätigt und untersagte ihm zugleich den Unterricht in allgemeinbildenden Fächern. So konnte es vorkommen, dass manche M'lamdim wegen der Unterweisung der Schüler in russischer Sprache und im Rechnen, was allerdings nur gelegentlich geschah, vor Gericht zur Verantwortung gezogen wurden[126].

Wie schon anfangs erwähnt, gab es in Russland ausserdem noch jüdische Lehrerseminare und moderne Rabbinerhochschulen, vor allem im traditionellen jüdischen Kulturzentrum Wilna; diese standen auf einem viel höheren wissenschaftlichen Niveau als die Lehrerseminare. An ihnen war die russische Regierung besonders interessiert, weil sie von den Rabbinern erwartete, dass diese gleichzeitig gute Beamte waren. Das genügte, um in den jüdischen Massen eine gewisse Abneigung gegen diese Art von Hochschulen und die darin ausgebildeten modernen Rabbiner zu erzeugen[127]. Die Juden misstrauten der Regierung; sie meinten, dass diese konsequent den festen Plan verfolge, alles, was noch echt jüdisch war, von innen her auszurotten. Sie betrachteten die modernen Rabbiner als einen Anschlag auf die Integrität des Judentums.

Das Misstrauen übertrugen die Juden schliesslich auch auf die Lehrerseminare. Die neuen Lehrer erschienen ihnen zwar nicht so gefährlich wie die neuen Rabbiner; denn ihr Wirkungskreis war kleiner. Aber ein-

---

124. ... dienstliches". L. Baeck, Dieses Volk - Jüdische Existenz, II. Teil, S. 104.
125. In Polen entstanden so viele Jeschiwoth, dass die meisten orthodoxen Juden diese besuchten. Dadurch wurden fast alle talmudkundig und zum grossen Teil sogar fähig, ein Rabbineramt auszuüben. Vgl. B. Strassburger, Geschichte der Erziehung und des Unterrichts bei den Israeliten, S. 140.
126. 1893 entzog ein Gesetz dem Cheder endgültig das Recht, Fächer der allgemeinen Bildung - so auch Rechnen - zu unterrichten. Dazu S.M. Dubnow, Die neueste Geschichte des jüdischen Volkes, Bd. 3, S. 232.
127. Hierüber ausführlicher bei C. Roth, Geschichte der Juden, S. 438.

gebaut in den weitverzweigten Plan der russischen Regierung, das jüdische Volk zu russifizieren, machten auch sie sich verdächtig, deren Werkzeuge zu sein[128]. Die neuen Lehrer wurden nach beendetem Studium in den vom Staat anerkannten jüdischen Schulen eingestellt, die freilich von den Juden selbst unterhalten wurden. Die Kontrolle über diese Schulen lag in den Händen der Regierung; auf den Lehrplan hatte die jüdische Gemeinde wenig Einfluss. Der geringe Anteil der jüdischen Fächer am Lehrplan wurde von den Juden, die die Mittel für diese Schulen aufzubringen hatten, als beleidigend empfunden. Dazu kam noch, dass die Lehrer keine richtige Ausbildung in jüdischen Wissenschaften erhalten hatten. Somit bestand zwischen den staatlich anerkannten jüdischen Volksschulen und dem Cheder in jeder Hinsicht ein grosser Unterschied. Dem Cheder mit seinem echten jüdischen Bildungsfundament fehlte die staatliche Anerkennung, den staatlich anerkannten jüdischen Schulen das wahrhaft jüdische Bildungsgut. Dabei ist noch zu beachten, dass in den staatlichen Schulen auch die jüdischen Religionsbücher nach Art der christlichen Katechismen zusammengestellt waren. Somit brachten weder die Schüler noch die Lehrer Interesse für dieses dem Judentum so wichtige Fach auf, da die meisten von ihnen bereits jahrelang im Cheder und in der Jeschiwa die Bibel und den Talmud eingehend studiert hatten[129].

Sehr problematisch war die jüdische Schule auch in *Deutsch-Oesterreich*, vor allem in Wien; hier zeigten sich neben den osteuropäischen auch andere Tendenzen. Nur wenige Wiener Juden vermissten eigentlich eine jüdische Schule; allmählich wurde ihnen aber bange, als sie sahen, dass sich ihre Kinder dem Judentum immer mehr entfremdeten. Die Vernachlässigung des jüdischen Unterrichts machte sich dadurch besonders bemerkbar, dass den in den vornehmen Häusern angestellten Privatlehrern meist eine fundierte Bildung und eine pädagogische Berufsausbildung fehlten.

Um die Zukunft des Judentums ernsthaft besorgte Juden waren über den Stand des jüdischen Unterrichts in Wien beunruhigt. Sie beklagten die nüchtern-zweckbestimmte Einstellung zur Schulbildung ihrer Kinder bei den einen, die weltbürgerlich orientierte, die jüdische Tradition weitgehend ausschaltende Haltung bei den anderen[130]. Das Ziel für die Mehrheit des österreichischen Judentums war ja - dem Zeitgeist entsprechend - mehr denn je die Assimilation. Die obengenannten Kreise waren

---

128. Ein Teil der jüdischen Gesellschaft reagierte dankbar auf die Zugeständnisse der russischen Regierung unter Alexander III. Siehe S.M. Dubnow, Die neueste Geschichte des jüdischen Volkes, Bd. 3, S. 184.
129. Vgl. S. Levin, Jugend in Aufruhr, S. 129.
130. Viele Juden glaubten, dass der Kaiser sie von ihrer Religion trennen wolle. Dazu B. Strassburger, Geschichte der Erziehung und des Unterrichts bei den Israeliten, S. 188.

dagegen daran interessiert, ihre Kinder in einer eigenen Schule im jüdischen Sinne erziehen zu lassen und gegen fremde Einflüsse abzuschirmen. An der Bereitschaft der Regierung, eine deutschsprachige jüdische Volksschule zu bewilligen, hat es nicht gefehlt. Es blieb der jüdischen Gemeinde überlassen, ob sie den Charakter einer Religionsschule oder einer allgemeinen Volksschule nach österreichischem Muster mit dem üblichen jüdischen Religionsunterricht tragen sollte[131]. Die jüdische Gemeinde errichtete daraufhin nur eine Religionsschule, die laut Erlass von 1814 unter die Aufsicht der Regierung gestellt wurde, und verzichtete auf die Möglichkeit, eine eigene Volksschule ins Leben zu rufen. Diese wäre ihr wie Rückkehr ins Ghetto erschienen. Selbst die jüdischen Eltern, die die überragende Bedeutung des Unterrichts in einer öffentlich anerkannten jüdischen Volksschule für das Bestehen des Judentums einsahen, liessen es aus Assimilationsgründen trotzdem bei der Religionsschule bewenden. Ihr Hauptinteresse galt der Eingliederung ihrer Kinder in die österreichische Gesellschaft.

Die Situation des jüdischen Schulwesens im Deutschen Reich wies sowohl die Probleme des Ostjudentums als auch die der österreichischen Juden auf, jedoch mit oft wesentlich anderen Merkmalen und mit einer anderen Akzentuierung. Das geschlossene Gesellschaftssystem des zaristischen Russland sowie Polens begünstigte das ohnehin traditionelle Absonderungsbestreben des Judentums. In Oesterreich ging der Assimilationsprozess der zahlenmässig sowieso schwachen Judenheit bereits wesentlich leichter vor sich. Diese Tendenz machte sich im deutschen Judentum besonders bemerkbar.

Der grosse Unterschied zum Ostjudentum zeigte sich vor allem auf pädagogischem Gebiet. Während die kleinen Kinder im Cheder des Ostens mit altklugen Gesichtern, oft mit Tränen in den Augen herumsassen, da der M'lamed unerbittliche Strenge und Autorität walten liess, wurden im Deutschen Reich vom jüdischen Lehrer "Frische des Gemüts, Heiterkeit des Geistes und Freudigkeit des Wirkens" gefordert[132]. Einerseits verlangte man, dass der jüdische Lehrer und Erzieher sich mit liebender Teilnahme in die Individualität des Kindes vertiefe, seinen Regungen, den Motiven seiner Aeusserungen nachgehen solle[133]. Andererseits waren die Forderungen der deutsch-jüdischen Schulen ähnlich wie im Osten: Anfang aller Wissenschaft ist die Gottesfurcht[134]. Klagen wurden laut, dass die jüdischen Kinder ihre Ausbildung in nichtjüdischen oder gar

---

131. So L. Bato, Die Juden im alten Wien, S. 245.
132. Vgl. S.R. Hirsch, Gesammelte Schriften, Bd. 1, S. 264. Hirsch beklagt sich auch darüber, dass entsprechende Schulbücher für jüdische Schulen fehlten.
133. Hierüber ausführlicher bei H. Bärwald, Geschichte der Realschule der Israelitischen Gemeinde (Philanthropin) zu Frankfurt am Main, 1804-1904, S. 87.
134. So J. Braun-Vogelstein, Gestalten und Erinnerungen, S. 13.

antijüdischen Anstalten genössen, wo der gesamte Unterricht das jüdische Element ignoriere oder gar entstelle[135]. Ferner beanstandete man, dass die allgemeine Schule durch Vormittagsunterricht und Hausaufgaben die jüdischen Kinder so stark beanspruche, dass sie dem zusätzlichen Hebräischunterricht nur lustlos folgten.

Verantwortungsvolle Führer des deutschen Judentums hielten somit am Prinzip der Errichtung jüdischer Erziehungsanstalten wie auch an der Wichtigkeit einer Erziehung auf jüdischer Basis fest, nämlich: erst Judentum, dann Bildung[136]. So war auch der Grundsatz zu verstehen, den jeder jüdische Erzieher - angefangen vom M'lamed des Cheders bis zu den mit Reformgedanken erfüllten Lehrern an höheren Lehranstalten - sich zu eigen machte: die heranwachsende jüdische Jugend auf den Ernst des Lebens vorzubereiten. Wie in der Atmosphäre des Cheders[137], war dieser Ernst auch im Kreise der führenden jüdischen Pädagogen in Deutschland zu spüren, nur von einer anderen Warte aus. Während für die Juden in Russland und in Polen einige Jahre im Cheder und in der Jeschiwa zur Berufs- und zugleich Allgemeinbildung ausreichten und nur für künftige Akademiker eine höhere, rein weltliche Ausbildung auf staatlichen Instituten für notwendig erachtet wurde, waren die deutschen Juden grundsätzlich anderer Meinung. Der im Deutschen Reich hochangesehene jüdische Rabbiner und Pädagoge S.R. Hirsch mahnte eindringlich: "Wenn eure Kinder nur in einer einseitigen jüdischen Bildung gross wachsen, die die allgemeine Bildung ganz ignoriert oder aus Unkenntnis verdächtigt und herabwürdigt, und dann das Leben sie dennoch nötigt, die allgemeine Bildung nachzuholen, deren Elemente sie gar nicht vom jüdischen Standpunkt aus wahrhaft und gerecht würdigen gelernt, deren Aneignung dann, um das Versäumte nachzuholen, ihre ganze Geistestätigkeit in Anspruch nimmt, ... dann macht ihr die traurige Erfahrung, dass euere Kinder gar bald die Zeit beklagen, die sie in ihren Knabenjahren an den hebräischen Unterricht "vergeudet" ... (haben)"[138].

---

135. "Wollte Gott, es würde auch in nichtjüdischen Schulen die heranzubildende Jugend mit jüdischem Wissen, jüdischem Leben, jüdischen Verhältnissen und Zuständen auch nur annähernd ... bekannt, wie in jüdischen Schulen die Jugend mit Geist und Bestreben der nichtjüdischen Welt vertraut wird!" S.R. Hirsch, Gesammelte Schriften, Bd. 2, S. 457.
136. "Es wurde schon auseinandergesetzt, dass wir nicht bloss Lehrer brauchen, sondern auch arbeitende Gelehrte, die ... der jüdischen Wissenschaft die nötige Breite der Produktionsmöglichkeiten geben werden. Und beide, der Lehrer und der Gelehrte, müssen die gleiche Person sein." Siehe F. Rosenzweig, Zur jüdischen Erziehung, S. 28.
137. "Jedenfalls bestand seine Hauptautorität in einem Rohrstöckchen, mit dem er unbarmherzig zuschlug, nicht nur auf die Hosen der Jungen, sondern auch auf die nackten Arme der Mädchen." Vgl. R. Straus, Wir lebten in Deutschland, S. 34. Straus berichtet hier über einen M'lamed, der früher angeblich Bäcker in Kassel gewesen war.
138. Siehe bei S.R. Hirsch, Gesammelte Schriften, Bd. 1, S. 277.

Die führenden Männer des deutschen Judentums waren weit entfernt davon, eine einschlägige jüdische Erziehung zu disqualifizieren; sie kämpften sogar eifrig gegen eine zu weitgehende Assimilation an die Umwelt, die die jüdische Kultur gefährdete. Ihr Verlangen, spezifisch jüdische Bildung und Allgemeinbildung zu verbinden, war jedoch aus der einseitigen Behandlung dieses für das ganze Judentum so bedeutenden Problems im Osten Europas zu verstehen, wo in breiten Kreisen der Judenheit eine weltliche Ausbildung der Jugendlichen in nichtjüdischen Schulen oft geradezu verpönt war. Im Deutschen Reich wurden dagegen gebildete jüdische Lehrer gesucht; "Männer, die mit Gründlichkeit und Ernst die jüdische Wissenschaft und mit ebensolcher Gründlichkeit und solchem Ernst die Schätze der allgemeinen Bildung in sich aufgenommen haben"[139]. So gehörten nach Hirsch folgende Fächer in den Stoffplan für jüdische Schulen: Hebräische Sprache, Deutsch (als Muttersprache), die biblischen Bücher, Natur- und Menschenkunde, Geschichte, "Lebensweisheit" (Jüdische Philosophie), Schreiben und Rechnen[140]. Der Lehrplan der jüdischen Schulen im Deutschen Reich war also unvergleichlich reichhaltiger als das Pensum des Cheder oder der Jeschiwa des Ostens mit ihrem ausschliesslich religiösen Programm, das teils von der Regierung so verlangt, teils aber auch von den Eltern so gewünscht wurde. In weiten Kreisen der einfacheren Schichten der osteuropäischen Judenheit blieben nur Schreiben und Rechnen von den weltlichen Fächern als erlernenswert bestehen; auch davon aber hauptsächlich das Rechnen, das zum Broterwerb nötig schien; schreiben konnte man unter Umständen auch in Jiddisch, das im Cheder und in der Jeschiwa fleissig geübt wurde.

Ein charakteristisches Beispiel für das jüdische Schulwesen auf deutschem Boden bot das "Philanthropin" der Israelitischen Gemeinde in Frankfurt am Main. Gegründet wurde dieses Institut 1804 von Siegmund Geisenheimer aus Bingen a. Rh. und von drei jungen Kaufleuten mit der Absicht, " ... mit vereinten Kräften bloss das Gute zu befördern, eine Schul- und Erziehungsanstalt für arme jüdische Kinder zu gründen, dieser vorzustehen und sie emporzubringen"[141]. 260 Männer der Frankfurter Jüdischen Gemeinde verpflichteten sich zunächst auf 3 Jahre zu wöchentlichen Beiträgen, um die Schule zu unterhalten; M.A. Rothschild half ebenfalls dabei. Am Anfang waren die vier jungen Gründer Leiter und

---

139. Ebenda, S. 279.
140. Hirsch zieht die religiöse Bildung der weltlichen deutlich vor: "Erst wenn in jenem, für jeden in Jissroel (Israel=Judentum; Anm. d. Verf.) erforderlichen Wissen reif, gehe für jeden die besondere Ertüchtigung für den Broterwerb an." S.R. Hirsch, Versuche über Jissroels Pflichten in der Zerstreuung, S. 361.
141. Vgl. H. Bärwald, Geschichte der Realschule der Israelitischen Gemeinde (Philanthropin) zu Frankfurt am Main 1804-1904, S. 9

Inspektoren dieser Schul- und Erziehungsanstalt. Sie stellten die
Hausordnung und den Stundenplan auf und sorgten für deren Einhaltung.
Körperliche Züchtigung war im allgemeinen nicht zulässig[142]. Als Belohnung für Schüler teilten die Lehrer sonntäglich kleine Lobkarten
aus. Kinder, die unsauber in die Schule kamen, wurden ohne Nachsicht
heimgeschickt[143].

Das Philanthropin bestand aus einer Volksschule mit gemischten Klassen,
die vor allem für Minderbemittelte gedacht war, und einer Realschule
für diejenigen, die das Schulgeld zahlen konnten. Das Institut wuchs
schnell. Es wurden sowohl jüdische als auch weltliche Fächer unterrichtet[144]. Bei der geringen Anzahl höherer Lehranstalten, die es damals in Frankfurt/M. gab, und infolge des guten Rufs der Schule stieg
die Zahl der Anmeldungen derart, dass nur ein Teil berücksichtigt werden konnte. Seine grösste Frequenz erreichte das Philanthropin im Jahre 1877. Damals besuchten die Volksschule 167, die Realschule 322
Schüler; in der Unterstufe betrug die Klassenstärke oft 60 Schüler[145].

Das Philanthropin zeichnete sich besonders durch Toleranz aus, von der
die Gründer erfüllt waren. So nahm es auch andersgläubige Schüler auf
und stellte neben jüdischen auch christliche Lehrer ein. Alle Lehrkräfte des Philanthropins fühlten sich durch die gemeinsame pädagogische Aufgabe verbunden. Dem Philanthropin verdankte die jüdische
Gemeinde in Frankfurt/M. in hohem Masse ihre Blüte und ihr Ansehen.
Die Gemeinschaft, die, ohne die eigenen religiösen Interessen im geringsten zu vernachlässigen, ihr weltoffenes Erziehungswerk bereitwillig für alle zur Verfügung stellte, stand in damaliger Zeit in der
jüdischen Welt einzig da. Das jüdische Philanthropin in Frankfurt/M.
ermöglichte somit auch der nichtjüdischen Jugend das Verständnis für
das Judentum[146].

In der Pfalz[147] war es zur gleichen Zeit um das jüdische Schulwesen
nicht gut bestellt. Die israelitische Jugend besuchte die christliche
Ortsschule. Jüdischer Religionsunterricht wurde nicht erteilt. Der
Rabbiner von Landau, Grünbaum, bemühte sich bei der Regierung um Abhilfe. Daraufhin bestimmte 1840 die Obrigkeit, dass der Religionsunterricht für jüdische Knaben und Mädchen nach dem vollendeten sechsten
Lebensjahr beginnen und bis zum vollendeten zwölften Lebensjahr dauern
solle. In Baden gestalteten sich die Verhältnisse günstiger. Der Ober-

---

142. Hierüber ausführlicher ebenda, S. 10.
143. Darin unterschieden sich deutsch-jüdische Schulen stark von den ostjüdischen,
die auf solche Aeusserlichkeiten nicht achteten.
144. Beim Lehrplan wurde auf die Koppelung jüdischer und weltlicher Bildung grosser
Wert gelegt. Siehe B. Strassburger, Geschichte der Erziehung und des Unterrichts bei
den Israeliten, S. 235.
145. Ebenda, S. 192ff.

rat der Israeliten Badens liess jüdische Lehrer in den Seminaren von
Karlsruhe und Ettlingen ausbilden. Die erste öffentliche jüdische
Volksschule in Mannheim gründete bereits 1821 der Lehrer Strassburger.
Bald darauf wurde diese Schule samt Lehrplan und Lehrpersonal erweitert
und sogar mit einer sog. "Industrieschule" gekoppelt. Später entstand
auch in Heidelberg eine öffentliche jüdische Volksschule unter der Leitung des Lehrers und Predigers Rehfuss; bald darauf auch in Karlsruhe.

In Preussen bestimmten die 1847 und 1860 erlassenen Gesetze die Rechtsstellung der jüdischen Schulen und ihrer Lehrer. Die Einrichtung solcher Schulen wurde darin als "nicht wünschenswert" bezeichnet. Obwohl
die jüdischen Lehrer dieselbe Qualifikation haben mussten wie ihre
christlichen Kollegen, hatten sie keinen gesetzlichen Anspruch auf
Pension. Die meisten jüdischen Elementarschulen wurden mit wenigen
Ausnahmen nur als Privatschulen geduldet. Auch für die wenigen jüdischen Lehrerseminare hat der Staat keine Sorge getragen; sie wurden
oft mit grossem Opfer allein aus Gaben der Gemeindeglieder unterhalten.

Besser gestaltete sich das jüdische Schulwesen in den ehemaligen hohenzollernschen Fürstentümern, vor allem in Hechingen und Sigmaringen.
Bereits 1835 errichteten in Hechingen die Lehrer Eppstein und Roth eine öffentliche Gemeindeschule; Rabbiner Dispeck hatte die Schulinspektion. Im Grossherzogtum Hessen wurde zwar die Errichtung jüdischer
Elementarschulen erlaubt, aber es durfte kein Hebräischunterricht erteilt werden. Wegen dieser Bedingung unterliessen die Juden zunächst
die Einrichtung guter Elementarschulen. Die bisherigen Religionsschulen,
die Chedarim, blieben unverändert bestehen. Jüdische Elementarschulen
gab es in Giessen, Bingen, Rödelheim, Mainz und Friedberg. Später gestalteten sich die jüdischen Schulverhältnisse besser; der hessische
Lehrerverein hatte sogar in seinem Ausschuss zwei jüdische Mitglieder,
Marx und Klingenstein[148].

Im Königreich Sachsen und in Sachsen-Weimar, wo nur ganz wenige jüdische Gemeinden existierten, regelte bereits 1837 ein Gesetz den jüdischen Schulunterricht recht human. Jüdische Studenten erhielten auch
staatliche Unterstützung und Stipendien. In Sachsen-Meiningen wirkte
S. Steinhard, der durch seine Veröffentlichungen und eifrigen Bemühun-

---

146. Darauf wies u.a. S.R. Hirsch, einer der führenden Pädagogen des deutschen Judentums in der zweiten Hälfte des vorigen Jahrhunderts, eindringlich hin. Vgl. S.R. Hirsch, Gesammelte Schriften, Bd. 2, S. 457.
147. In diesem kurzen, hauptsächlich historische Daten enthaltenden Abschnitt stütze ich mich auf die Ausführungen von B. Strassburger, Geschichte der Erziehung und des Unterrichts bei den Israeliten, S. 205 ff.
148. Ebenda, S. 218. Strassburger berichtet, dass in Sachsen-Weimar bereits 1823 jüdische Lehrer staatlich geprüft werden mussten.

gen um das jüdische Erziehungswesen bekannt wurde. Er unterrichtete
die israelitischen Studenten des Lehrerseminars in Hildburghausen.
Steinhard gehörte zu den jüdischen Schulmännern, die ihren Bildungsweg durch die Jeschiwa nahmen, sich mit grosser Hingabe ihr Allgemeinwissen autodidaktisch erwarben und dann mit Begeisterung für die intellektuelle und moralische Förderung ihrer Glaubensgenossen wirkten.
In Anhalt-Bernburg entstanden unter der organisatorischen Leitung des
Rabbiners und Pädagogen Herxheimer mehrere Religions- und Elementarschulen - Chedarim und öffentliche Volksschulen - mit tüchtigen Lehrern; diese wurden vom Landesrabbiner jährlich inspiziert. In Mecklenburg-Schwerin unterstützte die Regierung wohlwollend die jüdischen
Schulen[149]. Im Herzogtum Nassau hat sogar die Regierung 1842 die
israelitischen Religionslehrer unter die Aufsicht des Staates gestellt
und dadurch ihre Stellung gesichert. Zu den bisherigen Unterrichtsfächern an den jüdischen Volksschulen sind Geschichte, Geographie und
Singen hinzugekommen, dagegen ist der Unterricht in hebräischer Kursivschrift abgeschafft worden.

So breiteten sich die jüdischen Schulen im Deutschen Reich von Jahr
zu Jahr weiter aus. In Berlin sowie in vielen anderen Grossstädten
wurden Seminare für jüdische Lehrer gegründet, so in Hannover, Münster,
Düsseldorf, Kassel, Köln, Breslau und Würzburg. Aber wie durch das
modernisierte jüdische Volksschulwesen die Chedarim zu "Winkelschulen"
gestempelt wurden, so gingen auch durch das höhere Unterrichtswesen
die Jeschiwas, die Talmudlehrhäuser, allmählich ein. Die begabte jüdische Jugend, deren Bildungsgang mit Thora und Talmud begonnen hatte, besuchte nun das Gymnasium und lernte Talmud und jüdische Lebensweise geringschätzen. Die bedeutenden Talmudanstalten in Hamburg-Altona, Frankfurt/M. und Fürth, die früher Hunderte von Schülern gezählt hatten, hörten nach und nach auf zu existieren. Nur einigen eifrigen Rabbinern gelang es, Talmudjünger um sich zu sammeln. Die Talmudlehranstalt des berühmten Moses Sofer in Pressburg war eine der bedeutendsten der übriggebliebenen Jeschiwas. Als Ausbildungsstätte für
moderne Rabbiner entstand 1854 in Breslau ein jüdisch-theologisches
Seminar, an dem bekannte Gelehrte, z.B. der Historiker Grätz, Vorlesungen hielten; ähnliche Anstalten gab es in Berlin, Wien und Budapest[150]. Mit der Hebung der allgemeinen profanen Bildung sank aber,
wie I. Singer feststellt, zugleich die religiöse[151]: "Der jüdische

---

149. 1833 errichtete die Jüdische Gemeinde in Schwerin eine Schule "Zur Verbreitung
eines religiösen moralischen Geistes und nützlicher Kenntnisse unter der israelitischen Jugend". An dieser Schule wirkten sieben Lehrer unentgeltlich. Siehe ebenda,
S. 219 ff.
150. Vgl. den Aufsatz von I. Unna, in: Das deutsche Judentum, S. 10.
151. Auch M. Zelzer beschäftigt sich eingehend mit dieser Problematik. Siehe M. Zelzer, Weg und Schicksal der Stuttgarter Juden, S. 66.

Vater unserer Zeit sorgt zwar mit lobenswertem Eifer für die allgemeine
Bildung seines Sohnes, aber die jüdische Bildung desselben liegt ihm
blutwenig am Herzen. Der um die Karriere seines Sohnes allzusehr besorgte jüdische Vater meint, dass selbst die zwei bis drei Stunden in
der Woche, die dem Unterricht in der hebräischen Sprache und der Bibel
gewidmet sind, weit vorteilhafter anderweitigen Stunden gewidmet und
verwendet werden könnten. Und die moderne jüdische Mutter? Ach, die
hat die Hände vollauf zu thun, um ihrer Tochter durch die entsprechende
Anzahl von Lehrern und Gouvernanten das für jedes "gebildete Mädchen"
vorschriftsmässige Französisch und Klavierspiel eintrichtern zu lassen,
als dass sie noch für die jüdische Erziehung derselben zu sorgen Zeit
hätte."[152]

Der Cheder und die Talmud-Thoraschule - beide jüdisch-konfessionelle
Institutionen mit Ghettoschulencharakter - schienen nur noch eine vergangene Epoche zu repräsentieren[153]. Das Ausmass der Veränderungen im
jüdischen Erziehungs- und Schulwesen geht aus Schilderungen zeitgenössischer Chronisten deutlich hervor[154]. Die Atmosphäre der jüdischen
Religionsschulen war um die Mitte des XIX. Jahrhunderts kennzeichnend
für alle derartigen Anstalten in Ost- und Mitteleuropa[155]. Der Lehrer
der seine Schüler durch Belehrung und Rat zu fördern suchte, hatte
einen "berechtigten" Anspruch auf ihre Achtung. Es lag im eigenen Interesse der Schüler, Vertrauen zum Lehrer zu haben und seine Ueberle-
genheit anzuerkennen. Sie selbst hatten den grössten Nutzen, wenn sie

---

152. Siehe I. Singer, Presse und Judentum, Wien. 1882[2], S. 14.
153. Hierüber ausführlicher bei H.G. Adler, Die Juden in Deutschland, S. 89.
154. "Zu meinen frühesten Erinnerungen gehört auch, dass ich von meinem ältesten Bruder Simon in meine erste Schule geführt worden bin; diese war ein nach einem sehr
kleinen Hofe gehendes, längliches, so niedriges Stübchen, dass sich mein Bruder bei
dem Eintreten bücken musste. Längs der Wand sassen auf einer kaum schuhhohen Bank
Knaben und Mädchen (im Osten waren es meist nur Knaben; Anm. d. Verf.), die Kinder der
ganzen Judengasse, die dann der Reihe nach auf einem alten Sessel thronenden
Lehrer gerufen wurden. Vor diesem, auf einem Tisch, lag ein grossgedrucktes hebräi-
sches Alphabet und, um es sehen zu können, mussten wir auf ein Klötzchen steigen. Der
kleine, alte, stotternde Lehrer hiess Fälkelche. ... Als ich zum Knaben heranwuchs,
dachte ich schon an Tachles (Vorwärtskommen; Anm. d. Verf.), und frug mich stets nach
jedem Semester: Was hast du während dieses Zeitraumes gelernt? ... Die Talmud-Thora-
schule, welche ich zudem besuchte, war in einem Zimmer, gemietet bei einer armen Frau,
für die jedes Kind täglich im Winter ein Scheit Holz und wöchentlich ein Talglicht
mitbringen musste. Nur wenige Familien trugen zur Erhaltung dieser Schule bei. Der
Lehrer hiess Rebbe Mennel Reckendorf aus Fürth, ein sehr braver, frommer Mann, guter
Talmudist, der witzig, sehr hässlich und dabei kurzsichtig war. Er hatte die Eigen-
heit, während des Unterrichts zuweilen Gespräche mit sich selbst, sogar - wie es
schien - auch solche mit Abwesenden zu führen und er schmunzelte dabei stillvergnügt,
wahrscheinlich dachte er sich dann irgendeinen Witz .." M. Oppenheim, Erinnerungen,
S. 8.
155. Vgl. S.R. Hirsch, Gesammelte Schriften, Bd. 1, S. 285. Hirsch betont ausdrücklich
die Wichtigkeit "des Gehorchens, des Sichbereitstellens zur Erfüllung eines höheren
Willens" und der Uebung der Selbstbeherrschung im jüdischen Schulleben.

die Arbeit des Lehrers durch Gehorsam und gebührende Aufmerksamkeit erleichterten. Ehrerbietung hatte der Schüler seinem Lehrer gegenüber nicht nur durch äussere Zeichen der Achtung, sondern auch dadurch zu zeigen, dass er vermied, ihm und seinen Ansichten und Entscheidungen zu widersprechen. Dieser Grundsatz der jüdischen Religionsschulen basiert auf der Lehre von Moses Maimonides, dem bedeutendsten jüdischen Philosophen des Mittelalters, die besagt, dass ein Schüler, der die Lehren seines Meisters preisgebe, diesem "tiefen Kummer" bereite[156].
Indem nun in der zweiten Hälfte des vergangenen Jahrhunderts das Judentum - zwar langsamer in Osteuropa, dafür aber wesentlich eifriger in Mitteleuropa - zum grossen Teil den angedeuteten Assimilationsprozess an seine Umgebung vollzog, musste sich diese Entwicklung aufgrund der Modernisierung der Schultypen und Methoden im jüdischen Erziehungs- und Schulwesen, vor allem aber auch in der veränderten Erziehungsatmosphäre innerhalb der Familie, auswirken[157].

---

156. Dazu M.B. Maimon, Mischne Thora, in: R.M.B.M. Ein systematischer Querschnitt durch sein Werk, hrsg. v. N.N. Glatzer, S. 122.
157. Hierüber ausführlicher bei A. Moskowits, Jewish Education in Hungary, 1848-1948, S. 180.

DRITTER TEIL

ANALYSE DER JÜDISCHEN FAMILIENERZIEHUNG

1. Grundlagen der jüdischen Familienerziehung

Nach der Behandlung des jüdischen Bildungswesens müssen nun die wichtigsten Grundlagen der Familienerziehung - Pietät, Gehorsam und Gesetzestreue - erörtert werden. Von besonderer Bedeutung ist dabei, auf die unterschiedliche Entwicklung der jüdischen Erziehung in Ost- und Mitteleuropa hinzuweisen. Während im Deutschen Reich und in Oesterreich-Ungarn die Liberalisierungstendenzen infolge der industriellen Revolution die traditionellen Grundlagen der jüdischen Erziehung auf vielen Gebieten stark beeinträchtigten, wurde in der zweiten Hälfte des vorigen Jahrhunderts die Mehrheit des Ostjudentums von einer religiösen Renaissance ergriffen. Ein Teil der wohlhabenden Ostjuden - vor allem in Grossstädten - passte sich jedoch in seinen Lebens- und Erziehungsformen mit Eifer an die nichtjüdische Umwelt an.
Traditionsbewusstsein und Anpassungswille waren daher die Pole, zwischen denen sich die jüdische Erziehung in Ost- und Mitteleuropa vollzog. Dabei ist zu beachten, dass die jüdische Religion auf zwei wichtigen Grundlagen basiert: Glauben und Tun[1]. Im religiösen Leben sind nach der jüdischen Glaubenslehre beide Komponenten gleich wesentlich. Glauben ohne die Ausführung der religiösen Pflichten genügt ebensowenig wie Pflichterfüllung ohne Glauben. Die jüdische Orthodoxie bejahte diesen Grundsatz und handelte auch danach. "Thora wöawoda", Gesetzeslehre und Arbeit, war daher ihre Devise für die Erziehung[2]. Diese sollte die jüdische Tradition unter möglichst weitgehender Erfüllung religiöser Vorschriften mit der Berufsausbildung in Einklang bringen.
Das Studium des Gesetzes, das nach dem Alten Testament für die religiösen Ostjuden als einzige Beschäftigung fürs ganze Leben zu gelten hatte, reichte unter den ganz andersartigen Verhältnissen des mitteleuropäischen Judentums keinesfalls aus, weder für die Orthodoxen noch für die Liberalen. Diese modernen Juden wendeten ihr ganzes Interesse

---
1. Vgl. L. Baeck, Das Wesen des Judentums, S. 22. Baeck tritt für die Dominanz des religiösen Erkennens gegenüber der Ueberlieferung im Judentum ein.
2. "Das Judentum ist eine Religion, die ihre Bewährung im Leben sucht und in der sicheren Klarheit des Lebens auch ihre letzte und höchste Vollendung findet. Ebenda, S. 28.

der Umwelt zu, um sich in ihr Geltung zu verschaffen und Anerkennung zu erlangen[3]; wenn schon nicht als Jude, dann eben als Staatsbürger. Für diesen Kampf um Geltung und Anerkennung gewappnet zu sein, war das Bestreben der modernen mitteleuropäischen Judenheit und damit auch Ziel der liberalen jüdischen Erziehung. Das Ringen um die gesellschaftliche Eingliederung in die nichtjüdische Umwelt erforderte freilich viele Kompromisse zugunsten fremder Werterlebnisse, was notwendigerweise Abstriche an den jüdisch-traditionellen verlangte. In Religionsangelegenheiten konnte es aber keine Kompromisse geben, weshalb das liberale Judentum religiös verarmte, da ihm Festigkeit und Beharrlichkeit echter jüdischer Tradition fehlten.

Die wesentlichen Grundzüge der jüdischen Erziehung in Mitteleuropa stimmten mit denen des Ostjudentums überein. Einer der tragenden ist die Erziehung zur *Pietät*. Die Orthodoxen leiteten aus dem Begriff der Pietät die gesamte Glaubenslehre des Judentums ab. Sie verbanden die Verpflichtung zur Einhaltung religiöser Ueberlieferungen und Gesetze mit der Verehrung früherer Generationen und ihrer Tradition[4]. Aus dieser Grundhaltung leitete sich auch die pietätvolle Anhänglichkeit den Eltern gegenüber ab. Sie vermochte auch den modernen Juden, der sich mitunter schon ziemlich weit von der Tradition entfernt hatte, zumindest zur Beachtung einzelner religiöser Bräuche zu bewegen. So kam es nicht selten vor, dass jemand, der sein ganzes Leben lang die jüdische Tradition verachtet und dadurch den Eltern manchen Verdruss bereitet oder gar dem Judentum den Rücken gekehrt hatte, am Todestag seiner Eltern trotzdem in die Synagoge kam, um für seinen Vater oder seine Mutter das traditionelle Totengebet "Kaddisch" in der Gemeinschaft der Gläubigen herzusagen.

Der jüdische Pietätsbegriff kannte keine Grenzen zwischen Ost- und Mitteleuropa und keinen Unterschied zwischen Orthodoxen und Liberalen. Das biblische Gebot "Kabbed aw waem" - "Ehre Vater und Mutter" - war eine verbindende und zugleich verbindliche Tradition, ohne sich damit der jüdischen Religion in ihrer Geschlossenheit verpflichtet zu fühlen[5]. Es galt als völlig unangebracht, den Eltern Vorwürfe zu machen oder sie zu kränken, selbst wenn sie die Kinder öffentlich beschimpft oder ihnen den grössten Schaden zugefügt hätten[6]. Charakteristisch[7]

---

3. Dazu F. Goldmanns Aufsatz in: Das deutsche Judentum, S. 14.
4. Siehe M. Lazarus, Die Ethik des Judentums, Bd. 2, S. 272. Lazarus deutet die talmudische Lehre dahingehend, dass die Liebe der Eltern zu ihren Kindern der Liebe zu den eigenen Eltern untergeordnet werden muss.
5. Vgl. 2. Mose, 20, 12. Hierüber ausführlicher bei M. Güdemann, Das Judentum in seinen Grundzügen und nach seinen geschichtlichen Grundlagen, S. 7.
6. "Kritik der Eltern, Lehrer, usw. ist unausweichlich, aber jüdische Sitte und jüdisches Gewissen fordert, solche Kritik nicht über die Lippen zu bringen." M. Lazarus, Die Ethik des Judentums, Bd. 2, S. 150.

war die Einstellung, dass es Kindern verboten sei, die Eltern zurechtzuweisen, wenn diese ein Gesetz übertreten hatten. Selbst wenn die Eltern Verbrecher waren und keinen Anspruch auf Liebe und Dankbarkeit sich erworben, sich nie um sie gekümmert hatten, waren dennoch die Kinder angehalten, ihre Pflichten den Eltern gegenüber ehrfürchtig zu erfüllen, da Achtung und Verehrung der Eltern nicht als Entgelt für geleistete Wohltaten aufgefasst wurden. Das alttestamentliche Gebot hatte über alle menschlichen Einwände hinweg unumschränkte Geltung[8]. Besonders bedeutsam war noch dazu, dass die ostjüdischen Eltern notfalls von den Kindern voll und ganz unterhalten werden mussten. Diese traditionelle Verpflichtung kannte übrigens keine territorialen Grenzen und galt im allgemeinen überall: "Nähre, kleide, pflege, führe Vater und Mutter und bediene sie wie ein freundlicher Diener!"[9]
Auch als Eltern strebten die Juden noch eifrig danach, durch die Pflege ihrer Kinder in sittlicher und geistiger Hinsicht den Zoll an Liebe abzutragen, den sie ihrerseits ihren eigenen Eltern einst schuldig geblieben waren.
Während die Liebe zu den Kindern dem Naturgesetz entsprang, bildete die in Achtung, Pietät und Fürsorge gipfelnde Liebe der Kinder ihren Eltern gegenüber - und zu den Alten im allgemeinen - einen wichtigen Grundstein für die jüdische Ethik, auf der die Erziehung basierte. Kindesliebe und Elternliebe, das Verbundensein und Einssein, die in inniger Zusammengehörigkeit die jüdische Familie umschlossen, trugen massgebend zur Gestaltung der jüdischen Gesellschaft bei. Dieser Familiensinn wurde zu einem Eckpfeiler des Judentums schlechthin[10].
Neben der Pietät war der *Gehorsam* das wichtigste Band zwischen jüdischen Kindern und ihren Eltern. Der namhafte Rabbiner und Pädagoge S.R. Hirsch, dessen Stimme für das europäische Judentum in der zweiten Hälfte des XIX. Jahrhunderts als massgebend galt, stellte fest: "Nicht nur als Knabe und Mädchen, nicht nur als Jüngling und Jungfrau, als Mann und Weib, ja selbst - wem das seltene Glück zuteil würde! - als Greis und Greisin heisst 'Ehre Vater und Mutter' dem jüdischen Kinde im jüdischen Kreise: Gehorche Vater und Mutter!"[11]
Das jüdische Kind - vor allem im Osten - hatte sich strikt so zu verhalten, wie Vater und Mutter es wünschten. Mit seinen Gedanken, Gefühlen und Ansichten, seiner Gesinnung, seinem Reden und Tun, kurzum, mit

---

7. "Die Eltern führen heute noch wie früher im Gebete den ehrenden Titel 'Mein Vater, mein Erzieher', 'Meine Mutter, meine Erzieherin', und dieser gab ihnen eine höhere Weihe bei den Kindern." B. Strassburger, Geschichte der Erziehung und des Unterrichts bei den Israeliten, S. 4. Strassburger führt auf diesen Umstand das hohe Ansehen jüdischer Eltern bei ihren Kindern zurück.
8. Siehe 2. Mose, 20, 12.
9. Vgl. S.R. Hirsch, Versuche über Jissroels Pflichten in der Zerstreuung, S. 317.
10. Dazu M. Lazarus, Ideale Fragen, S. 166.

seinem ganzen Leben und Streben sollte es Vater und Mutter Freude machen. Der Gehorsam der Kinder bildete somit ein wichtiges Teilziel der Erziehung: das jüdische Kind, das nicht gehorchen gelernt hatte, galt als "gar nicht erzogen". Dieses Pflichtverhältnis Kind-Eltern interpretierte Hirsch folgendermassen: "Stoff sollst du ihnen sein, bildungsgefügiger Stoff, ihnen gegenüber keinen eigenen Willen haben. Sollst sie achten und ehren nächst Gott, denn nur durch sie strebst du hinauf zu Gott. Dann, wenn du so Vater und Mutter ehrst als die Priester in Gottes Menschheitstempel, ... in ihnen die stellvertretenden Boten Gottes, der Menschheit und Israels an dich erblickst, ... dann wird dein gottempfangenes Leben durch Elternehre und -achtung zum wahren Leben erblühen."[12]

Ehrung und Achtung der Eltern durften nicht nur Gesinnung bleiben, sondern mussten auch in die Tat umgesetzt werden. "Bildungsgefügiger Stoff" zu sein, keinen eigenen Willen zu haben waren für das traditionsbewusste Judentum Kriterien des Erzogenseins; und so musste notwendigerweise diese jüdische Erziehung die Selbständigkeit der zu Erziehenden stark einschränken. Die Kinder sollten die Eltern vor jedem Verdruss und Kummer bewahren, ihnen nicht widersprechen. Aufgabe des jüdischen Lehrers war es, seine Schüler zu erziehen, sich in der Pflichterfüllung zu üben, sich an Gehorsam zu gewöhnen und den eigenen Willen einem höheren, dem der Eltern oder des Lehrers, unterzuordnen. Im Idealfalle wurde der Sohn zum Ebenbild des Vaters, der Schüler zum Ebenbild des Lehrers und der Lehrling zum Ebenbild des Meisters. Die Vorbildhaftigkeit der Erziehenden stand für das traditionsbewusste Judentum ausser Zweifel und somit wurde für sie die Fragwürdigkeit ihrer Erziehungseinstellung gar nicht sichtbar[13].

Die Vererbung des jüdischen Geistes und jüdischer Lebensweisen von Generation zu Generation und ihre hingebungsvolle Pflege waren die Richtlinien für die Verbundenheit des jüdischen Hauses mit dem Gesamtjudentum. Das konnte nur eine betont jüdische Erziehung mit dem Ziel garantieren, die heranwachsende Jugend zum Empfang, zur Erhaltung und Fortbildung der jüdischen *Gesetzestradition* hinreichend vorzubereiten. Wie streng die Pflicht zur Ueberlieferung der jüdischen Geistesgüter innerhalb der Familie betrachtet wurde, geht aus einem Spruch des Talmud, auf dem, neben dem Alten Testament, vor allem die ostjüdische Erziehung in der zweiten Hälfte des XIX. Jahrhunderts basierte, deutlich hervor. Er lautet: "Wer seinen Sohn unterrichtet, dem wird es angerechnet, als ob er den Sohn, den Enkel und den Urenkel bis zum Ende der Geschlechter unterrichtet hätte ..."[14].

---

11. Siehe S.R. Hirsch, Gesammelte Schriften, Bd. 1, S. 208.
12. Vgl. S.R. Hirsch, Versuche über Jissroels Pflichten in der Zerstreuung, S. 316.
13. Siehe ebenda.

Als geistige Beschäftigung spielte im religiösen Judentum das Studium der Thora - der Gesetzeslehre - eine hervorragende Rolle[15]. Es handelt sich hierbei - wie im gesamten jüdischen Erziehungsgang - um die Sicherung und Weiterführung der Tradition, die im osteuropäischen Judentum mit Bildung schlechthin grösstenteils identifiziert wurde. Das Gesetz, das der Nichteingeweihte als eine Last, ein Joch empfand, war mit allen seinen Kleinlichkeiten für den traditionsbewussten Juden der beglückendste Schatz. In der fast endlosen Reihe von Geboten und Verboten sah er das innigste Band zwischen sich und seinem Gott[16]; es erfüllte in seinem Leben Raum und Zeit mit fühlbarer Gottesnähe. Treffend schrieb S.R. Hirsch: "Die Beracha (Segensspruch; Anm. d. Verf.), die der ärmste Jude über sein reines (koscheres; Anm. d. Verf.) Mahl zu sprechen vermag, würzt ihm sein kärgliches Brot mit einer Süssigkeit, die die reichste Tafel sonst vermisset."[17].

Studium der Gesetzeslehre bedeutete nicht bloss theoretisches Erfassen der Inhalte, sondern auch unermüdliche Bemühung um ihre Praktizierung[18]. Somit war das - freilich schwer erreichbare - Ideal des orthodoxen Judentums, dass jeder Jude über ausgezeichnete Kenntnisse im umfangreichen Gesetzeskomplex verfügte. Jeder sollte sich sozusagen zum Vorbild in der Pflege der Gesetzestradition entwickeln. Die Synagoge als Versammlungshaus hatte die zusätzliche Aufgabe, durch religiöse Gemeinschaft den *ganzen* Menschen anzusprechen, in seelischer und moralischer, keineswegs bloss in intellektueller Beziehung. Die Kenntnis des Gesetzes galt in der jüdischen Orthodoxie als das höchste und reinste Element der Seligkeit, deren man schon auf Erden teilhaftig werden könne[19]. Sie war ferner die Quelle einer geläuterten und gefestigten religiösen Gesinnung, und die Auseinandersetzung mit dem Gesetz bot dem traditionsbewussten Juden eine eminent ethische geistige Tätigkeit. Die Religion wurde so in der Tat zum Mittel der Volksbelehrung, zum Element steten geistig-sittlichen Fortschritts auf der Grundlage der Tradition.

---

14. Vgl. Talmud Babli Kidduschin, 30a.
15. Dazu M. Friedländer, Die jüdische Religion, S. 383. Nach Friedländer spielte die Realisierung religiöser Vorschriften in der praktischen Erziehung bei den Juden eine bedeutende Rolle.
16. Siehe L. Baeck, Dieses Volk - Jüdische Existenz, I. Teil, S. 146. Baeck geht sogar weiter und behauptet, eine Askese sei verlangt, "damit nichts sich zwischen die Seele und ihren Gott stelle".
17. Vgl. S.R. Hirsch, Gesammelte Schriften, Bd. 1, S. 474.
18. "Die Religion ist nicht etwa ein Ideal, das lediglich ersehnt, sondern ein Ideal, das tagtäglich und unmittelbar betätigt werden muss. ... Die mosaische Lehre verlangt überall eine aktive, nicht bloss eine passive Moral." S.M. Dubnow, Die jüdische Geschichte, S. 25. Hierüber ausführlicher bei M. Güdemann, Das Judentum in seinen Grundzügen, S. 81.
19. Dazu M. Lazarus, Die Ethik des Judentums, Bd. 1, S. 422. Lazarus knüpft hier an Hegel an und erklärt, dass es fürs Judentum nicht nur auf die Erfüllung der Gesetze,

2. *Wichtige Faktoren der jüdischen Erziehung*

a) Die Bedeutung des Schabbat für die jüdische Erziehung

Die vorangegangene Untersuchung der Grundlagen für die jüdische Familienerziehung macht nun den Weg zum besseren Verständnis wichtiger Erziehungsbereiche des jüdischen Familienalltags frei. Dazu gehören in besonderem Masse die Institution des *Schabbat*, die jüdischen *Feste* und die *koschere Haushaltführung*.

Der Schabbat ist eines der wichtigsten Grundphänomene des Judentums. Er unterscheidet sich deutlich von den Feiertagen anderer Kirchen und Religionsgemeinschaften, so auch vom Sonntag der Christenheit. Der Schabbat ist nämlich nicht nur ein Feiertag. Er wurde vor Jahrtausenden als allwöchentliche Arbeitsruhe eingeführt und gilt als eine der ersten Sozialeinrichtungen, die überall in der Welt - wenn auch an verschiedenen Tagen - praktiziert und anerkannt wird[20]. Er ist kein "freier Tag", wie man sonst die arbeitsfreien Feiertage allerorts nennt. Der Schabbat ist eine Institution ohnegleichen, ein Programm mit festem Inhalt und genau vorgeschriebenen Minimalpflichten, die unbegrenzt gesteigert werden sollten. Somit ist der jüdische Schabbat zwar arbeitsfrei, aber nicht "dienstfrei". Der "Dienst" am Schabbat ist seinerseits wieder keinesfalls mit anderen Dienstleistungen oder Dienstverhältnissen vergleichbar. Er ist zwar geboten, aber jeder sollte den Drang verspüren, aus eigenem Antrieb diesen Dienst um seiner selbst willen - ohne Erwartung einer göttlichen Vergeltung - zu leisten.

Die Institution des Schabbat befreit nicht nur von der Arbeit, sie verbietet sie obendrein. Und was die Arbeitsruhe betrifft, so gilt sie am Schabbat nicht nur zum wohlverdienten Ausgleich für die viel Kraft verzehrenden Arbeitstage; vielmehr wird die "M'nuchat-Schabbat" (Schabbatruhe) durch die Institution des Schabbat in ihrem Ablauf minuziös geregelt[21]. Dieser mit der jüdischen Religion seit altersher verbundene Ruhetag galt Jahrtausende hindurch als Merkmal sozialer Hinwendung zum Menschen und stellte ein revolutionäres Element in dieser ersten monotheistischen Religion der Erde dar. Die Institution des Schabbat verlor während der Jahrtausende keinesfalls ihre grosse Bedeutung für die Welt der Arbeit.

---

19. ... sondern in erster Linie darauf ankomme, "dass sie in ethischem Geiste ersonnen, gefunden, geschaffen werden".
20. Vgl. M. Lazarus, Die Ethik des Judentums, Bd. 1, S. 175.
21. "Die Musse als volle Möglichkeit des geistigen Lebens ist deshalb auch Bedingung der Heiligung". Siehe ebenda, S. 200. Lazarus weist darauf hin, dass bekanntlich auch Aristoteles der Musse als Bedingung geistiger Entwicklung grosses Gewicht beigelegt hat.

Das Spezifische am Schabbat lag jedoch auf einer anderen Ebene. Nirgendwo trat der Schabbat in jener für ihn so charakteristischen Form in Erscheinung wie in *Osteuropa*, wo der Schabbat-Kult einen wichtigen Bestandteil der jüdischen Renaissance in der zweiten Hälfte des XIX. Jahrhunderts bildete. Es erscheint zunächst als Paradoxie, was in dieser Zeit im osteuropäischen Judentum vor sich ging: Der aus Geboten der heiligen Thora (der fünf Gesetzbücher Moses) abgeleitete Schabbat-Kult wurde volkstümlich profanisiert, um jedes der ihn betreffenden Gebote in Fleisch und Blut übergehen zu lassen, ohne den "heiligen" Ursprung irgendwelcher Einzelheiten der zahlreichen Bestimmungen anzutasten oder gar zu missachten. Dazu ist zu berücksichtigen, dass der prägnante Text der Thoragesetze in vielen Fällen - so auch in den Bestimmungen für den Schabbat - nur kurze Weisungen, oft nur Andeutungen gibt[22].

Die vielen gottesdienstlichen Zeremonien sowie die damit zusammenhängenden zahlreichen Gepflogenheiten - seien sie noch so sehr als heilig geschätzt und geehrt - stammen lediglich von frommen jüdischen Gelehrten aus der nachbiblischen Zeit, aus dem Talmud (200-500 n.Chr.) und von berühmten Rabbinern osteuropäischer Gemeinden späterer Jahrhunderte. Diese Gelehrten waren es, die die oft kurzen Andeutungen der Thora durch ihre "geheiligten" Spitzfindigkeiten in schier unendliche Bestimmungen überführten[23]. Somit regeln diese rabbinischen Bestimmungen auch den Verlauf der Schabbatruhe, den einige charakteristische Einzelheiten uns vergegenwärtigen: So ist Vergnügen eine Grenze gesetzt; Spiele jeglicher Art sind für jung und alt verboten; dazu gehören auch Fahrten oder grössere Wanderungen aller Art. Selbst das Berühren von Gegenständen, die nicht zur Nahrungsversorgung notwendig sind - dazu gehört auch das Geld - ist verboten; so etwa Schreiben, Schneiden, Zerreissen, selbst Feuermachen und Kochen[24]. Es ist auch nicht gestattet, Lasten zu tragen und zu baden. Bemerkenswert an diesen Verboten und Beschränkungen ist, dass sie zum grossen Teil seit der Mitte des XIX. Jahrhunderts an die technische Entwicklung angepasst und daher stark erweitert werden mussten.

Der weitaus grösste Teil des osteuropäischen orthodoxen Judentums erkannte sie an und befolgte sie strikt als "mündliche Ueberlieferung", die nach rabbinischer Auffassung mit der Gesetzgebung am Berg Sinai gleichsam dem jüdischen Volk auferlegt worden sei, um ihre ebenso

---

22. Vgl. 2. Mose, 20.
23. Hierüber ausführlicher bei W. Freyhan, Der Weg zum Judentum, S. 72.
24. Dazu M. Friedländer, Die jüdische Religion, S. 275 f. Friedländer erörtert das Verbot des Kochens und Backens am Schabbat in Verbindung mit Exodus 35,3: "Ihr sollt kein Feuer anzünden in all euren Wohnungen am Tage der Ruhe".

"inspirierte" Exegese später durch fromme Schriftgelehrte zu erfahren[25]. Die weitverbreitete Verehrung zahlreicher frommer Rabbiner in Russland, Polen und Ungarn und ihre grosse Anhängerschaft war eine wirksame Stütze für das osteuropäische Judentum, um die vielen Ueberlieferungen als heilige Tradition der gesetzestreuen Judenheit lebendig zu erhalten[26]. Der tägliche Umgang mit der Thora samt ihren Auslegungen erzeugten nun den bekannten Prototyp des osteuropäischen orthodoxen Juden in der zweiten Hälfte des XIX. Jahrhunderts.

Für ihn galt der Schabbat als das zweithöchste Fest des Jahres. In der Rangordnung stand er unmittelbar nach dem Versöhnungstag, dem höchsten Feiertag des Judentums. So versteht sich das Streben der gesetzestreuen Juden nach der möglichst restlosen Erfüllung vieler Gebote und der Befolgung ebensovieler Verbote an diesem denkwürdigen, ja heiligen Tag, an dem weder ein Gebetsbuch noch - trotz strömendem Regen - ein Schirm zu tragen erlaubt war[27]. So brachte der heilige Schabbat manche profane Probleme mit sich[28]. Erlaubt war etwa, sich ordentlich auszuruhen, zu essen und zu trinken; geboten, zu beten und entsprechende Schabbatliteratur zu lesen; verboten dagegen eine ganze Reihe alltäglicher Tätigkeiten, wie z.B. zu fahren oder über 2 km zu gehen.

Die Institution des Schabbat hat somit eine besondere Erziehungssituation innerhalb des Judentums geschaffen[29]. Sie wirkte sich vor allem bei den osteuropäischen Juden aus, die in grossen Massen bestimmte Gebiete Weissrusslands sowie Polens, Galiziens und Ungarns besiedelten. Diese Siedlungen waren aus einstigen Ghettos hervorgegangen. Durch ihr enges Beisammensein spornten sie einander an, die Gesetze und Bräuche konsequent einzuhalten. Ihre vorwiegend jüdische Umgebung forderte ihnen auch kaum Zugeständnisse ab, wie es für ihre sporadisch in fremdgläubiger Umwelt lebenden Glaubensgenossen anderswo notwendig war. In den grossen jüdischen Siedlungsgebieten vereinigte der Schabbat Orthodoxe und Liberale durch seine Institution, die alle ohne Un-

---

25. Nach Baeck hat die sog. "Mündliche Lehre" die Aufgabe, "das Schriftwort seelisch durchzudringen, es auf alle Vorkommnisse des Daseins zu beziehen, alle Lebensverhältnisse religiös zu regeln und zu versittlichen". Siehe L. Baeck, Das Wesen des Judentums, S. 16.
26. Vgl. M. Balaban, Die Judenstadt von Lublin, S. 95.
27. Das Taschentuch und selbst die "Thalith", den Gebetsmantel, die doch beide beim Schabbat-Gottesdienst gebraucht werden, banden sich orthodoxe osteuropäische Juden am Schabbat selbst bei grösster Sommerhitze kurzerhand um den Hals, weil es verboten war, sie in der Hand oder in der Tasche zu tragen. Daher wurden sie zu Kleidungsstücken umfunktioniert, deren Tragen erlaubt war.
28. M. Lazarus betrachtet den Schabbat "halb Gott und halb den Menschen gehörig". Siehe M. Lazarus, Die Ethik des Judentums, Bd. 1, S. 287.
29. Vgl. S.J. Agnon, Das Buch von den polnischen Juden, S. 170.

terschied in seine Gesetzmässigkeit hineinzwang. In den reinjüdischen
Stadt- und Ortsteilen hatten die strenggläubigen Bewohner eine Anzahl
Strassen und Wege von Freitag abend bis Samstag abend durch Ketten gesperrt, um jeglichen Verkehr am Schabbat zu unterbinden. So blieben
auch alle Geschäfte bereits von Freitag nachmittag bis Samstag abend
geschlossen, da jeder Verkehr und jede Geschäftstätigkeit am Schabbat
grundsätzlich verboten war[30]. Da der orthodoxe Teil der osteuropäischen Juden zumeist überwog, dominierte im allgemeinen in diesen jüdischen Massensiedlungen die stark konservative Tendenz.
Der Schabbat spannte auch schon die Kinder in seine strenge Gesetzmässigkeit ein. Sie durften sich an diesem Tag weder mit einem Puppenwagen noch mit sonstigem - vor allem fahrendem - Spielzeug beschäftigen; auch sportliche Spiele und Besuche von Veranstaltungen waren verpönt. Das galt auch für das Theater. In den grossen Massensiedlungen
bestand auch wenig Gefahr, dass etwa ein Kind das andere an einem
heissen Schabbatnachmittag zum Baden hätte "entführen" können, was ja
bei den Strenggläubigen als verboten galt; denn ein solcher Vorfall
hätte bei den betreffenden Eltern und Angehörigen heftige Reaktionen
und Streitigkeiten hervorgerufen, die auch Folgen auf wirtschaftlichem Gebiet hätten nach sich ziehen können. Es stand ausser Zweifel,
dass kein orthodoxer "Baal-Bos" (Hausherr) seine Familie im Geschäft
eines andern Juden hätte einkaufen lassen, in dessen Haus der Schabbat nicht traditionsgemäss eingehalten wurde.
So unterlagen geschäftliche und andere zwischenmenschliche Kontakte -
auch die Spiele der Kinder - den durch die Institution des Schabbat
geschaffenen Regelungen und Beschränkungen. Strenggläubige Juden verkehrten und heirateten untereinander; ihre Kinder spielten zumeist
unter sich[31]. Diese Homogenität in der Sphäre des Religiösen bewirkte,
dass die Institution des Schabbat im osteuropäischen Judentum von Kindesbeinen an als der volkstümliche Mittelpunkt jüdischen Daseins
empfunden wurde und damit die jüdische Erziehung wesentlich beeinflusste.
Wenn die strenggläubige jüdische Hausfrau bereits freitags früh allerlei Vorbereitungen traf[32], um ja rechtzeitig mit Kochen und Backen für
beide Tage und mit dem Hausputz fertig zu werden, musste sie das ganze
Hausvolk auf die Beine bringen[33]. Sie durfte ja auch die "Mikwe", das
rituelle Bad für Frauen, nicht versäumen; musste die oft zahlreichen

---

30. Dazu W. Freyhan, Der Weg zum Judentum, S. 71.
31. Vgl. M.M. Sfurim, Schloimale, S. 240. Die ausführlichen Schilderungen Sfurims
verdienen besondere Beachtung.
32. Siehe den Aufsatz von M. Eschelbacher in: Vom jüdischen Geist, S. 13.
33. Hierüber ausführlicher bei S.J. Agnon, Das Buch von den polnischen Juden, S. 165,
wo diese Vorgänge eingehend erörtert werden.

kleinen Kinder waschen und versorgen und sich selber und die Kinder
festlich anziehen. Ferner war der Tisch für den feierlichen Empfang
der "Königin Schabbat" festlich zu richten.

Am frühen Freitagnachmittag kam der Vater nach Hause, der oft während
der ganzen Woche unterwegs war. Auch er rüstete sich zum würdigen
Empfang des Schabbat und begab sich mit den Kindern am späten Nachmittag in die "Schül", die Lehrhaus-Synagoge der Orthodoxen. Orthodoxe
jüdische Frauen blieben am Freitagabend meist zu Hause[34]; kochen durften sie nach dem Erscheinen von drei Sternen am Himmel, die den Beginn
des Schabbat anzeigten, nicht mehr. Sie beteten daheim und zündeten
nach alter Tradition zu Ehren der Schabbatfeier zwei Kerzen an. Diese
Schabbatkerzen leuchteten in Millionen von jüdischen Wohnungen in ganz
Osteuropa, in armseligen Hütten ebenso wie in wohlhabenden Häusern[35].
Nach dem Gottesdienst wurde der Schabbat "begrüsst" und das festliche
Mahl unter Segenssprüchen eingenommen. Selbst die Aermsten, die oft vom
Hausieren oder Betteln ihr Leben fristeten, sparten sich die ganze
Woche über das Notwendige buchstäblich vom Munde ab, um den Schabbat
festlich begehen zu können.

Eine grosse Rolle spielte in orthodoxen jüdischen Familien der Schabbatsegen des Vaters; ein frommer Brauch, der eine starke erzieherische
Wirkung ausübte. An dieser Tradition hielt man fest, solange Eltern
und Kinder im gleichen Ort wohnten[36]. Dieser Segen war ein Privileg
des Vaters und ging nicht an die Mutter über. Der väterliche Schabbatsegen liess Streitigkeiten vergessen und begraben, er schlichtete zwischen Eltern und Kindern, er schloss auch unangenehme Vorkommnisse der
vergangenen Woche mit dem Frieden des Schabbat ab. Der Schabbatsegen
verband somit die Generation der Väter mit der der Kinder.

Wie die Begrüssung, vollzog sich auch die Verabschiedung der "Schabbatkönigin" am Samstagabend in einer feierlichen Zeremonie, und damit begann der Alltag wieder: einerseits mit der Erfüllung der Alltagspflichten, andererseits mit der Möglichkeit, sich dem Genuss am Schabbat verbotener Dinge und dem Vergnügen bzw. dem Spiel hinzugeben[37]. Somit dominierte vom Freitag- bis zum Samstagabend in der orthodoxen jüdischen
Familie des Ostens die Institution des Schabbat. Sie wurde getragen von
der traditionstreuen jüdischen Gemeinschaft, um durch sie einerseits
eine ständige religiöse Erneuerung zu erleben und andererseits der bewusst jüdischen, traditionstreuen Erziehung der Jugend Ausdruck zu ver-

---

34. Vgl. den Aufsatz von M. Eschelbacher in: Vom jüdischen Geist, S. 14.
35. Siehe M.M. Sfurim, Schloimale, S. 240.
36. Der Segensspruch bestand meist aus dem Priestersegen und den Abschiedsworten
Jakobs vor seinem Tode: "Gott mache dich wie Ephraim und Manasse!" Vgl. 1. Mose 48,20.
Bei weiblichen Personen hiess es: " .. wie Sara, Rebekka, Rahel und Lea!"
37. Dazu W. Freyhan, Der Weg zum Judentum, S. 70.

leihen. Den "Schabbat-Kodesch" (Heiligen Schabbat) fasste das traditionstreue Ostjudentum als "Dauerauftrag mit Ewigkeitscharakter" auf, den eine Generation der anderen zur hingebungsvollen Erfüllung anvertraute. Den Schabbat umgab bei arm und reich eine gewisse "Poesie", eine Stimmung, in deren heiligem Bezirk sich der Jude vom bedrückenden Alltag geistig-seelisch erholen konnte. Nicht nur die ansprechende Feier[38], sondern auch das mit dem Schabbat zusammenhängende Opfer an Bequemlichkeit gehörte dazu, die jüdische Familie an Gehorsam gegenüber dem Gesetz und die Eltern an ihre Erziehungspflicht zu erinnern. Somit sollte der Schabbat in der jüdischen Familie der inneren Kräftigung dienen und zum beseligenden Herzensbedürfnis werden. Der Schabbat war als Friedensinsel am Ende der bewegten und prüfungsreichen, viel Kraft bedürfenden Woche gedacht. Er schuf Gemeinschaft, die die übrige Umwelt dem Ostjudentum zumeist versagte; er liess die jüdische Familie sich mit dem Gesamtjudentum geistig eins fühlen.

Wie wir gesehen haben, verlangte die Feier des Schabbat, dass zahllose Gesetze, Vorschriften und Ueberlieferungen einzuhalten waren[39]. Das brachte vielfältige Einschränkungen mit sich, denen sich Erwachsene und Kinder zu unterwerfen hatten[40]. Durch die oft sture Befolgung der Vorschriften gab man sich von der Tradition her mit der Formalität zufrieden. Zweifelsohne wurden jedoch hier und da manche Freude und Genugtuung hinsichtlich der Erfüllung der Schabbatgebote in die - vor allem kindlichen - Gemüter hineininterpretiert. Eine innere Spaltung in der Erziehung, die einerseits auf Ehrfurcht bzw. Gehorsam basierte, die durch Gebote bestimmt waren, andererseits aber auf Vergebung und Liebe gründete, wollte man nicht wahrhaben. Deshalb lag der Gedanke an Heuchelei ganz fern. Zwar standen Gehorsam und Liebe - das verpflichtende Gebot und der vergebende Vatersegen - in einem Spannungsverhältnis; sie fügten sich jedoch offenbar für den Erziehenden reibungslos ineinander. Hier lag zugleich die pädagogische Chance: Ziel jüdischer Erziehung war nun, zu bewirken, dass der Feiernde die Institution des Schabbat nicht als lästig über sich ergehen liess, sondern sie freudig bejahte[41].

---

38. In Freude und Pflichtbewusstsein zeigt sich hier der Dualismus traditionstreuen jüdischen Daseins.
39. M. Lazarus befasst sich eingehend mit der Gesamtproblematik des jüdischen Gesetzeswesens: "Frei von allen Wünschen, Absichten, Zwecken, welche sonst ihre Anziehung auf das menschliche Gemüth ausüben, waltet hier der Gehorsam als rein formales Element. Auf keinerlei Art von Erfolg, auch nicht auf einen geistigen, wird hier geachtet und gerechnet, als darauf, dass die Handlung durch den Gehorsam, der sie erzeugt, zu einer sittlichen wird. Alle andern Zwecke ... werden untergeordnet, der Zweck der Sittlichkeit bleibt als der höchste und herrschende". M. Lazarus, Die Ethik des Judentums, Bd. 1, S. 224.
40. Vgl. auch A. Ruppin, Soziologie der Juden, Bd. 2, S. 182.
41. Siehe F. Rosenzweig, Zur jüdischen Erziehung, S. 64.

Die Länder *Mitteleuropas* - vor allem Deutschland und Oesterreich-Ungarn - kannten in der zweiten Hälfte des XIX. Jahrhunderts keine grossen jüdischen Ansiedlungen wie man sie im Osten antraf. So spielte sich das Leben der Juden in Mitteleuropa, wo diese auch zahlenmässig wesentlich schwächer vertreten waren als im Osten, vielfach in anderem Rahmen ab und wies dementsprechend ganz andere Erscheinungsformen auf.

Der Jude Mitteleuropas war - kulturell gesehen - zweifelsohne vor allem Mitteleuropäer und erst in zweiter Linie Jude[42]. Das galt sowohl für den orthodoxen als auch für den liberalen Juden. In der Gestaltung des Alltags und des Feiertags allerdings bestanden beachtliche Unterschiede zwischen beiden Gruppen einmal in der Führung des koscheren (rituellen) Haushalts, zum anderen in der Beachtung und Befolgung der Bestimmungen für den Schabbat. Seine Institution warf hier etliche Probleme auf, die den jüdischen Massen des Ostens zumeist unbekannt blieben.

Die verhältnismässig geringe Zahl der Juden prädestinierte sie im deutschsprachigen Mitteleuropa dazu, viel engere Kontakte mit der übrigen Bevölkerung anzubahnen und auch zu pflegen[43]. Je enger nun diese Kontakte wurden, um so mehr gerieten althergebrachte jüdische Bräuche und religiöse Vorschriften in Gefahr, vergessen oder gar durch christliche ersetzt zu werden. In liberalen jüdischen Häusern war diese Gefahr besonders gross. Zu strittigen Punkten mussten hier notwendig die koschere Haushaltführung und der Schabbat werden. Letzterer stand als unüberwindbare Trennung zwischen der jüdischen Gemeinschaft und der christlichen Bevölkerung[44].

In Mitteleuropa fand das Judentum viele Anziehungspunkte in der christlichen Umwelt[45], die zur Abschwächung jüdischer Charakteristika beträchtlich beitrugen. So wurde auch der Schabbat in Mitleidenschaft gezogen. Nur der orthodoxe Jude in Deutschland und Oesterreich-Ungarn schloss bereits am Freitagnachmittag sein Geschäft und hielt es bis zum Samstagabend geschlossen[46]. Dasselbe geschah auch an den jüdischen Feiertagen. Gegen Ende des XIX. Jahrhunderts sah man jedoch selbst bei den Orthodoxen immer seltener die kleinen Tafeln an Türklinken jüdischer Geschäfte: "Samstags geschlossen". Selbst diese ursprünglich konservativ eingestellten Juden erlagen allmählich den Verlockungen des lukrativen Wochenendgeschäftes und liessen z.T. geheim - über die Hintertür - ihre Geschäfte auch samstags laufen.

---

42. Hierüber ausführlicher bei L. Bato, Die Juden im alten Wien, S. 262.
43. Dazu R. Kaulla, Der Liberalismus und die deutschen Juden, S. 32.
44. Siehe den Aufsatz von I. Unna in: Das deutsche Judentum, S. 8.
45. Vgl. den Aufsatz von N. Goldmann in: Die Juden im Gemeinschaftsleben der Völker, S. 81, wo verschiedene Komponenten dieser Thematik erörtert werden.

Gerade die Einhaltung des allwöchentlich wiederkehrenden Schabbat mit seiner umfangreichen Institution fiel dem mitteleuropäischen Judentum, besonders in den Städten, schwer[47]. Auch die "Mikwe", das Ritualbad orthodox-jüdischer Frauen, wurde in den mitteleuropäischen Gemeinden freitags weitaus weniger besucht als im Osten, wo sie als unumgängliche Selbstverständlichkeit für Strenggläubige galt. Ebenso liess sich nur ein Bruchteil der orthodoxen Frauen Deutschlands und Oesterreich-Ungarns bei der Eheschliessung das Haar abschneiden, um die traditionelle Perücke anzulegen[48]. Nur noch am Schabbat wurde sie - allerdings über dem eigenen Haar - getragen; sie galt als Symbol der Traditionstreue und als Schmuck zugleich.

Somit erfuhr die Institution des Schabbat in mancher Hinsicht eine Aufweichung; sie büsste einen Teil ihrer - im Osten vielfach absoluten - Geltung ein. Diese Aufweichung nahm sogar in der Orthodoxie des mitteleuropäischen Judentums ihren Anfang. Dabei wären diese orthodoxen Juden höchst erstaunt oder gar beleidigt gewesen, wenn man ihren Konservatismus in Zweifel gezogen hätte. Sie wären ihrerseits auch im Recht gewesen; denn es bestand trotz vieler Lockerungen noch immer eine grosse Diskrepanz zwischen traditionstreuen und modern denkenden Juden in Mitteleuropa[49].

Die gelockerte Handhabung religiöser Obliegenheiten - vor allem der Schabbatfeier - war weitgehend eine Folge der immer stärker werdenden Kontakte und Verwicklungen der jüdischen Minderheit mit der nichtjüdischen Umwelt. Der religiöse deutsche Jude gewöhnte sich allmählich an manche Erleichterungen und Abweichungen von den weitläufigen Vorschriften des Schabbat sowie anderer Feiertage. Sie wurden von Generation zu Generation lockerer gehandhabt. Zwar feierten die religiösen Juden Mitteleuropas den Schabbat noch recht eindrucksvoll, aber auf geringfügige Gebote und Verbote achteten sie nicht mehr[50]. Diese Anpassung an die Umwelt registrierten schnell nicht nur die religiös Uninteressierten, sondern vor allem die Kinder.

Im Osten waren die strikte Befolgung der religiösen Vorschriften und die Einhaltung der vielen Beschränkungen am Schabbat und an den Feiertagen eine natürliche Stütze der elterlichen Autorität[51]. Im religiösen Judentum herrschte ohnehin das "Hauspriestertum"; im traditions-

---

46. Hierüber ausführlicher bei R. Kaulla, Der Liberalismus und die deutschen Juden, S. 21.
47. Dazu W. Freyhan, Der Weg zum Judentum, S. 72.
48. Eine Haube, die das ganze Haar bedeckte, konnte die für orthodoxe Frauen obligatorische Perücke, Scheitel genannt, ersetzen. Siehe R. Straus, Wir lebten in Deutschland, S. 27.
49. Die beiden Gruppen wetteiferten auf kulturellem Gebiet faktisch wie zwei getrennte Gemeinden miteinander. Vgl. S.M. Dubnow, Die neueste Geschichte des jüdischen Volkes 1789-1914, Bd. 3, S. 55.
50. Hierüber ausführlicher im Aufsatz von F. Goldmann in: Das deutsche Judentum, S.21.

treuen jüdischen Heim fungierte der Familienvater als "Vertreter der göttlichen Autorität"[52]. Wenn nun im Osten der strenggläubige Jude seine Kinder - in erster Linie die Buben - von jung auf an die religiösen Bräuche und auf diese Weise an den Ablauf der Feiertage - besonders des Schabbat - gewöhnte, so geschah das auf der Grundlage jener Autorität: Der fromme Vater machte *das* seinen Kindern vor, was auch von ihm durch Gott gefordert wurde, nämlich die Einhaltung einer zwar althergebrachten, aber in den Augen des Gläubigen ewig lebendigen Tradition. Je besser und zwingender das Vorbild war, desto leichter und sicherer funktionierte die Nachahmung der Eltern durch die Kinder[53]. So war der gläubige Jude wenig interessiert an der Individualität seiner Kinder; sein Ideal blieb, sie zu möglichst getreuen Ebenbildern seiner selbst und damit seiner "Väter" zu erziehen.

In Mitteleuropa befand sich dagegen das orthodox-jüdische Kind in einer wesentlich schwierigeren Lage. Nicht nur sein strenggläubiger Vater, sondern auch das jüdische Kind selbst sah sich mit Problemen der Annäherung, aber zugleich auch der Absonderung von der Aussenwelt konfrontiert, sobald die beiden ihr Heim in der Stadt oder auf dem Lande verliessen. Selbst im Hause eines orthodoxen Juden etwa in Deutschland stand die traditionsreiche alte Zeit nicht mehr still; sie erfuhr manche Aenderungen. Kontakte mit nicht orthodoxen Glaubensgenossen waren unerlässlich, wollte man sich nicht selber benachteiligen. Das gesellschaftliche Leben liess in der zweiten Hälfte des XIX. Jahrhunderts keine absolute Absonderung des jüdischen Bevölkerungsteils zu[54]. In den Ländern Mitteleuropas sah man selten religiöse Juden am Schabbat in traditioneller Kleidung auf den Strassen sich laut gestikulierend unterhalten oder gar ihre Gebete vor dem Gebetshaus auf offener Strasse verrichten, wenn in der Synagoge kein Platz mehr war[55]. Der Schabbat wurde in Mitteleuropa rundweg stiller gefeiert; man verzichtete weitgehend auf die östliche Aufmachung.

---

51. Dazu W. Freyhan, Der Weg zum Judentum, S. 96.
52. S.R. Hirsch untermauert seine Grundsätze für das Leben gesetzestreuer Juden: "Jedes Teilchen deiner Zeit (ist) heilig, weil alles Gottesdienst, alles Erfüllung göttlichen Willens (ist)". S.R. Hirsch, Versuche über Jissroels Pflichten in der Zerstreuung, S. 357.
53. Vgl. I. Asheim, Glaube und Erziehung bei Luther, Ein Beitrag zur Geschichte des Verhältnisses von Theologie und Pädagogik, S. 255. Im Gegensatz zur traditionsbetonten jüdischen Auffassung meint Luther in der Interpretation Asheims, dass zwar alle im gleichen Geist und Glauben leben, dagegen aber nicht dieselben Werke tun sollen.
54. So stellte nur selten eine orthodox-jüdische Frau - etwa in Wien - ihre Schabbat-Kerzen ins Fenster; vielmehr liess sie diese auf dem Tisch stehen. Diese in ihren Augen erlaubte Modernisierung tastete ihr traditionsbewusstes häusliches Leben nicht an.
55. Zur traditionellen Kleidung gehörten ein schwarzer Kaftan, ein pelzgeschmückter "Stramel" (breiter schwarzer "Judenhut" mit Fell am Rande), den der orthodoxe Ostjude auch im Sommer trug, und weisse Socken zu Ehren des Schabbat. Vgl. S.J. Agnon,

Auch für die mitteleuropäische jüdische Jugend besass der Schabbat nicht den absoluten und schon gar nicht den obligatorischen Charakter, wie er ihn für die ostjüdischen Massen hatte[56]. Die religiösen jüdischen Kinder gingen am Schabbat genauso in die Schule wie an anderen Tagen[57]. Lediglich vom Schreiben wurden sie befreit. Es oblag dem Elternhaus, die durch den Schulbesuch entstandene Verletzung mancher religiösen Vorschriften wieder auszugleichen. Dazu dienten die traditionelle warme Atmosphäre der Begrüssung des Schabbat mit dem väterlichen Segen am Freitagabend und vielleicht ein ausgedehntes Thorastudium mit dem Vater am Samstagnachmittag[58].
Selbst die liberale jüdische Jugend ging keineswegs unbeteiligt an der Institution des Schabbat vorbei. Auf sie wirkte der ansprechende Gottesdienst in den modernen Synagogen Mitteleuropas mit Orgelmusik und Predigt in der jeweiligen Landessprache meist positiv[59]. Diese faszinierten die modernen Juden, die dem spektakulären Gottesdienst liberaler Art beiwohnten, nicht etwa, um - wie die Orthodoxen - ihre Gesetzestreue kundzutun, sondern lediglich, um nach ihrer Façon zu beten. Wenn auch zahlreiche liberale Juden den Schabbatgottesdienst für gesellige Kontakte benutzten, so gab es doch viele unter ihnen, für die dieser Gottesdienst *das* religiöse Erlebnis bedeutete, das sie von Kindesbeinen an begleitete, wenn auch ihr sonstiger Lebenswandel den traditionellen Vorschriften nicht mehr entsprach[60]. Diese Juden waren nicht strenggläubig; aber sie legten dennoch Wert darauf, *das* aus ihrem Elternhaus zu bewahren, was wohl das Grundlegende jeder jüdischen Erziehung war und ist: die Sehnsucht nach religiöser Erfüllung[61].

---

55. ... Das Buch von den polnischen Juden, S. 166.
56. Dazu M.M. Sfurim, Schloimale, S. 240f.
57. Die orthodoxen jüdischen Schüler mussten freilich ihre Schulbücher und Hefte in die Schule mitnehmen, obwohl es nach streng orthodoxer Sitte verboten gewesen wäre.
58. Vgl. J. Braun-Vogelstein, Gestalten und Erinnerungen, S. 50. Braun-Vogelstein schildert eindrucksvoll das Erleben des "Einzugs des Sabbat" als "des geheiligten Tages".
59. Hierüber ausführlicher bei L. Bato, Die Juden im alten Wien, S. 239. Zu den modernen Synagogen zählte auch die Hauptsynagoge von Budapest, die mit ihren zwei hohen Türmen eines der grössten jüdischen Gotteshäuser in Europa war.
60. Auch sie küssten mit Tränen in den Augen die während des Gottesdienstes herumgetragene Thorarolle und vertieften sich nachher mit geschlossenen Augen in stille Andacht.
61. Vgl. S. Mayer, Die Wiener Juden 1700-1900, S. 368. Siehe L. Baeck, Das Wesen des Judentums, S. 110. Baeck charakterisiert hier die religiöse Sehnsucht mit dem Hinweis auf die Spannung zwischen der Endlichkeit des "Erdensohns" und der Unendlichkeit bzw. Ewigkeit Gottes.

b) Die erzieherische Funktion der jüdischen Feste

Die jüdischen Feste sollen hier, vor allem im Hinblick auf nichtjüdische Leser, in einer kurzen Uebersicht dargestellt werden:
Das *Neujahrsfest - Rosch-Haschana -* ist am 1. und 2. des jüdischen Kalendermonats Tischri; etwa gegen Mitte September nach dem allgemeinen Kalender.
Das *Versöhnungsfest - Jom Kippur -* ist am 10. Tischri; etwa Ende September.
Das *Laubhüttenfest - Sukkoth -* ist vom 15. bis zum 23. Tischri; etwa Anfang Oktober.
Das *Lichterfest - Chanukka -* ist vom 25. Kislew bis zum 2. Theweth; etwa Mitte bis Ende Dezember.
Das *Purimfest* ist am 14. und 15. Adar; etwa Anfang März.
Das *Pessachfest* ist vom 15. Nissan bis zum 22. Nissan; etwa Anfang April.
Das *Wochenfest - Schawuoth* ist am 6. und 7. Siwan; etwa Ende Mai.

Die jüdischen Feste und Gedenktage sind in zwei Gruppen einzuteilen. Die erste Gruppe bilden Feste, die ausgesprochen der religiösen Erbauung dienen[62]. Diese Feste haben einen biblischen Ursprung, beruhen also auf mosaischen Vorschriften und haben eine gewisse Vorrangstellung gegenüber den übrigen Feiertagen. In die zweite Gruppe gehören solche Feste, die in erster Linie eine historische Bedeutung haben. Diese Feiertage bezeugen den völkischen Charakter des Judentums und haben eine genauso alte Tradition wie das jüdische Volk selbst.
Zur ersten Gruppe der Feste zählen die höchsten Feiertage des Judentums, die in der *Orthodoxie des Ostens* wie in den Ländern Mitteleuropas gleichermassen die Höhepunkte des synagogalen Jahres bedeuteten. Der ranghöchste Feiertag, der Jom-Kippur, galt von jeher als Versöhnungstag zwischen Gott und dem einzelnen Juden[63]. Seine Feier ist mit einem 24-stündigen absoluten Fasten - vom Vorabend bis zum Festausgang - gekoppelt. Das strikte Gebot des Fastens erlaubt nicht, einen Schluck Wasser zu trinken. Ultrareligiöse orthodoxe Juden wuschen sich nicht einmal an diesem Tage; noch weniger wurden die Zähne geputzt, damit ja kein Tropfen Wasser in die Kehle gelangen konnte. Die Männer trugen am Jom-Kippur keine Schuhe, sondern nur leichte Pantoffeln. Mit

---

62. Dazu M. Friedländer, Die jüdische Religion, S. 319. Friedländer schildert eingehend die verschiedenen religiösen Gebote und Bräuche an den sog. Hohen Feiertagen.
63. Vgl. S.R. Hirsch, Gesammelte Schriften, Bd. 1, S. 8. Keine falsche Scham, sondern Mut zum Bekennen verkehrter Handlungen ist nach Hirsch am Platze, um einen rechten Neubeginn zu ermöglichen.

diesen scheinbaren Aeusserlichkeiten, die keinen biblischen Ursprung haben, sondern nur auf Empfehlungen und Ueberlieferungen frommer Schriftgelehrter späterer Jahrhunderte beruhen[64], wollte der gesetzestreue Jude bekunden, dass er bereit war, demütig vor den "Richterstuhl Gottes" zu treten, um den Erlass seiner Sünden für das vergangene Jahr zu erflehen.

Das Versöhnungsfest Jom-Kippur machte auf die religiöse jüdische Jugend einen tiefen Eindruck[65]. Schon das Neujahrsfest Rosch-Haschana, das den Versöhnungstag zehn Tage vorher einleitet, war für diese Jugend der Beginn einer festlichen Zeit. Am Vorabend des Neujahrstages lagen oft kleine Briefe der Kinder auf dem festlich gedeckten Tisch am Platze des Vaters, in denen sie beteuerten, im nächsten Jahr den Eltern mehr zu gehorchen als bisher und um Verzeihung für die Verfehlungen im alten Jahr baten. Nachdem die Hausfrau die Festkerzen angezündet und gesegnet hatte, schloss sich der Familienvater mit dem traditionellen Segen an. Unter Tränen der Rührung dankte er dabei den Kindern für ihre kleinen Briefe.

Die Kinder der Orthodoxen - oft auch solche unter 10 Jahren - wetteiferten, wie lange sie am Jom-Kippur ohne Essen und Trinken aushalten konnten. Sie wollten freiwillig - da sie unter 13 Jahren dazu noch nicht verpflichtet waren - eine kleine Probe sittlich-religiöser Pflichterfüllung ableisten, um sich ihren vorbildlichen Eltern anzugleichen[66].

Auch das Verhalten gebrechlicher, kranker und alter orthodoxer Juden unterstrich die sittliche Grundtendenz des Versöhnungstages. Trotz ernster Beschwerden oder Gefahren unterwarfen sie sich der Fastenordnung. Auch sie wollten sich durch Beherrschung und Unterordnung des eigenen Ichs für ein höheres Ideal - die Gerechtigkeit Gottes - freimachen. Das Neujahrsfest und der Versöhnungstag gelten ja im Judentum als eine Zeit, in der Gott Gericht hält und das menschliche Schicksal für das kommende - synagogale - Jahr bestimmt[67].

Das Neujahrsfest samt dem Versöhnungstag brachte alljährlich den grossen Wendepunkt im Leben der orthodoxen Juden. Gerade der Umstand, dass diese Hohen Feiertage gar nicht mit der allgemeinen Jahreswende zeitlich zusammenfielen, brachte ihre erzieherische Bedeutung besonders zur Geltung. Einen ausgelassenen Silvesterumtrieb in fröhlicher Geselligkeit, wie ihn die Nichtjuden am Kalenderneujahrstage zu halten pflegten, lehnten die orthodoxen Juden prinzipiell ab.

---

64. Siehe den Aufsatz von M. Eschelbacher in: Vom jüdischen Geist, S. 19.
65. Hierüber ausführlicher bei R. Straus, Wir lebten in Deutschland, S. 52.
66. Ebenda, S. 52.
67. Vgl. M.M. Sfurim, Schloimale, S. 73.

In die zweite Gruppe der jüdischen Feiertage gehören die drei sog.
Wallfahrtsfeste, an denen die Juden, solange der Tempel stand, mit
ihren Familien nach Jerusalem pilgerten, um dort "die Feste des Herrn"
fröhlich zu feiern: "Pessach" (Passahfest), "Schawuoth" (Wochenfest)
und "Sukkoth" (Laubhüttenfest). Diese drei Feste bewahrten Jahrtausende hindurch ihren fröhlichen Charakter.
Die meisten Vorbereitungen erforderte "Pessach", das Fest zur Erinnerung an den Auszug der Juden aus Aegypten[68]. Für acht Tage verschwand
in orthodoxen jüdischen Häusern das gewöhnliche Alltagsgeschirr aus
der Küche, dafür aber kam das schöne Pessach-Geschirr aus dem Keller
herauf, wo es während des ganzen Jahres, sorgfältig verpackt, aufbewahrt wurde. So wurde es ausschliesslich während der acht Tage des
Pessach für die den strikten Vorschriften entsprechenden Speisen benutzt[69].
Für die Kinder bedeutete das alles eine grosse Umstellung[70]. Sie durften ja während der acht Tage keine Schokolade oder Bonbons, freilich
auch nicht ihre gewohnten Brötchen und Kuchen haben, kein Stück Brot;
sogar etliche Gemüsearten waren verboten. Diese Nahrungsmittel wurden
zwei Tage vor dem Fest durch die Hausfrau sorgfältig aus der Wohnung
entfernt, wobei die Kinder ihr tüchtig halfen. In vielen Gegenden des
Ostens und Ungarns, mancherorts auch in Deutschland, hatten die religiösen Juden einen "Schein-Kaufvertrag" am Vortage des Pessachfestes
mit einem Nichtjuden abgeschlossen, dem die Lagerung und die Verfügung
über die Sachen übertragen wurde, die während des Pessach nicht im
Besitze eines Juden sein durften. Nach dem Fest "kaufte" der religiöse
Jude freilich sein Eigentum zurück.
Jungen orthodoxer Eltern pflegten zwei Tage vor dem Pessachfest am
Abend bei der traditionellen Suche nach "Chamez" (gesäuertem Brot) dem
Vater bei Kerzenlicht zu helfen, die von der Mutter zur Seite gelegten
restlichen Brotbrocken - nach einem Segensspruch - zu verbrennen[71]. Am
Vortage des Festes durfte man also kein Brot mehr essen, aber auch
noch keine Mazzen[72]. Die Hausfrau richtete in mühevoller Arbeit alles
vorschriftsmässig für den Höhepunkt des Festes, den "Seder-Abend". Der
zeitgenössische deutsch-jüdische Schriftsteller und Kunstmaler Moritz
Oppenheim schreibt dazu: "Am oberen Ende des Tisches stand des lieben
Vaters strohgeflochtener Stuhl, auf welchen wir Kinder, die schon er-

---

68. Dazu der Aufsatz von M. Eschelbacher in: Vom jüdischen Geist, S. 15.
69. Es war im Notfall erlaubt, nach gründlicher Reinigung auch Alltagsgeschirr während der Pessachfeiertage zu verwenden. Dazu M. Friedländer, Die jüdische Religion, S. 300.
70. Hierüber ausführlicher bei M.M. Sfurim, Schloimale, S. 168.
71. Vgl. S.R. Hirsch, Versuche über Jissroels Pflichten in der Zerstreuung, S. 102. Hirsch erörtert hier die detaillierten Vorschriften für die Wegräumung unzulässiger Lebensmittel vor dem Pessachfest.

wachsenen nicht ausgenommen, aus Pietät uns niemals zu setzen wagten. An jenem (Pessach-)Abend wurde der Stuhl in einen Thronsessel umgewandelt, indem er mit rotseidenen Kissen reichgestickt mit Silber- und Goldbrokat bedeckt ward. Auf diesem Thron sitzend, sah der liebe Vater, der am Seder-Abende auch besonders guter Laune zu sein pflegte, gar königlich aus. Die liebe Mutter, im Bewusstsein, die grosse Pessach-Arbeit glücklich vollbracht zu haben, überblickte liebevoll die Tischgenossen, und sass bei der Zeremonie als Königin dem Herrn Gemahl zur Seite ... Ein Heiligenschein umgab an diesen feierlichen Tagen die geliebten Eltern!"[73].

Jahr für Jahr erzählte am Seder-Abend der orthodoxe Vater am nach alten Ueberlieferungen gedeckten Tisch anhand des reichbebilderten Haggada-Buches seiner Familie die Geschichte des Auszugs der Juden aus Aegypten[74]. Dabei wurde traditionsgemäss das jüngste Kind, das schon einigermassen hebräisch lesen konnte, beauftragt, die vier "Haggada-Fragen" über die Bedeutung der damaligen historischen Ereignisse an den Vater zu stellen[75]. Im religiösen jüdischen Hause wurde dann nach dem Abendmahl die feierliche Seder-Zeremonie mit zahlreichen Gebeten und althergebrachten Liedern oft bis in die Nacht hinein fortgesetzt. Quintessenz der ganzen Veranstaltung war, der Jugend einerseits die durch den Auszug aus Aegypten erfolgte Volkwerdung des Judentums und andererseits die Allmacht und Güte Gottes anschaulich vor Augen zu führen, der die versklavten Juden zu einem freien Volk werden liess, indem Er sie von ihren Peinigern erlöste[76]. Somit wurde das historische Pessach-Fest in der orthodoxen jüdischen Familie auch zum religiösen Symbol.

Das zweite Fest dieser Gruppe, "Schawuoth", ist zur Erinnerung an die Gesetzgebung am Berg Sinai bestimmt worden. Zu diesem Fest sammelten die Kinder der Orthodoxen Baumkronen, Aeste und Zweige zur Ausschmückung der Synagoge[77]. Sie sollte an diesen Tagen - ähnlich dem heiligen Berg der Gesetzgebung - Stätte der historisch-religiösen Begegnung der Gemeinde mit dem Gesetz werden.

Schliesslich bot auch das letzte Fest dieser Gruppe, "Sukkoth", der orthodoxen Jugend reichlich Gelegenheit, ihren religiösen Gefühlen

---

72. Dazu M.M. Sfurim, Schloimale, S. 168.
73. Siehe M. Oppenheim, Erinnerungen, S. 6.
74. Die Erzählung über den Auszug Israels aus Aegypten nimmt beim Seder-Abend den ersten Platz ein. Vgl. M. Friedländer, Die jüdische Religion, S. 300.
75. In aufgeschlossenen orthodoxen Familien befragten die Kinder den gastgebenden Hausherrn ausgiebig über die Geschehnisse in Aegypten. Den Gastgeber erfreuten stets die Aufmerksamkeit und das Interesse der kindlichen Zuhörer. Dazu R. Straus, Wir lebten in Deutschland, S. 48.
76. Siehe S.R. Hirsch, Versuche über Jissroels Pflichten in der Zerstreuung, S. 78. Hirsch bezeichnet Pessach als "Gründung des Jissroel-Körpers", d.h. als Ursprung des jüdischen Volkes.

Ausdruck zu verleihen. Für dieses Laubhüttenfest baute der gesetzestreue Jude eine kleine Hütte aus Brettern, die oben ohne Dach war und nur mit Laub und Aesten bedeckt werden durfte[78]. Sie diente der Erinnerung an die 40-jährige Wanderschaft der Juden in der Wüste und an die dürftigen Hütten, die ihnen oft nur für ein paar Tage zur Behausung zur Verfügung standen[79]. Beim Bau der "Sukka" (Hütte) halfen die Jungen mit, bei der Ausschmückung mehr die Mädchen[80]. Ultraorthodoxe Juden des Ostens - und manche auch in Mitteleuropa - schliefen sogar in der Nacht in ihrer Sukka. Das Vorbild des Vaters spornte oft auch die Söhne an, in der Sukka zu schlafen und somit die ruhelose Wanderschaft ihrer Vorfahren nachzuerleben. So wollten sie ihrer Volkszugehörigkeit Ausdruck verleihen. Freilich ging die historische Bedeutung des Sukkoth-Festes in die religiöse Verehrung der Fürsorge Gottes für sein Volk in der Wüste über.

Dasselbe galt für die traditionellen Freudenfeste des Judentums. Das Lichterfest "Chanukka" wurde nicht nur wegen des historischen Sieges der wenigen Makkabäer-Freiheitskämpfer über die damalige syrische Herrschaft gefeiert[81]; vielmehr zündeten die jüdischen Jungen während der acht Tage des Chanukka-Festes, mit einer Kerze angefangen, täglich eine weitere Kerze an und sangen die von jung und alt geliebten Chanukka-Lieder[82]. Diese erinnerten an das göttliche Wunder vom Oelkrug[83]. Die Chanukka ist eines der wenigen jüdischen Feste, das besonders Kindern Verpflichtungen auferlegte und Rechte verlieh. So sollten und durften in erster Linie Kinder die Chanukka-Kerzen in Anwesenheit der Eltern anzünden.

Auch das "Purim"-Fest, das manche fälschlicherweise den "jüdischen Fasching" nannten, hatte neben seinem historischen Ursprung - der Errettung der Juden Persiens vor der Ausrottung - auch einen tieferen religiösen Sinn: Gott kann auch in ausweglosesten Situationen helfen, wenn man nur den Glauben an Gottes Hilfe nicht verliert. An Purim maskierte sich die Jugend mit farbenprächtigen Kostümen - auch die religiösen Erwachsenen, vor allem die Männer, beteiligten sich daran - und feierte in fröhlicher Stimmung die rettende Hilfe Gottes, der in der schicksalsschweren Geschichte dieses oft bedrängten Volkes immer wieder seine Güte walten liess[84].

---

77. Vgl. den Aufsatz von M. Eschelbacher in: Vom jüdischen Geist, S. 17.
78. Die "Sukka" soll das Provisorium während der Wüstenwanderung der Juden darstellen. Dazu M. Friedländer, Die jüdische Religion, S. 313.
79. Siehe 3. Mose, 23,42.
80. Die Schule und andere Obliegenheiten wurden ganz vernachlässigt, während die Kinder die "Sukka" bauten und ausschmückten. Vgl. R. Straus, Wir lebten in Deutschland, S. 50.
81. Hierüber ausführlicher bei C. Roth, Geschichte der Juden, S. 91.
82. Chanukka galt als Fest des Lichtes und der Geschenke. Dazu R. Straus, Wir lebten in Deutschland, S. 52.

So bedeuteten die jüdischen Feste für das gesetzestreue Judentum geschichtliche Erneuerung und Stärkung des Glaubens zugleich[85]. Das war verständlich; denn die jüdische Geschichte wies unzählige Beispiele für Gottes Gegenwart auf. Daher wurde für den Gläubigen die Geschichte seines Volkes mit seinem eigenen Schicksal immer wieder identisch. Für die orthodoxe jüdische Jugend bedeuteten die Feiertage Höhepunkte des synagogalen Jahres, stets mit der Möglichkeit, zur Gestaltung der Feierlichkeiten aktiv beizutragen; womöglich noch besser, noch intensiver als die ohnehin vorbildlichen Väter.

Besonders bedeutsam waren die Feste in solchen religiösen Häusern, in denen aus der Geschichte des Judentums Konsequenzen gezogen wurden und die Erziehung Bezug auf die Zukunft nahm[86], wo neben der traditionellen vergangenheits- und gegenwartsorientierten jüdischen Erziehung auch in die Zukunft weisende zionistische Gedanken ihren Platz hatten. Besonders das Pessach-Fest wurde dann von der religiös-zionistisch erzogenen Jugend zum Anlass genommen, vor allem durch die Mitgestaltung des Seder-Abends die geschichtlichen Ereignisse auf die derzeitige Situation der Juden in Europa hin zu aktualisieren[87]. Diese Aktualisierung wurde bereits von früheren Schriftgelehrten empfohlen, um durch die ansprechende Gestaltung der Feste die tragenden Ideale des Judentums lebendig zu erhalten.

Die *liberalen* Juden Ost- und Mitteleuropas teilten die bereits traditionell gruppierten Festtage abermals ein, und zwar in solche, die sie zu feiern bereit waren, und in solche, die sie ignorierten. Sie haben dabei die Feiertage oft nach eigenwilligen Wichtigkeitsmassstäben ausgewählt.

Die liberalen Juden beschränkten sich zumeist auf die Einhaltung des Neujahrsfestes und des Versöhnungstages. Auch ihre Geschäfte blieben an diesen Hohen Feiertagen meist geschlossen. Freilich pflegten sie sich in diesen Tagen nicht so zu verhalten wie die orthodoxen Juden, für die diese "ehrfurchtsvolle Zeit", wie man sie gemeinhin nannte, als heilig galt, in der alles Profane zu unterbleiben hatte[88]. Die modernen Juden in Ost- und Mitteleuropa gingen zwar an diesen Festtagen zahlreich in die Synagoge, und viele von ihnen brachten auch ein gewisses "Gebetspensum" hinter sich, das aber nur einen Bruchteil des umfangreichen Gebetbuches ausmachte, das für diese sog. Hohen Feiertage vorgesehen war[89].

---

83. Ein Krug geweihten Oels, das für einen Tag ausreichte, hatte im Tempel, der von den Syrern entheiligt worden war, 8 Tage lang gebrannt.
84. Siehe den Aufsatz von M. Eschelbacher in: Vom jüdischen Geist, S. 18.
85. Vgl. L. Baeck, Das Wesen des Judentums, S. 69.
86. Hierüber ausführlicher bei S. Bernfeld, Das jüdische Volk und seine Jugend, S. 9.
87. Manche Jugendliche zogen sich während dieser Feier Sklavenkleider an, als wenn sie soeben aus Aegypten gekommen wären, und erzählten passende Geschichten dazu.

Für die Kinder liberaler jüdischer Familien blieb der Gottesdienst recht unverständlich und wirkte auf sie eher lächerlich als erbaulich[90]. Sie hatten ja von vielem, was da vorging, nicht die leiseste Ahnung; in ihrem oft areligiösen Elternhaus konnten sie keinerlei Aufklärung über gottesdienstliche Vorgänge in der Synagoge erhalten und auch nicht erwarten.

Die liberalen Juden betrachteten den Festtagsgottesdienst als gesellschaftliches Ereignis. Am Jom-Kippur fasteten sie aber auch; denn die Einhaltung dieses höchsten Gebots am wichtigsten Feiertag des Judentums erkannten sie als unumgängliche Tradition an[91]. Im ganzen gesehen konnte es jedoch nicht zu einer echten Belebung dieser Tradition im liberalen Judentum kommen, weil es ja ihren erzieherischen Gehalt ignorierte. Das Fasten am Versöhnungstag sollte Demut und Sühnebereitschaft an den Tag legen und der Reinigung des Gewissens dem Schöpfer gegenüber dienen[92]. Viele freidenkende Juden fasteten lediglich darum, dass man ihnen nichts nachsagen konnte; ein echtes Bedürfnis aus ethisch religiösen Gründen aber verspürten sie nicht.

Aehnlich war es im liberalen Judentum auch mit dem Pessach-Fest. Der überwiegende Teil der liberalen Ostjuden und Juden Ungarns hielt die religiösen Vorschriften ein, indem er nach alter Sitte Brot und andere unzulässige Speisen acht Tage aus dem Hause verbannte. Auch der Seder-Abend wurde abgehalten. Aber es fehlten aus Mangel an innerer Anteilnahme die sorgfältigen Vorbereitungen aufs Fest, wobei die Jugend aktiv hätte mitwirken können[93]. Von der traditionellen Minuziosität und Präzision in der Durchführung vieler Detailbestimmungen war nichts zu spüren. Den Mittelpunkt des Seder-Abends bildete nicht die lebendige Darstellung einer der wichtigsten Epochen der jüdischen Geschichte mit den vielfältigen Erklärungen eines kundigen und traditionsbewussten Vaters; der Schwerpunkt lag vielmehr beim üppigen Abendmahl mit allerlei Leckerbissen, das zum Hauptanziehungspunkt und wichtigsten Gesprächsthema des Pessach-Festes für die ganze Familie wurde[94]. Auf Grund dieses Tatbestandes war es nicht zu erwarten, dass die Jugend dieser Kreise ein tieferes Verhältnis zu diesem Fest haben konnte[95].

---

88. Vgl. M.M. Sfurim, Schloimale, S. 72.
89. Siehe E. Simon, Brücken, Gesammelte Aufsätze, S. 51.
90. Dazu S.R. Hirsch, Gesammelte Schriften, Bd. 2, S. 147. Hirsch erörtert eingehend die negativen Folgen, wenn Gesetzesverständnis und religiöse Ueberzeugung bei der Erziehung fehlen.
91. Hierzu J. Matthes, Religion und Gesellschaft, Einführung in die Religionssoziologie I, S. 156f., wo Max Webers Analyse des Fühlens und des Handelns aus religiösem Antrieb näher erörtert wird.
92. Um Sündenerkenntnis, Sündenbekenntnis und Reue ging es beim Jom-Kippur, einem Reinigungsfest, das den Menschen auf den Weg der Besserung führen soll. Vgl. M. Friedländer, Die jüdische Religion, S. 322.
93. Siehe M.M. Sfurim, Schloimale, S. 168.

Das sieben Wochen später folgende "Schawuoth-Fest" konnte für die nichtreligiöse jüdische Jugend ebenfalls keine besondere Bedeutung gewinnen; denn dieses Fest der Gesetzgebung am Berge Sinai erinnerte sie nur an die zwei Gesetzestafeln, über deren Inhalt sie lediglich zuweilen in der Religionsstunde erfuhren[96]. In ihrem Elternhaus aber fanden diese Gesetze keine Beachtung.

Dem liberalen Juden fiel es auch nicht ein, seine häusliche Bequemlichkeit für die acht Tage des "Sukkoth-Festes", des dritten in der Reihe der Wallfahrtsfeste, mit einer unbequemen, kleinen Hütte zu vertauschen, um sich an die für ihn längst bedeutungslose, in die Ferne gerückte Wanderung seiner Vorfahren in der Wüste zu erinnern. Er besuchte höchstens mit seiner Familie einmal eine solche Sukka (Hütte) und nahm darin für ein paar Minuten Platz, um sich das Pseudogefühl zu verschaffen, religiösen Verpflichtungen Genüge getan zu haben[97].

Diese Handlungsweise erzeugte bei der modernen jüdischen Jugend ein Gefühl der Unsicherheit. Sie hätte wohl hier und da - ganz gewiss am Pessach- und Sukkoth-Fest - Interesse daran gehabt, jüdische Tradition und Bräuche kennenzulernen; aber es fehlte ihr einmal an eigener Initiative und zum andern an Anleitung, die zu den Obliegenheiten des Elternhauses gehört hätte[98]. So entging etwa dem Jungen das Erlebnis, am herbstlichen Sukkoth-Fest in einer kleinen, bescheidenen - womöglich selbst mitgebastelten - Hütte unter freiem Himmel zu schlafen, um traditonsbewusst die zwar längst vergangene, aber charakteristische Geschichtsepoche seiner Vorfahren nachzuerleben.

Das lustige, kurze "Purim-Fest" ging für die Kinder liberaler jüdischer Kreise ebenfalls ohne besonderen Eindruck vorüber. Eher bedeutete noch das winterliche "Chanukka-Fest" für sie ein Erlebnis; denn der liberale Jude hatte dieses spektakuläre Fest in seiner Familie zumeist beibehalten. So freuten sich die Kinder, während draussen die Weihnachtsbäume der Christen erstrahlten, auf dem Fensterbrett ihre hübsche "Menora" (den jüdischen Leuchter mit acht Armen) aufzustellen und die schönen Chanukka-Lieder zu singen.

So haben geschichtliche Tradition und ein gewisser Restglaube aus früheren Generationen vermocht, der liberalen Judenheit einen Platz im Gesamtjudentum zu erhalten[99].

---

94. Hierüber ausführlicher bei C. Roth, Geschichte der Juden, S. 14.
95. Vgl. R. Straus, Wir lebten in Deutschland, S. 48.
96. Siehe G. v. Rad, Theologie des Alten Testaments, Bd. 1, S. 194 ff.
97. Dazu S.M. Dubnow, Die neueste Geschichte des jüdischen Volkes 1789-1914, Bd. 3, S. 99.
98. Hierüber ausführlicher bei L. Bato, Die Juden im alten Wien, S. 245.
99. Vgl. den Aufsatz von K. Wilhelm in: Juden, Christen, Deutsche, S. 72.

c) Die Rolle der koscheren Haushaltführung in der jüdischen
   Familienerziehung

Wenden wir uns nun dem Phänomen des koscheren Haushalts zu! Er spielte
in der Erziehung der *orthodoxen* jüdischen Familie eine entscheidende
Rolle; auch das moderne Judentum verhielt sich diesem Phänomen gegenüber nicht neutral. Der Begriff "koscher" ist so alt wie das jüdische
Volk selbst, dem er seinen Stempel auferlegte. Nach dem Glaubensbe-
kenntnis des traditionstreuen Judentums ist die Thora vom Himmel gegeben worden, besteht also aus göttlicher Offenbarung und Inspira-
tion[100]. Nur auf diese Weise ist auch die jüdische Reinheitsvorschrift
"koscher" zu verstehen: Sie ist verbindlicher Bestandteil der jüdischen
Offenbarungsreligion mit einem spezifisch traditionellen Erziehungs-
charakter.
"Koscher" heisst: geeignet für den Verbrauch nach jüdisch-rituellen
Grundsätzen und Vorschriften. Die Bezeichnung "koscher" bezieht sich
nicht nur auf Speisen und Getränke; koscher kann auch ein Stoff sein,
wenn seine Zusammensetzung gewissen rabbinischen Vorschriften ent-
spricht[101]; in übertragenem Sinne bezieht er sich auf viele Dinge des
täglichen Lebens.
Ohne einen koscheren Haushalt war keine orthodoxe jüdische Familie zu
denken; denn der Begriff "orthodox-jüdisch" schloss bereits die strikt
koschere Haushaltführung ein[102]. Freilich rühmten sich auch manche
liberalen jüdischen Familien, besonders in den östlichen Ländern, eine
koschere Küche geführt zu haben. Aber zwischen orthodox-koscher und
liberal-koscher bestanden mitunter grosse Unterschiede.
Die durch mannigfaltige Speisegesetze bestimmte, vorschriftsmässige
Führung eines koscheren Haushalts unterstand der Hausfrau allein; der
Mann hatte sich im allgemeinen nicht einzumischen. Die orthodoxe Jüdin
legte ihren Stolz darein, in ihrer koscheren Küche manche Leckerbissen
zu bereiten[103]. So wurde die koschere Küche in Mittel- und Osteuropa
zu einem festen Begriff.
Die orthodoxe Hausfrau leitete auch das nichtjüdische Hauspersonal an,
wie sie gleichzeitig ihre Töchter in die Geheimnisse der koscheren
Haushaltführung einweihte. Leicht ergab sich auf diese Weise aller-

---

100. Siehe W. Freyhan, Der Weg zum Judentum, S. 64. Nach Freyhan ist die Thora ein
Gottesgesetz, unabhängig von jeder menschlichen Erkenntnis.
101. Hirsch beschäftigt sich eingehend mit den verschiedenen Bereichen eines koscheren Haushalts. Er betont dazu in der Einführung: "So lasse dich denn leiten von deinem Schöpfer und deinem Gott, ... auf dass du Ihm heilig seiest - und sei heilig,
wie Er heilig ist, und dich zur Heiligkeit beruft." Vgl. S.R. Hirsch, Versuche über
Jissroels Pflichten in der Zerstreuung, S. 278 ff.
102. Gesinnung und Tat gehören im gesetzestreuen Judentum untrennbar zusammen. Dazu
M. Lazarus, Die Ethik des Judentums, Bd. 2, S. 352.
103. Siehe M. Oppenheim, Erinnerungen, S. 91.

dings eine Ueberbetonung der leiblichen Genüsse. Sie trat hauptsächlich an Festtagen in Erscheinung, nicht zuletzt nach biblischen Beispielen, wo die Abhaltung der Festtage mit üppigen Mahlzeiten als eine gottgefällige - religiöse - Handlung beschrieben wird[104]. Umso angebrachter war die Empfehlung des jüdischen Gelehrten M. Lazarus an die Mütter, sich vor den Kindern einer allzu starken Betonung des Genusses und der Wichtigkeit des Essens oder Trinkens zu enthalten[105].

Die religiösen Speisevorschriften gingen mit unzähligen traditionellen Bräuchen und Ueberlieferungen einher. Sie ergaben genaue Richtlinien für die Zubereitung althergebrachter "ritueller" Speisen, die noch dazu örtlich oft verschieden waren. Weder für die orthodoxe jüdische Frau noch für ihren Mann und noch weniger für die Kinder war es möglich, eine genaue Trennlinie zu ziehen und zu unterscheiden, wo die Grenze zwischen religiösen Vorschriften oder Geboten einerseits und traditionellen, von Mutter auf Tochter übertragenen Bräuchen andererseits lag.

Gerade in diesem Punkt unterschied sich der streng-koschere Haushalt einer Ostjüdin von der koscheren Haushaltführung einer Jüdin in Mitteleuropa. Denn das Ostjudentum als solches enthielt eine ganze Reihe von religiösen Ueberlieferungen, die ihren Geltungsbereich nur im Osten hatten, wo sie auf mannigfaltige Art das Milieu des ganzen ostjüdischen Hauses beeinflussten[106]. Diese ostjüdischen Sitten - betrafen sie das religiöse Leben oder eben die strengkoschere Haushaltführung - waren in Mitteleuropa grösstenteils unbekannt. Höchstens in den Randgebieten - wie in Galizien und Ungarn - waren manche ostjüdischen Ritualien, die die koschere Küche betrafen, geläufig. Es blieb der orthodoxen jüdischen Hausfrau nichts anderes übrig, als die im Laufe ihrer Erziehung übernommenen Ueberlieferungen als festen Bestandteil der Religion schlechthin zu betrachten und danach zu handeln[107].

Die vielschichtigen religiösen Zeremonien des gesetzestreuen Judentums fanden leicht ihren Eingang in die koschere Haushaltführung; denn für die religiöse Hausfrau war es eine Ehre, in ihrem Hause die Religion mit allen ihren Bestimmungen möglichst lebendig zu erhalten. Darin erblickte sie nicht zuletzt ihren Anteil an der Ausübung jener Zeremo-

---

104. Vgl. 3. Mose, 23,37, f.
105. "Bewahret die Kinder früh vor allzugrossem Genuss und Reiz des Essens und Trinkens, denn dieser gemeinste Egoismus des Magens wird zur Schlange, die sich immer weiter ausdehnt und ihren Geifer weithin gegen jeden genialischen und moralischen Keim tötend aushaucht." Siehe M. Lazarus, Die Ethik des Judentums, Bd. 2, S. 275.
106. Dazu M. Friedländer, Die jüdische Religion, S. 368. Friedländer deutet die minuziösen Regeln der koscheren Haushaltführung als Prinzip bzw. Mittel der Selbstbeherrschung.
107. Ebenda, S. 371.

nien, die für die traditionstreue jüdische Frau ausserhalb der Synagoge zu vollziehen waren, nämlich in ihrem nach althergebrachten Vorschriften geführten jüdischen Haus. Somit ergänzten die überlieferten Zeremonien im strengjüdischen Hause die religiösen Handlungen des Gottesdienstes in der Synagoge zu einer Einheit, der das gesetzestreue Judentum seinen festen Bestand verdankte[108]. Dieser durch beide wichtigen Komponenten - Synagoge und traditionstreu geführtes Haus - zustandegekommenen, einander bedingenden Einheit war auch die komplexe Erziehung jüdischer Mädchen in orthodoxen Familien zuzuschreiben.

So war die orthodox-jüdische Tochter eine Stütze ihrer Mutter bei der vielen Arbeit, die ein streng koscher geführter Haushalt mit sich brachte, und qualifizierte sich zugleich für die Führung des eigenen, den sie nach dem Beispiel der Mutter, mit unzähligen Feinheiten minuziöser Küchenritualien vertraut, im Sinne der Tradition zu pflegen gedachte.

Somit erhielt das Mädchen in orthodoxen Familien seine Erziehung weitgehend in der koscheren Küche[109]. Wenn diese Erziehung in einem geistig aufgeschlossenen Elternhaus sich auch auf Allgemeinbildung erstreckte, so dominierte doch die Erziehung zur traditionstreuen Lebensführung beim heranwachsenden Mädchen wie auch im pflichterfüllten Dasein der orthodoxen jüdischen Frau. Die auf Einhaltung religiöser Vorschriften und alter Tradition bauende Haushaltsführung des orthodox-jüdischen Hauses übte eine entsprechende Wirkung auf die ganze Hausgemeinschaft aus. Sie verpflichtete jung und alt, sich in den Grenzen des Erlaubten zu bewegen[110]. Indem jüdische Väter und Mütter, Söhne und Töchter bei jedem Bissen oder Schluck gezwungen waren zu überlegen, ob sie in erlaubter Weise zulässige Speisen zu sich nahmen, befanden sie sich im Gegensatz zu der gesamten nichtjüdischen Welt, die Speisevorschriften dieser Art und in dieser Anzahl, wie es bei den religiösen Juden üblich war, nicht kannte[111]. Die vielfältigen Beschränkungen liessen sich ja nur rein religiös begründen und darum den Nichtjuden schwer verständlich machen. Manche glaubten, hygienische Gründe ins Feld führen zu können; aber diese hielten letztlich doch nicht stand.

Anders sah es nun in einem *liberalen* jüdischen Hause aus. Von Ost- bis Mitteleuropa gab es auch zahlreiche moderne Juden, die bis zu einem gewissen Grade - auf Grund elterlicher Tradition oder aus vermeintlichen "Reinheitsgründen" - die koscheren Speisegesetze befolgten. Der Haus-

---

108. Vgl. S.R. Hirsch, Gesammelte Schriften, Bd. 6, S. 228.
109. Hierüber ausführlicher bei B. Strassburger, Geschichte der Erziehung und des Unterrichts bei den Israeliten, S. 173.
110. Siehe S.R. Hirsch, Gesammelte Schriften, Bd. 5, S. 245.
111. Dazu der Aufsatz von I. Unna in: Das deutsche Judentum, S. 7.

halt dieser liberalen Juden war freilich nur begrenzt koscher[112]; denn sie selber pflegten zu bestimmen, wieweit ihnen die Einhaltung der rituellen Speisevorschriften genehm war. Es gab daher moderne Juden in Mittel- und Osteuropa, die zwar Schweinefleisch verabscheuten, aber das Fleisch nicht vorschriftsmässig geschächteter Rinder ohne Bedenken verwendeten. Im Grunde war das genauso verboten, wie der Genuss von Schweinefleisch[113]. Andere freidenkende Juden wiederum hielten ihren Haushalt auch dann noch für "koscher", wenn sie davon absahen, nach Fleischspeisen die vorschriftsmässigen 6 Stunden Wartezeit für Milchgerichte einzuhalten. Nicht zuletzt gab es viele moderne jüdische Männer, die zwar ein einigermassen traditionsgemässes Haus führten, aber unterwegs - etwa auf Geschäftsreisen oder im Urlaub, wo es niemand bemerkte - sich leichten Herzens über religiöse Beschränkungen hinwegsetzten, weil sie nicht auffallen bzw. sich keinen Beschränkungen unterwerfen wollten[114].

Die Zahl der Ausflüchte, die Einhaltung religiöser Vorschriften und Bräuche betreffend, war im liberalen Judentum Mittel- und Osteuropas unendlich. Die Folge war eine dauernde Inkonsequenz zwischen religiösen Paragraphen und weltlichen Neigungen in der liberalen jüdischen Handlungs- und Lebensweise, die sich natürlich erzieherisch auswirken musste. Die Jugend liberaler jüdischer Kreise suchte vergeblich im Elternhaus eine klare Linie und eine Antwort auf die Frage, ob das Koschertum noch zur jüdischen Religion gehöre oder als unzeitgemässer Ballast abgelegt werden sollte.

Zusammenfassend kann man sowohl für die Orthodoxen als auch für die Liberalen folgenden Schluss ziehen: Hatte die koschere Haushaltführung in der orthodox-jüdischen Familie die Funktion einer häuslichen religiösen Zeremonie zu erfüllen, um den gesetzestreuen Gläubigen eine Reihe von Einschränkungen Tag für Tag aufzuerlegen, so verfolgte sie zugleich zwei erzieherische Tendenzen: Einmal trug sie zur Erziehung zur

---

112. "In den wohlhabenden Familien ging man fast durchwegs über alle diese Vorschriften hinweg, und nur um den Pessach zu markieren, kam auf den Tisch neben dem Brotkorb ein zweiter mit der "Mazze", von welcher Kinder aus Neugierde naschten." Vgl. S. Mayer, Die Wiener Juden 1700-1900, S. 300.
113. Dazu L. Baeck, Dieses Volk - Jüdische Existenz, Teil I, S. 146.
114. In vielen liberalen jüdischen Familien verstiess man auch gegen die gesetzlichen Bestimmungen bezüglich des Weingenusses. Ein koscherer Wein hatte vom Hersteller bis zum Verbraucher nur durch jüdische Hände zu laufen. Oft entschied man sich jedoch für eine bevorzugte Sorte und liess die Einhaltung der Vorschriften fallen. Trotzdem wurde meist der nichtkoschere Wein mit dem traditionellen Segensspruch versehen.

Selbstbeherrschung bei[115]; zum andern verlieh die opferfreudige Einhaltung der rituellen - koscheren - Speisevorschriften dem Juden das Gefühl der inneren Reinheit, der religiösen Erfüllung[116].

---

115. "Die gute Gräfin brachte in eigener Person einen Teller mit Fleisch und versicherte mir dabei, dass es ganz nach jüdischem Ritus zubereitet sei, und zwar von einem Juden, den ich doch im Schlosshofe gesehen hätte. Trotz solcher Versicherung dieser edlen Frau, trotz Zuredens des Grafen und der Gäste, welche sich an meiner Verlegenheit zu weiden schienen, konnte ich mich nicht soweit überwinden, davon zu kosten. ... Als ich am Freitag abends nach Hause kam, lobten mich weniger meine frommen Eltern als der noch frömmere Bruder Isaac wegen meiner Standhaftigkeit." Siehe M. Oppenheim, Erinnerungen, S. 16. Vgl. L. Baeck, Dieses Volk - Jüdische Existenz, Teil I, S. 146.

116. Dazu der Aufsatz M. Eschelbachers in: Vom jüdischen Geist, S. 8.

VIERTER TEIL

DIE JÜDISCHE FAMILIE

1. Das jüdische Elternhaus

Die Grundlage der jüdischen Erziehung in der zweiten Hälfte des XIX. Jahrhunderts bildete die Erziehung im Elternhaus[1]. Im *Osten* Europas war innerhalb der jüdischen Gemeinschaft jedes Haus gewissermassen eine kleine "Gemeinde" für sich. Alle religiösen Bräuche und Ordnungen, die für die kirchliche Gemeinde galten, wurden auch in die häusliche Gemeinschaft übernommen, um ihr eine innere Festigung zu verleihen[2]. Die Pflege der Tradition wurde der "Zaun" um das jüdische Haus. Der Alltag hat durch die für Fremde unverständlichen religiösen Zeremonien seine Weihe gewonnen. Jene Ordnungen haben es vermocht, den Ostjuden gleichsam über sein mitunter armseliges Dasein hinauszuheben. Was den "Zaun" um das jüdische Haus des Ostens betraf, so hat er das Leben der Hausbewohner keinesfalls eingeengt, vielmehr behütet und gefestigt. So liessen der jüdische Vater und die jüdische Mutter in orthodoxen Kreisen ein häusliches Priestertum entstehen. Selbst die armseligste Hütte wurde zum "Heiligtum", jeder Tisch zum "Altar".

Das religiöse Elternhaus galt als Schnittpunkt jüdischen Daseins und somit als Ersatz für ein fehlendes Nationalbewusstsein[3]. Es gehörte stets viel Kraft und Mut dazu, die Kinder mit immer neuer Begeisterung zu redlichen Juden zu erziehen, vor allem in der Berührung mit einer andersartigen Umwelt. Die Erziehung war stets auf den künftigen Lebensweg der Kinder ausgerichtet. Diese Einstellung hatte im Alten Testament ihren Ursprung[4]. Während die Schule hauptsächlich Wissensstoffe zu übermitteln hatte, erhielt das jüdische Heim die Aufgabe, das Gelernte in die Praxis umzusetzen[5], durch Uebung immer vollkommener anzuwenden, und zwar in freudiger Hingebung. Alles, was die Schule tat, war nur eine Vorbereitung für das, was zu Hause realisiert werden sollte. Dabei

---

1. In diesem Punkt hatte die jüdische Erziehung und die nichtjüdische eine gemeinsame Basis.
2. Vgl. M.M. Sfurim, Schloimale, S. 36.
3. Hierüber ausführlicher bei S.J. Agnon, Das Buch von den polnischen Juden, S. 248.
4. Siehe Sprüche 22,6.
5. "Wenig vermag das Haus ohne die Schule, nichts aber die Schule ohne das Haus!" Vgl. S.R. Hirsch, Versuche über Jissroels Pflichten in der Zerstreuung, S. 365.

war das belehrende Beispiel orthodoxer Eltern von entscheidender Bedeutung.

Die ostjüdischen Eltern fühlten sich verpflichtet, Fehlern, gefährlichen Neigungen und Dispositionen, die als möglicherweise erblich angesehen wurden, bei ihren Kindern entgegenzuarbeiten, so dass diese unter ihrer Obhut und anhand ihres Beispiels lernten, sie zu überwinden. Als eine weitere wichtige Erziehungsaufgabe betrachteten die jüdischen Eltern im Osten die Weckung der Wissbegierde und Lernfreude bei ihren Kindern, um ihre geistigen Anlagen zu pflegen und Lust und Freude am Geistigen zu vermitteln.

In *Mitteleuropa* gab es nicht die grossen jüdischen Massen wie im Osten, die dort die Jugend auch ausserhalb der Familie und der Synagoge mühelos "jüdisch" werden und bleiben liessen. Das jüdische Elternhaus in den Ländern Mitteleuropas musste sich sowohl bei den Orthodoxen als auch bei den Liberalen auf ein spezifisches Inseldasein beschränken. Dazu kam noch, dass sich die Zahl der erwerbstätigen jüdischen Frauen, z.B. in Deutschland, allein in den letzten zwei Jahrzehnten des vorigen Jahrhunderts verdoppelt hatte und um die Jahrhundertwende bereits 30% betrug[6]. Das war, wie schon dargelegt, eine allgemeine Tendenz im Zuge der Frauenemanzipation, die in liberalen jüdischen Kreisen ebenfalls Eingang gefunden hatte. Diese Erscheinung war umso bedenklicher, als in derselben Zeit auch die Zahl der jüdischen Geburten in Deutschland merklich zurückging[7].

Alle diese Symptome stellten eine Gefährdung der jüdischen Familie in Mitteleuropa dar, weil dem jüdischen Heim auf diese Weise die unentbehrliche tätige Mithilfe der Frau in der Erziehung weitgehend entzogen wurde. In den Ländern Mitteleuropas beeinträchtigte der Eintritt der jüdischen Frau ins Berufsleben in verstärktem Masse auch die traditionelle jüdische Atmosphäre ihres Heimes, das nunmehr nicht ausschliesslich der Erziehung einer grossen Schar von Kindern dienen konnte, wie man es vom ostjüdischen Elternhaus gewohnt war. Die Berufstätigkeit schlechthin - also auch die der Männer - verursachte oft schwere innere Konflikte im Hinblick auf religiöse Vorschriften sowie auf die Kindererziehung; eine Erscheinung, die im Ostjudentum kaum zu verzeichnen war.

---

6. Dazu J. Segall, Die beruflichen und sozialen Verhältnisse der Juden in Deutschland, S. 78.
7. Siehe den Aufsatz von R. Straus in: Vom jüdischen Geist, S. 33.

2. Der jüdische Vater als Träger der Erziehung

Orthodoxe jüdische Erziehung ohne Mitwirkung des Vaters war im *Osten* Europas kaum vorstellbar[8]; eigentlich paradox, da der oft arme jüdische Vater verhältnismässig wenig zu Hause war. Er befand sich meist während der ganzen Woche von Sonntag an auf der Wanderschaft von Dorf zu Dorf, entweder bettelnd oder Krämerwaren feilbietend; am Freitagnachmittag kam er dann oft völlig erschöpft nach Hause, um im Kreise seiner Familie den Schabbat zu verbringen. Sein Schabbataufenthalt diente zugleich zur Auffüllung der meist spärlichen Haushaltreserven der Familie. Man könnte nun fragen, wo denn dem armen Ostjuden Zeit für die Erziehung seiner meist zahlreichen Kinder blieb.

Das Erziehungsproblem armer ostjüdischer Familien wurde durch ihr Lebensmilieu selbst geregelt. Die Buben gingen schon vom vierten Lebensjahr an in die Chederschule, nachher zu Talmudstudien in die Jeschiwa. Sie assen vorwiegend bei wohlhabenden Familien, jeden Tag bei einer anderen[9]. Während der ganzen Woche war also die Mutter allein zuständig für alles, besonders bei den Töchtern, die mehr zu Hause waren als die Buben, da sie weder in den Cheder noch in die Jeschiwa gingen, höchstens in die jüdische Volksschule. Die Mutter war somit die engste Vertraute des Vaters in Erziehungsfragen und die ganze Woche hindurch zugleich seine Vertreterin. Es drehte sich ohnehin hauptsächlich um die Richtlinien für eine religiöse Erziehung, die ja der Frau ebenso bekannt waren, da sie aus demselben Milieu stammte. Auf dem Lande gehörten die armen Ostjuden vorwiegend der Orthodoxie an.

Das religiös-erzieherische Vorbild des Vaters behielt während der ganzen Woche seine Geltung, da er regelmässig am Schabbat und an den übrigen Feiertagen seinen Kindern in der Synagoge beim Gottesdienst und zu Hause bei der Ausführung der zahlreichen religiösen und traditionellen Bräuche vorstehen konnte[10]. Seine Erziehungsaufgabe beschränkte sich dabei auf das Religiös-Zeremonielle; das Kultische machte die Quintessenz seiner Erziehungsarbeit aus. Dazu gehörte auch, wie bereits erwähnt, die auf alter Gesetzestradition basierende Erziehung zur Pietät Eltern und Vorfahren gegenüber.

In dieser Erziehung fehlte dagegen die Hinführung und Anleitung zu gepflegten Umgangsformen. So ist die Antwort des Gründers des neuen Staates Israel, David Ben Gurion, durchaus zu verstehen, wenn er als Ministerpräsident auf die Frage, wieso er manchmal bei Empfängen so

---

8. Hierüber ausführlicher bei S.R. Hirsch, Gesammelte Schriften, Bd. 5, S. 231.
9. Vgl. M.M. Sfurim, Schloimale, S. 203 f. Sfurim schildert die Situation der Jeschiwa-Schüler besonders eindrucksvoll.
10. Ebenda, S. 114.

unbeholfen fungiere, einmal entgegnete: "Ja, das hat mir mein Tate (Vater) nicht gezeigt....!" Ben Gurion - geboren 1888 in Russland - hatte dort eine Erziehung genossen, der manche Grenzen gesetzt waren. Die Erziehung in den einfacheren ostjüdischen Familien bewegte sich im ganz bescheidenen Rahmen ihres eigenen Milieus. Der unbemittelte Ostjude dachte nicht daran, seinen Kindern eine in irgendeiner Hinsicht andersartige Erziehung zuteil werden zu lassen als die, die er selbst genossen hatte. Seine und zugleich seiner Frau grösste Hoffnung war allerdings, dass einer - oder gar mehrere - von den Söhnen es in der Jeschiwa soweit bringen werde, um irgendwo als Rabbiner einer kleinen Gemeinde eine Anstellung zu finden, selbst eine Familie gründen und das Elternhaus entlasten zu können[11].

Ganz anders sah es im Hause eines wohlhabenden orthodoxen Ostjuden aus. Während die Erziehung in mittellosen Familien rein jüdische Aspekte aufwies und zugleich - im Sinne Pestalozzis - auf die Meisterung des Lebens in Armut gerichtet war, besass der reiche Ostjude weit mehr Möglichkeiten, seinen Kindern eine vielseitige Erziehung zukommen zu lassen. War er religiös, so war sein Haus meist am Schabbat, aber oft auch während der Woche, voll mit armen "Orchim" (Wanderbettlern), denen Obdach und Essen zu geben der reiche orthodoxe Ostjude auf Grund alter biblischer Tradition als Ehrensache ansah[12]. Die grosszügige und liebevolle Betreuung der armen Fremden machte auf die Kinder einen tiefen Eindruck und war erzieherisch ausserordentlich wirksam. Einmal lernten die Kinder ihren Vater besonders schätzen, da er die religiösen Gebote mit soviel Hingabe erfüllte; zum andern lehrte sie das elterliche Beispiel, selbst den Armen Hilfe zu leisten und Freude zu bereiten. So ging ihnen schon in der Kindheit die Bedeutung zwischenmenschlicher Beziehungen auf.

Im Hause begüterter ostjüdischer Familien dienten oft auch christliche Mägde[13]. Sie waren wohl die ersten Nichtjuden, denen Kinder in reichen jüdischen Häusern begegneten. Die Behandlung des nichtjüdischen Personals seitens des Vaters und der Mutter wurde für die Kinder für ihre späteren Beziehungen zu Nichtjuden richtungweisend und war daher von grosser erzieherischer Bedeutung. War die Behandlung gut, so lernten auch die Kinder, Andersgläubige zu achten. Hatten aber Vater oder Mutter stets an der Arbeit des Hauspersonals etwas auszusetzen, dann lernten auch die Kinder, die "Gojim" zu verachten und für minderwertig zu halten.

---

11. Siehe S.J. Agnon, Das Buch von den polnischen Juden, S. 20.
12. Solche Wanderbettler wurden in den wohlhabenden Häusern gut aufgenommen, obwohl manche von ihnen es nicht verdienten. Vgl. R. Straus, Wir lebten in Deutschland, S. 20. Dazu M.M. Sfurim, Schloimale, S. 240 f.
13. Hierüber ausführlicher bei S.J. Agnon, Das Buch von den polnischen Juden, S. 165.

Mehr Möglichkeiten für eine Erziehung auf breiterer Basis gab es im Hause eines *liberalen* reichen Ostjuden. Areligiös war er im allgemeinen auch nicht; es bestand jedoch eine grosse Diskrepanz zwischen ihm und seinem orthodoxen Glaubensgenossen. Der reiche liberale Ostjude setzte alles daran, seinen Kindern - besonders den Söhnen - dieselben angenehmen Lebensbedingungen für die Zukunft zu verschaffen, die er selbst hatte. Dazu gehörte vor allem Bildung, und zwar nicht nur eine auf das Jüdisch-Religiöse beschränkte, sondern eine Bildung universalen Charakters[14]. Daher schickte der weltoffene russische Jude seine Söhne und Töchter in die höheren staatlichen Schulen und begnügte sich keinesfalls mit dem Cheder, der ohnehin hauptsächlich nur für die Orthodoxen zuständig war. Der wohlhabende Ostjude legte ferner viel Wert darauf, dass auch seinen Töchtern eine standesgemässe, gutbürgerliche Erziehung nach Landessitte zuteil wurde. Oft genügten ihm nicht die inländischen Bildungsmöglichkeiten; er schickte vielmehr seine Kinder ins westliche Ausland auf eine Hochschule, die auch von den Söhnen und Töchtern begüterter nichtjüdischer Kreise aus Osteuropa besucht wurde[15].

So war von einer traditonsbedingten Abkapselung von der nichtjüdischen Umwelt im Hause eines liberalen Ostjuden gar keine Rede. Vielmehr strebte er eifrig danach, seinen Kindern einen möglichst breiten Weg zu Kontakten mit der nichtjüdischen Welt, ihren Menschen und ihrer Kultur zu ebnen[16]. Unter den Kindern liberal gesinnter Ostjuden und aufgeschlossener Russen und Polen entstanden Schulkameradschaften und auch ausserhalb der Schule Freundschaften, die in vielen Fällen später Geschäftspartnerschaften und nicht selten auch Mischehen ermöglichten. Das konnte bei den Strenggläubigen nie eintreten.

Was in der Erziehung der einfacheren Schichten des Ostjudentums zu kurz kam, nämlich die vielen kleinen, aber wichtigen Gepflogenheiten des Alltags - Tischsitten, saubere Kleidung u.a. - wurde im Hause des reichen liberalen Ostjuden peinlichst gepflegt; nicht nur, um mit den besseren Kreisen der Nichtjuden konkurrieren zu können, sondern auch um des eigenen Lebensstils willen. Der weltoffene russische Jude hielt seine Kinder an, die Landessprache - jedoch mehr die Hochsprache als den Dialekt - einwandfrei zu beherrschen[17]. Somit wurde im Hause des

---

14. "Die Jugend der oberen jüdischen Klassen in Russland stürzte sich auf die russische Literatur mit der ganzen Gier ihres ungestillten Bildungshungers." Siehe S. Levin, Jugend in Aufruhr, S. 109.
15. Nach Levin waren Berlin, Paris und Zürich bzw. Bern die Zentren der russisch-jüdischen Studentenjugend in Osteuropa, Ebenda, S. 314.
16. Auf das zeitweilige Entgegenkommen der russischen Regierung reagierte das assimilationsfreudige Stadtjudentum mit einem Sturm der Dankbarkeit, "der an Servilismus grenzte". Vgl. S.M. Dubnow, Die neueste Geschichte des jüdischen Volkes 1789-1914, Bd. 3, S. 184.
17. Ebenda, S. 186.

liberalen Ostjuden dem Jiddisch - vor allem als Muttersprache und grösstenteils auch als Umgangssprache - eine Absage erteilt. Jiddisch wurde nicht mehr als wichtigstes oder gar, wie bei den Orthodoxen, unentbehrliches Kommunikationsmittel angesehen.

Das war in den osteuropäischen Ländern von grösster Bedeutung, da hier die jiddische Sprache der grossen jüdischen Massen auch breiten Kreisen der nichtjüdischen Bevölkerung bekannt und im Verkehr mit Juden auch gebraucht wurde[18]. Aber gerade das Jiddisch - neben dem Hebräischen - glaubte der liberale Ostjude aus seinem Hause allmählich verbannen zu müssen, um diesen Makel in den Augen der Nichtjuden loszuwerden. Dahinter steckte nicht nur Rücksicht auf nichtjüdische Geschäftspartner oder Hausbewohner, sondern die Bemühung, den Kindern alle nur möglichen Hindernisse bei ihrer kulturellen Assimilation an die Umwelt aus dem Wege zu räumen[19].

Mit dem Jiddischen verschwand nach und nach auch das Hebräische aus dem Hausgebrauch. Wenn der Schabbat der erfolgreichste Geschäftstag der Woche für den modernen ostjüdischen Geschäftsmann wurde und sein Geschäft auch an den übrigen Feiertagen - das Neujahrsfest und den Versöhnungstag ausgenommen - geöffnet war, verblieben ihm wenig Zeit und noch weniger Lust, mit seinen Kindern in die Synagoge zu gehen oder gar den Schabbat und die übrigen Feste im Kreise der Familie mit den traditionsüblichen Gebeten und Gesängen zu feiern. Somit verarmte die jüdische Atmosphäre im Hause des liberalen Ostjuden[20]; denn dieser schaltete im Laufe der Zeit mehr oder weniger alle jüdischen Traditionswerte aus, die auf seine Kinder erzieherisch hätten einwirken können. Der reiche liberale Ostjude wollte seine Kinder zu freien Menschen erziehen, die nicht durch die Bürde eines traditionellen Reglements sich eingeengt fühlen mussten.

Auch im *mitteleuropäischen* Judentum bestand eine grosse Diskrepanz zwischen Orthodoxen und Liberalen, wobei die materiellen Verhältnisse in bezug auf die Erziehung eine kleinere Rolle spielten als im Osten. Der Unterschied zwischen der mitteleuropäischen jüdischen *Orthodoxie* und der osteuropäischen war nur gradueller Art.

Der orthodox-jüdische Vater etwa in Deutschland stellte die Erziehung nicht darauf ein, seinen Kindern die nichtjüdische Umwelt absolut vor-

---

18. Dazu C. Roth, Geschichte der Juden, S. 439. Es handelt sich hier um die Renaissance der jiddischen Sprache mit den bekannten Schriftstellern S. Abramowitsch und Sch. Rabinowitz an der Spitze.
19. Levin findet folgende Erklärung für den Bildungshunger liberaler russischer Juden: "Bei den Juden aller westlicher Länder (entwickelte sich) das Streben nach weltlicher Bildung ganz allmählich ... In Russland stürzten sich die Juden wie hungrige Wölfe auf diese Bildung, denn die Möglichkeit dazu bot sich plötzlich unvermittelt." Siehe S. Levin, Jugend in Aufruhr, S. 48.
20. Häusliche Gebete wurden kaum mehr verrichtet. Die Schliessung der Geschäfte am

zuenthalten. Auf jeden Fall war er bestrebt, in seinem Haus eine traditionstreue jüdische Atmosphäre zu schaffen, um in dieser seine Kinder gross werden zu lassen. Es gehörte allerdings viel dazu, inmitten der schon erwähnten Bestrebungen um die endgültige Emanzipation der Juden ein auf alten Traditionen ruhendes jüdisches Haus zu gründen und darin Kinder zur Erhaltung der Tradition zu erziehen[21]. Der religiöse deutsche Jude meisterte oft erstaunlich gut diese gewiss nicht leichte Aufgabe. Am Eingang seiner Wohnung - sowie an jeder Zimmertüre - brachte er eifrig die "M'susa" (Zeichen mit religiöser Inschrift für jüdische Wohnungen) an, um den Kindern den Inselcharakter und die besondere Atmosphäre ihres jüdischen Heimes stets vor Augen zu führen. Schon an der Türschwelle brachte er damit zum Ausdruck, dass diese eine Grenze darstellte, die für beide Seiten wohl überschreitbar war, aber nicht ohne Konsequenzen.

Der mitteleuropäische orthodoxe Jude wählte sehr sorgfältig die Personen aus, mit denen seine Familie verkehrte[22]. Dieser Auswahl mass er grösste Bedeutung zu, vor allem im Interesse seiner Kinder und ihrer Erziehung. Es war ihm keinesfalls gleichgültig, ob diese mit ebenfalls religiösen jüdischen Kindern und Erwachsenen oder mit unreligiösen oder gar Nichtjuden verkehrten[23].

Einheitliche Ansichten darüber gab es nicht. Der orthodoxe Jude in Ungarn ähnelte in seiner Haltung gegenüber der Umwelt mehr dem ostjüdischen Typ. Er liess seine Kinder strikt nur mit ebenfalls orthodoxen verkehren, von denen nicht zu befürchten war, dass sie die streng religiöse Erziehung negativ beeinflussten oder störten. Der orthodoxe Jude im übrigen Mitteleuropa lehnte nicht strikt die Kultur seines Gastgeberlandes ab[24] und schickte seine Kinder ohne Bedenken in nichtjüdische - staatliche - Schulen. Am Schabbat allerdings liess er sie vom Schreiben und an den übrigen Feiertagen vom Schulbesuch überhaupt befreien, um nicht gegen religiöse Vorschriften zu verstossen[25]. Somit war seinen Kindern auch in der nichtjüdischen Umgebung der staatlichen Schulen ihr Judesein stets gegenwärtig. Auf diese Weise nahm die Umwelt das Anderssein der jüdischen Kinder und ihrer Familien zur Kenntnis.

---

20. ... Schabbat und an den übrigen Feiertagen gehörte zur Ausnahme. Vgl. C. Roth, Geschichte der Juden, S. 434.
21. Die volle Emanzipation der Juden wurde in Baden 1862, in Sachsen 1868 und in Oesterreich-Ungarn 1867 erreicht. Der Norddeutsche Bund (1869) und die Verfassung des Deutschen Reiches von 1871 bekannten sich zur Abschaffung jeglicher Beschränkung auf dem Gebiet der Religion. Siehe C. Roth, Geschichte der Juden, S. 413.
22. "Man kam in ein gutes Haus, möglichst in das eines Geschäftsfreundes, sorgfältig nach dem Grade der Frömmigkeit ausgewählt, und wurde dort wie ein eigenes Kind gehalten." Vgl. R. Straus, Wir lebten in Deutschland, S. 123.
23. "Weil so mächtigen Einfluss deine Umgebung auf dich übt, segne dich durch deine Umgebung! Wo und wie du kannst, erstrebe die Nähe guter, gottesfürchtiger, weiser Menschen, deren Taten Gerechtigkeit und Liebe, deren Genüsse heilig, deren Sitten

Das Besondere an dieser Erziehung religiöser jüdischer Väter in den
Ländern Mitteleuropas war, dass sie auf der einen Seite im eigenen
Hause eine echt jüdisch-traditionelle Atmosphäre zu schaffen sich bemühten; zugleich aber sollten die Kinder lernen, durch ihr eigenes Verhalten Andersgläubigen gegenüber diese zu veranlassen, die jüdische
Lebensführung zu respektieren. Der mitteleuropäische orthodoxe Jude
erzog seine Kinder zwar aufgeschlossen für die Kultur der Nichtjuden,
ohne jedoch etwas Nennenswertes davon in sein traditionserfülltes Haus
zu übernehmen. So wurde das christliche Weihnachtsfest daheim weitgehend ignoriert, dafür aber das zumeist ebenfalls im Dezember lie-
gende Chanukka-Lichterfest um so eindrucksvoller gestaltet und gefeiert.

Auf diese Weise vollzog sich eine stete Konfrontation altjüdischer Tradition mit der der nichtjüdischen Umwelt. Der orthodox-jüdische Vater
sah seine Hauptaufgabe darin, durch strenge und regelmässige religiöse
Unterweisung seinen Kindern das nötige Rüstzeug für diese Konfrontation mit auf den Weg zu geben. Dazu dienten die tägliche Behandlung
biblischer Traktate, die regelmässigen Gebete und Segenssprüche, die
den Rhythmus des ganzen Tages bestimmten[26].

Ganz anders war die Situation im Hause eines *assimilierten* Juden in
Mitteleuropa. Er lebte in der zweiten Hälfte des vorigen Jahrhunderts
zumeist in der Stadt, wo sowohl auf ihn als auch auf seine Kinder allerlei Einflüsse der nichtjüdischen Umwelt und ihrer Kultur ungehindert
einwirken konnten. Ungehindert deshalb, weil kein die religiöse Tradition erhaltendes und stärkendes Vorbild sie vor diesen Einflüssen
schützen konnte. Dabei war der Wiener oder Budapester liberale Jude
nur selten areligiös und noch weniger ein Atheist. Zumeist hielt er
sogar an einigen wichtigen Traditionsmerkmalen fest. Vielerorts schmück-
te noch die "M'susa" den Türrahmen des Assimilationsjuden[27], wenn auch
auf die rituellen - koscheren - Speisevorschriften nur selten geachtet
wurde[28]. Viele liberale Juden, die ein der Orthodoxie nahestehendes
Elternhaus hatten, behielten manche alten Bräuche, die sie aus eigener
Kindheit kannten. Diese besassen in ihrem Hause weiterhin Geltung.

---

23. ...rein, deren Worte Wahrheit ... ist. Sie erziehen dich still zum Guten." S.R.
Hirsch, Versuche über Jissroels Pflichten in der Zerstreuung, S. 327.
24. Dazu L. Baeck, Das Wesen des Judentums, S. 93 ff., 113.
25. Siehe R. Straus, Wir lebten in Deutschland, S. 41. Straus berichtet, dass von der
Schulleitung aus möglichst vermieden wurde, in Klassen mit jüdischen Schülerinnen
etwa eine Handarbeitsstunde auf den Samstag zu verlegen, da Handarbeit am Samstag für
das religiöse Judentum als verboten galt.
26. Dazu S.R. Hirsch, Versuche über Jissroels Pflichten in der Zerstreuung, S. 462.
Hirsch erklärt hier die Bedeutung der täglichen Segenssprüche als Danksagung für die
Gaben Gottes. Siehe auch L. Köhler, Theologie des Alten Testaments, S. 189.
27. "Beim Eintritt in dein Haus lege die Hand an M'susoh, und erinnere dich, dass auf
geweihten Boden du tretest; beim Ausgang aus deinem Haus lege die Hand an die M'susoh

Diese Freizügigkeit in der Einhaltung der Gebote und Wahrung der Bräuche hat in den Häusern liberaler Juden in Mitteleuropa eine besondere Erziehungssituation hervorgerufen. Die Kinder sahen manches zu Hause, was irgendwie anders war als im Heim ihrer nichtjüdischen Schulkameraden. In der Gegenüberstellung beider Gegebenheiten - der jüdischen und der nichtjüdischen - fehlten ihnen zur Beurteilung einmal die nötigen Kenntnisse und zum anderen der fundierende religiöse Rückhalt[29]. So war es ihnen also auch nicht möglich, die jüdische Tradition von ganzem Herzen zu bejahen.

Für Feiern war der moderne mitteleuropäische Jude immer aufgeschlossen. Diese glitten aber weitgehend zu Festmahlzeiten ab, die nicht darüber hinwegtäuschen konnten, dass es sich hierbei nur um die angenehme Sonnenseite des sonst pflichtreichen jüdischen Lebens handelte. So verloren auch etwa die traditionellen Seder-Abende des Pessachfestes, die von den meisten liberalen Juden Mitteleuropas gefeiert wurden, ihren eigentlichen Sinn und das erzieherische Gewicht, das sie in einem orthodoxen Hause hatten. Der liberale jüdische Vater sass zwar am Seder-Abend am festlich gedeckten Tisch mit seiner Familie und las einige Traktate aus der Geschichte des Auszugs aus Aegypten. Er verzichtete aber darauf, mit seinem Jüngsten die traditionellen hebräischen Fragen über die Bedeutung des Pessachfestes einzustudieren, wie es Sitte war[30]. Das überliess er vielmehr dem Religionslehrer in der Religionsstunde.

Der mitteleuropäische Assimilationsjude übernahm alte Bräuche für sich und seine Familie nur so weit, wie sie seine Bequemlichkeit nicht störten. Sein System der Auswahl bei der Wahrung der Traditionsgegebenheiten blieb für seine Kinder undurchsichtig. Seine allzu grosszügige Handhabung von Geboten und Verboten schuf in ihnen ein Gefühl der Unsicherheit in religiöser und ethischer Hinsicht. In der Religionsstunde in der Schule lernten die Kinder, dass der Schabbat - nach dem Versöhnungstag - eigentlich das wichtigste und höchste Fest des Judentums sei; zu Hause aber erinnerte sie lediglich ein gutes Essen daran, evtl. die beiden Schabbatkerzen am Freitagabend. Am Jom-Kippur, am Versöhnungstag, fastete auch der liberale Jude vorschriftsmässig und ver-

---

27. ... und übergib dein Haus dem Schutze dessen, dem es geweiht ist." S.R. Hirsch, Versuche über Jissroels Pflichten in der Zerstreuung, S. 164.
28. Dazu R. Kaulla, Der Liberalismus und die deutschen Juden, S. 21. Kaulla gibt Opportunismus und Bequemlichkeit als Gründe für die Nichtbeachtung religiöser Bräuche seitens der Assimilationsjuden an.
29. Vgl. S.R. Hirsch, Gesammelte Schriften, Bd. 2, S. 223. Hirsch weist hier auf die Bedeutung von Innigkeit, Hingebung und jüdischem Bewusstsein für die Religionsausübung hin.
30. Dazu H. Ehrmann, Durchs Jahr, Essays über die gehobenen Momente des jüdischen Pflichtlebens, S. 24.

langte das gleiche von seiner Frau und allen Kindern, die über 13 Jahre alt waren[31]. Auch bei Todesfällen bewahrte er alte Traditionen[32], wenn auch nie in dem Umfang wie sein orthodoxer Glaubensgenosse. Abgesehen von diesen wenigen feierlichen Anlässen trat im Hause des mitteleuropäischen Assimilationsjuden die jüdische Tradition, die zu einer grundlegenden jüdischen Erziehung unentbehrlich gewesen wäre, kaum in Erscheinung. Ihn erfüllten vielmehr ehrgeizige Pläne, wie er angesichts der Hochkonjunktur der Emanzipation die Zukunft seiner Kinder sichern und ihnen eine gute Position schaffen könne. Dabei verlor er immer mehr die jüdische Traditionsgrundlage unter seinen Füssen und damit den für jüdisches Denken kennzeichnenden Halt, der nur in echter Gläubigkeit gründet. Der assimilierte Jude wollte nicht Glied eines "Volkes ohne Zukunft" sein, sondern eher ohne die so schicksalhafte Vergangenheit leben. In seinen Augen stand sie den Bemühungen, von der Umwelt anerkannt zu werden, hindernd im Wege.

Auch die jiddische Sprache - als wertvolles Bindeglied zwischen Juden aller Länder - wurde vom mitteleuropäischen Assimilationsjuden missachtet und aus seinem Hause verbannt; erinnerte sie doch an die jüdische Schicksalsgemeinschaft, von der er sich gerade distanzieren wollte. Die Augen seiner Kinder richtete er - ganz im Gegensatz zum Ostjuden - bewusst auf die gemeinsame Zukunft mit ihrem Wirtsvolk[33]. Während dem Ostjuden - orthodoxen oder liberalen - Liebe zu seinem Vaterland, in dem er auf die Welt kam, in eigentlichem Sinne unbekannt war, überschlugen sich die assimilierten Juden Mitteleuropas oft - teilweise selbst die Orthodoxen - mit ernstgemeinten Beteuerungen ihrer Vaterlandsliebe, die sie stets auch durch Taten unter Beweis zu stellen versuchten[34]. Diese patriotische Erziehungstendenz fehlte nicht unter den Juden in ganz Mitteleuropa, und der moderne Jude betrachtete es als eine seiner vornehmsten Pflichten, seine Kinder zu dieser "Staatsgesinnung" anzuhalten.

Zusammenfassend muss die Erzieherrolle des jüdischen Vaters in der zweiten Hälfte des XIX. Jahrhunderts im Spannungsfeld religiöser und gesellschaftspolitischer Konflikte betrachtet werden. Einmal forderte sie Ehrfurcht und Gehorsam, zum anderen spendete sie Liebe und Vergebung. Dazu kam noch die Kontroverse zwischen Tradition und Emanzipa-

---

31. Siehe M. Friedländer, Die jüdische Religion, S. 322. Friedländer behauptet, dass die Hauptquelle der Sünde der Trieb zur Befriedigung sinnlicher Gelüste sei. Das Fasten am Versöhnungstag sei daher ein Versuch, über Gelüste und Sünden Herr zu werden.
32. Vgl. M. Oppenheim, Erinnerungen, S. 42.
33. Siehe den Aufsatz von L. Holländer in: Das deutsche Judentum, S. 71.
34. Dazu S. Mayer, Die Wiener Juden 1700-1900, S. 373 f. Mayer berichtet über namhafte jüdische Parlamentarier, deren Patriotismus und Loyalität das Vertrauen der politischen Parteien und der Regierung verdienten. Siehe auch F. Walter / H. Steinacker, Die Nationalitätenfrage im alten Ungarn, S. 133.

tion, die den jüdischen Vater als Träger der Familienerziehung in mannigfaltiger Weise zu einer mehr oder weniger klaren Stellungnahme herausforderte.

3. Die Rolle der jüdischen Frau und Mutter in der Familienerziehung

Nach der Erörterung der Erziehertätigkeit des jüdischen Vaters untersuchen wir nun die Rolle der jüdischen Frau als Mutter in der Familienerziehung. Wie bereits erwähnt, müssen hierbei die zeitbedingten gesellschaftspolitischen Entwicklungsprozesse, vor allem die emanzipatorischen Bestrebungen und die Entstehung der industriellen Massengesellschaft, besonders berücksichtigt werden.
Die Lehre des Judentums legte von jeher grössten Wert auf die Mutterschaft der Frau. Mutter zu werden, war der höchste Ehrgeiz einer Jüdin. Die Bibel ist reich an Beispielen, wie die Gattin, die bisher kinderlos geblieben war, bis zur Grenze des Erlaubten ging, um diese unerlässliche Würde zu erringen[35]. Es galt als Sentenz, dass Gott die ganze Zukunft des jüdischen Volkes in die Hände seiner Frauen gelegt hatte.
Die *traditionstreuen* jüdischen Mütter sollten die Kinder zum Gesetz hinführen, dass sie ein inneres Verhältnis dazu bekamen, um mit Fleiss und Eifer unter dem "lebendigen Quell der Thora (Gesetzes-)-Erkenntnis zu wandeln" und mit Lust und Liebe sich seinen Forderungen zu unterwerfen[36].
Wie schon erwähnt, waren die Juden *Osteuropas* vor allem auf dem Lande recht arm. Daraus ergab sich für die jüdischen Mütter ein hartes Dasein. Sie waren nämlich nicht nur für die Betreuung der Kinder zuständig, sondern hatten durch eigene Arbeit zum Lebensunterhalt beizutragen. Zumeist handelten sie auf Märkten oder als Hausiererinnen mit bescheidener Krämerware, wie es ihre Männer auch taten. Nebenher besorgten sie das Haus, kochten das Essen, wuschen die Wäsche und hielten die Kleinen sauber, soweit es ihre Kräfte zuliessen. Sobald es möglich war, wurden die Kinder in die Religionsschule, den Cheder, gegeben. Ihr ganzer Stolz ging dahin, dem Mann und den Söhnen das Lernen in den religiösen Lehranstalten zu ermöglichen[37]. Zwar verlieh das harte Dasein der ostjüdischen Mutter äusserlich oft derbe bis grobe Züge; ihr Inneres aber war erfüllt von Innigkeit und Liebe für die Familie. Dass diese ostjüdischen Mütter ihre Kinder oft bis zu ihrem dritten Lebens-

---

35. Vgl. N.R. Lazarus, Das jüdische Weib, S. 63.
36. Hierüber ausführlicher bei S.R. Hirsch, Gesammelte Schriften, Bd. 3, S. 460.
37. Siehe M.M. Sfurim, Schloimale, S. 193.

jahr stillten, galt als selbstverständlich; sie setzten ihren ganzen
Stolz darein, ihre Kinder so lange wie möglich mit der eigenen Lebenskraft zu erhalten. Das betrachtete man als eine heilige Pflicht.
Wegen der besonders im Osten herrschenden harten Lebensbedingungen und
der starken Beanspruchung armer orthodox-jüdischer Frauen wurden diese
von einer Anzahl religiöser Pflichten befreit[38]. Diese Umstände führten auch dazu, dass diese Frauen von der weltlichen Bildung, dem Schulbesuch, fernbleiben mussten. Das bekümmerte sie allerdings nicht. Wissenschaftlicher, weltlicher Unterricht erschien ihnen vielmehr als Degradierung ihres Frauendaseins.

Ihr Haus betrachteten die orthodox-jüdischen Frauen des Ostens als
ihren eigentlichen Tempel, die Erziehung der Kinder als ihren Gottesdienst und die Familie als ihre Gemeinde[39]. Der Mutter oblag es, die
Kinder zur Sitte und Sittlichkeit zu erziehen. Religiöse Uebungen beherrschten das ganze Dasein und stellten auch den kindlichen Alltag
unter die Furcht Gottes. Müssiggang war für orthodox-jüdische Frauen
des Ostens im allgemeinen unbekannt. Mancher jüdische Gelehrte verdankte die hohe Stufe seiner Gelehrsamkeit der Frömmigkeit seiner Frau, die
willig die Lasten und Sorgen aller Art auf sich nahm, um ihm die Hingabe an das unerschöpfliche Gesetzesstudium zu ermöglichen. Kein Opfer
war zu gross für die ostjüdische Mutter, damit ihre Kinder in den Religionsschulen unterwiesen werden konnten; nichts vergrösserte das Glück
und den Stolz der Mutter so sehr wie die Fortschritte, die ihr Sohn in
der Kenntnis der Thora machte[40].

In den armen orthodox-jüdischen Familien Osteuropas war somit der Tätigkeitsbereich der Frau ausserordentlich reichhaltig[41]. Sie trug praktisch die Sorge für die ganze Familie, wenn ihr Mann als Hausierer
durch die Gegend zog oder sich ganz dem Talmudstudium widmete. Dagegen
hatte keine rechte orthodoxe Frau etwas einzuwenden, wenn auch oft
grosse finanzielle Schwierigkeiten damit verbunden waren.

Der armen religiösen Ostjüdin blieb weder Zeit noch Musse, den Kindern
eine über das Religiöse hinausgehende Erziehung angedeihen zu lassen.
Zudem fehlte ihr selbst das nötige Wissen; denn ihre Allgemeinbildung
reichte über das, was auf dem Markt zu wissen nötig war, zumeist nicht
hinaus. Erzogen wurde im allgemeinen - wenn nicht natürliche pädagogi-

---

38. Dazu der Aufsatz von M. Eschelbacher in: Vom jüdischen Geist, S. 8.
39. Vgl. N.R. Lazarus, Das jüdische Weib, S. 190.
40. Diese Grundtendenz beruht auf dem Talmud, der im religiösen Ostjudentum als richtungsweisend galt: "Was ist das grosse Verdienst der Frauen? Ihre Kinder zur Schule zu schicken (gemeint ist die Religionsschule; Anm. d. Verf.) und ihre Gatten zum Studium des Talmud zu ermuntern." Siehe Talmud Babli Berachot, 17a.
41. Vgl. den Aufsatz von R. Straus in: Vom jüdischen Geist, S. 29.

sche Fähigkeiten vorhanden waren - nach den strengen jüdischen Religionsgesetzen. Die Rute wurde dabei nicht geschont; körperliche Strafen zog man wiederholten mündlichen Ermahnungen vor. Die Erziehung beruhte also auf autoritärer Basis; Widerspruch gegen elterliche Gewalt wurde im Keime erstickt; denn alle Massnahmen beruhten auf Weisungen alter Lehrmeister[42]. Ueber Methoden der Erziehung dachte die religiöse Ostjüdin nicht nach; und die Kinder kamen gar nicht auf die Idee, über die Richtigkeit oder Unrichtigkeit der zahlreichen strengen jüdischen Ordnungsprinzipien nachzudenken oder gar irgendwelche Zweifel anzumelden. Dieses unkritische Verhalten war charakteristisch für das religiöse ostjüdische Haus.

Die Mutter, selbst in ärmlichen Verhältnissen aufgewachsen, erzog die Kinder die Woche über zu grösster Bescheidenheit. Am Wochenende, am heiligen Schabbat, pries man die "reichen Segnungen" des Allmächtigen, auch wenn nur ein kleines Stück Fisch neben dem trockenen Brot auf dem Tische lag[43]. Es war schwer für die vielgeplagte Frau, die Sorgen des Alltags samt den Pflichten der Gesetzestradition zu tragen und darin nicht müde zu werden. Liessen die Kräfte nach, so hatte stets die religiöse Pflichterfüllung Vorrang vor allen anderen Alltagslasten. Oft sah man in den Städten und Dörfern des Ostens kleine jüdische Buben und Mädchen, arg verschmutzt und spärlich bekleidet auf den Strassen herumspringen; aber eines fehlte nicht: die Kappe auf dem Kopf, wie es der alte Brauch vorschrieb. Diese kleinen schmutzigen Geschöpfe unterliessen es auch nicht, vor jedem Bissen, den sie assen, die Hände zu waschen, wie ihnen die Mutter auf Grund religiöser Vorschriften beigebracht hatte. Ihr ganzer Körper aber blieb ungewaschen, bis die Mutter Zeit hatte, ihnen beim Waschen zu helfen. Dabei war wohl auch für die Mutter in armen Familien das traditionelle Ritualbad am Freitagnachmittag die einzige richtige Reinigungsmöglichkeit während der ganzen Woche.

Ganz anders lagen die Verhältnisse dagegen für die wohlhabende orthodox-jüdische Frau des Ostens. Auch sie hatte viele Kinder, wie es im Osten meistens der Fall war; aber sie brauchte sie nicht allein zu versorgen, sondern mehrere Mägde standen ihr zur Verfügung. Sie halfen ihr, das Haus in Ordnung zu halten. Die Führung des streng kosheren Haushalts dagegen lag allein in den Händen der jüdischen Hausfrau[44]. Der koschere Haushalt war allerdings ein so reichhaltiges Arbeitsgebiet bei einer vielköpfigen Familie, dass er - ohne Uebertreibung - ihren ganzen Tag in Anspruch nahm. Neben ihrer mühevollen Küchenarbeit

---

42. Siehe Sprüche 13,24.
43. Hierüber ausführlicher bei M.M. Sfurim, Schloimale, S. 37.
44. Vgl. M. Friedländer, Die jüdische Religion, S. 375.

sowie der ständigen Beaufsichtigung der Kinder, ob sie nicht auf irgendeine Art religiöse Verfehlungen sich zuschulden kommen liessen, blieb auch der wohlhabenden religiösen Ostjüdin weder viel Zeit noch die Möglichkeit, sich mit allgemeinen Erziehungsfragen zu befassen.

Freilich gab es auch manchen freien Nachmittag, besonders an Feiertagen, an denen die Mutter sich den Problemen der Kindererziehung hätte widmen können. Dazu konnte es aber kaum kommen, weil es in der orthodox-jüdischen Familie den Kindern an Aufgeschlossenheit den Eltern gegenüber oft fehlte[45]. So konnte die ostjüdische Mutter gar nicht merken, dass die Kinder nicht nur eine religiöse Betreuung brauchten, sondern die Mutter ihnen in vielen Situationen des Alltags auch erzieherisch hätte beistehen sollen.

Die orthodox-jüdischen Kinder des Ostens waren vor allem in der prekären Situation ihrer sexuellen Entwicklung oft sich allein überlassen. Die religiöse Mutter dachte nicht daran, sich auf diesem Gebiet aufklärend zu betätigen. So etwas galt im religiösen Ostjudentum als absurd. Die Eltern stützten sich dabei auf das biblische Verbot, das selbst das Nennen von "unzüchtigen Dingen" und somit auch die Beschäftigung damit als unerlaubt und verderblich erklärt[46]. In der Tat bewahrte in der zweiten Hälfte des vorigen Jahrhunderts diese rigorose Haltung des religiösen ostjüdischen Elternhauses die orthodoxe Jugend weitgehend vor vor- und ausserehelichen geschlechtlichen Beziehungen[47]. Die religiöse ostjüdische Mutter betrachtete es als eine ihrer vornehmsten Aufgaben, ihre Töchter zur Keuschheit zu erziehen und dementsprechend alles vom Hause fernzuhalten, was diese Bemühungen hätte scheitern lassen können. Das Gebot der absoluten Keuschheit galt neben der Heiligung des Schabbat als das wichtigste der Zehn Gebote.

Die Erziehung ihrer Töchter zur Keuschheit hielt daher die orthodoxe jüdische Mutter für eine religiöse Verpflichtung, und durch ihr Vorbild erreichte sie, dass ihre Kinder dieses biblische Gebot von fundamentaler Bedeutung befolgten. Die orthodoxe Frau liess - nach althergebrachter Tradition - vor der Hochzeit ihren Kopf kahlscheren und trug seither nur eine Perücke für den Alltag und eine andere für den Schabbat und die Festtage. Indem sie mit dem Kahlscheren ihres Kopfes nach altem Brauch sich der angeborenen Eitelkeit weiblichen Wesens widersetzte, zeigte sie damit beispielhaft ihren Töchtern, wie eine

---

45. Die Kinder sprachen die Eltern meist mit "Sie" an und hatten ihnen oft täglich mehrmals die Hände zu küssen. Dazu auch M. Güdemann, Quellenschriften zur Geschichte des Unterrichts und der Erziehung bei den deutschen Juden, S. 185: "Man lehrt die Kleinen, den Eltern, den Lehrern, angesehenen und frommen Männern die Hände zu küssen".
46. Es handelt sich hier um eine recht weitgehende Interpretation des 7. Gebots (nach jüdischer Zählung).
47. Siehe den Aufsatz von R. Straus in: Vom jüdischen Geist, S. 26.

rechte jüdische Frau sich allein auf den Ehemann einzustellen hat[48].
Die orthodox-jüdische Frau des Ostens reichte auch zur Begrüssung fremden Männern - Juden wie Nichtjuden - nicht die Hand, um eventuellen gesellschaftlichen Komplikationen aus dem Wege zu gehen, weil solche Kontakte leicht zur Ruinierung der Ehe oder gar - bei Verbindungen mit Nichtjuden - des Judentums führen könnten. Auf die Reinhaltung der Ehe legte das gesetzestreue Judentum besonderen Wert[49].

Zusammenfassend kann festgestellt werden: Die Allgemeinbildung im orthodox-jüdischen Hause des Ostens kam zu kurz; eine auf pädagogischer Grundlage beruhende und die Probleme der kindlichen Entwicklung berücksichtigende Kindererziehung gab es nicht. Eine Aussprache zwischen Mutter und Kind, die auf ausgesprochen kindliche Probleme einging, war gar nicht vorgesehen. Aber auf Grund ihres keuschen Lebenswandels und als Hüterin eines gesitteten jüdischen Heimes war die Mutter im orthodox-jüdischen Osten eine hochgeachtete Persönlichkeit in der Familie[50].

Während für die religiöse jüdische Frau des Ostens der Tag kaum ausreichte, um den vielen Verpflichtungen nachzukommen, hatte die *liberale* jüdische Frau in religiöser Hinsicht viel weniger zu tun. Es war bei den modernen Juden des Ostens zur Gewohnheit geworden, von den religiösen Vorschriften und Bräuchen nur diejenigen einzuhalten, die ihre bequeme Lebensweise nicht störten[51]. Die liberaldenkende Frau des Ostens hielt jedoch immer noch wesentlich mehr an jüdischen Lebensgewohnheiten traditionellen Ursprungs fest als ihre Glaubensgenossin in Mitteleuropa. Sie trug zwar stolz ihr eigenes Haar und war in ihrem Verhalten wesentlich weltoffener. Aber die traditionellen Schabbatkerzen fehlten auch im modernen ostjüdischen Hause nur selten, während sie in liberalen Häusern des mitteleuropäischen Judentums oft vergessen wurden[52]. Auch kam es kaum vor, dass die moderne Ostjüdin am Schabbat kochte, was als eine grobe Verletzung biblischer Vorschriften galt und von der Orthodoxie schwer verpönt wurde.

Andererseits aber nahm die moderne Ostjüdin dem Schabbat seinen "Heiligenschein" und sein Reglement[53]. Die Kinder der liberalen Ostjüdin trugen zwar am Schabbat und an anderen Feiertagen Festkleidung; aber im Geschäft oder in der Fabrik des Mannes ging in diesen Tagen die Arbeit ruhig weiter. Die moderne Ostjüdin führte zwar eine noch einigermassen koschere Küche, aber sie liess etliche rituelle Vorschriften fallen;

---

48. Vgl. S.R. Hirsch, Versuche über Jissroels Pflichten in der Zerstreuung, S. 352.
49. Dazu J. Weigl, Das Judentum, Berlin, 1924, S. 266. Nach Weigl waren "die Reinheit der sittlichen Lebensgestaltung und die Heiligkeit der Verbindung der Geschlechter in der Ehe" für das traditionsbewusste Judentum schon immer von fundamentaler Bedeutung.
50. "Die Frau hatte ... nicht die vielen Rechte, aber das grosse Recht der Frau war ihr gegeben." L. Baeck, Dieses Volk - Jüdische Existenz, Teil I. S. 161.
51. Siehe den Aufsatz von K. Wilhelm in: Juden, Christen, Deutsche, S. 75.
52. Hierüber ausführlicher im Aufsatz von M. Eschelbacher in: Vom jüdischen Geist, S.13.
53. Dazu M. Lehmann, Sabbath, S. 14.

sei es aus Bequemlichkeitsgründen, sei es, weil sie die Wichtigkeit
mancher Ueberlieferungen nicht anerkannte.

Die moderne ostjüdische Frau war auch von sehr geselliger Natur. Sie
erlernte schnell die gesellschaftlichen Gepflogenheiten und Umgangsformen der nichtjüdischen Umwelt, zu der sie dadurch vielerlei Beziehungen gewann[54]. So wurde die schöne Ostjüdin geschätzte Partnerin beim
Tanz in nichtjüdischen Kreisen, die sich dem liberalen Judentum gegenüber offen verhielten.

Diese aufgelockerte religiöse Haltung der modernen ostjüdischen Frau
liess daher eine jüdisch ausgerichtete Erziehung der Kinder nicht zu.
Ihr Erziehungsstil verlor die Geschlossenheit. So wussten die Kinder
nie genau, woran sie waren. Zwischen verblassten religiösen "Rahmenhandlungen" und den vielfach verlockenden Einflüssen der nichtjüdischen
Umwelt pendelten die Kinder meist orientierungslos hin und her[55]. Wenn
sie sahen, dass die Mutter sich so leicht über manche religiösen Grundsätze hinwegsetzte, um ihren eigenen Anschauungen zu folgen, verhielten sich die Kinder ebenso. Auf diese Weise verschwand nach dem traditionellen Gehalt allmählich auch der pseudoreligiöse Rahmen des modernen ostjüdischen Hauses.

Diese offene Erziehung, die die Kinder in den liberalen jüdischen Familien des Ostens genossen, litt nun wiederum unter der Unfähigkeit
der modernen jüdischen Mütter. Sie waren weder in der Lage, auf dem
Gebiet der Religion Richtlinien zu setzen, noch konnten sie Entscheidungen in allgemeinen Erziehungsfragen treffen. Da sie selbst nicht
fähig waren, die unüberbrückbaren Gegensätze zwischen der jüdischen
und der osteuropäischen Kultur- und Glaubenswelt zu bewältigen, war
es ihnen ja auch nicht möglich, ihren Kindern in der Erziehung die
Hilfe angedeihen zu lassen, die selbst für die schlichteste orthodoxe
jüdische Frau in der Geschlossenheit ihrer Lebensform eine Selbstverständlichkeit war.

In den Ländern *Mitteleuropas* hatte die *orthodoxe* jüdische Frau einen
von dem der religiösen Ostjüdin in vielen Punkten abweichenden Aufgabenkreis. Freilich pflegte sie auch eine rituelle Küche, in der aber
ein mit Kaftan bekleideter orthodoxer Ostjude kaum ein Stück Brot zu
sich genommen hätte. Zwischen der peinlich-minuziösen Einhaltung auch
nur örtlich bekannter Ueberlieferungen im Osten und der kultivierten
koscheren Küche etwa in Deutschland bestand nämlich eine grosse Diskrepanz. Der Haushalt der religiösen Jüdin in Mitteleuropa war geordnet.

---

54. Vgl. N.R. Lazarus, Das jüdische Weib, S. 315.
55. "... Kinder, welche ihr jüdisches Elternhaus verlassen und sich in Schulen und auf Universitäten in weltliche Studien gestürzt hatten, fast ausnahmslos den Ihrigen entfremdet wurden. Eine tiefe Kluft tat sich zwischen ihnen und ihren Eltern auf."
S. Levin, S. 48.

Das traditionelle Durcheinander des ostjüdischen religiösen Haushalts
war eine Folge der nervlichen und kräftemässigen Verausgabung, die von
der Ostjüdin gefordert wurde. Im Hause der deutschen oder österreichischen religiösen Jüdin gab es auch nicht die vom Osten her bekannte
"jüdische Hetze", die ständige Aufregung am Freitag wegen der vielen
Vorbereitungen auf den Schabbat oder am Vortag vor Feiertagen[56].
Die Gleichmässigkeit der Handlungsweise der religiösen Jüdin und die
wohldurchdachten Erwägungen, die die ausgeglichene, nicht überspannte
religiöse Atmosphäre des orthodox-jüdischen Hauses in den Ländern Mitteleuropas charakterisierten, wirkten besonders günstig auch auf die
Erziehung der Kinder. Für die Töchter galt die Mutter ohnehin als Vorbild. Wenn sie nun auch im allgemeinen geselliger Natur war als ihre
ostjüdische Glaubensgenossin, so kam es aber doch nicht vor, dass in
ihr Haus nichtjüdische Gäste und, in vielen Fällen, auch freidenkende
Juden eingeladen wurden[57]. Gesellige Veranstaltungen mit Tanz nach Art
der nichtjüdischen Umwelt waren völlig ausgeschlossen. Dafür aber wurden die traditionellen jüdischen Freudenfeste ausgiebig gefeiert; auch
mit Alkohol, der allerdings den Stempel "koscher" tragen musste[58].
Es bestanden auch Unterschiede zwischen dem Benehmen der orthodoxen
jüdischen Frau in Deutschland und der religiösen Jüdin etwa in Ungarn.
Die letztere war viel strenger sowohl sich selbst als auch ihrer Familie gegenüber. Ungarn galt von jeher als Bastion des traditionstreuen Judentums in Mitteleuropa. Das Haus des ungarischen orthodoxen Juden erinnerte mehr an östliche Tradition, und die religiöse Jüdin aus
dem judenreichen Nordosten Ungarns machte ebenfalls einen östlichen
Eindruck.
In den Grossstädten Mitteleuropas verstand es dagegen die religiöse
Jüdin gut, das traditionell Jüdische mit Kulturelementen nichtjüdischen
Ursprungs, die das Jüdische keinesfalls störten, zu verbinden. Während
es in der östlichen jüdischen Orthodoxie für die Frau ausser dem
hebräischen Gebetbuch und jiddischer Erbauungsliteratur nichts anderes
zu lesen gab, las die orthodoxe Jüdin in Deutschland gern gute Literatur in ihrer deutschen Muttersprache. Auch ihre Kinder wuchsen mit den
heimatlichen Märchen und Sagen auf. Es galt nicht als tabu, sich mit
nichtjüdischen Begebenheiten und der Geschichte der Heimat zu befassen[59].
So wurde der im mitteleuropäischen Judentum - und auch in der Orthodoxie - allgemein für unerlässlich gehaltene Kontakt mit der nichtjü-

---

56. Siehe M.M. Sfurim, Schloimale, S. 168.
57. Hierüber ausführlicher bei S.R. Hirsch, Gesammelte Schriften, Bd. 5, S. 288 f.
58. Vgl. H. Ehrmann, Durchs Jahr, Essays über die gehobenen Momente des jüdischen
Pflichtlebens, S. 304.
59. Dazu der Aufsatz von N. Goldmann in: Die Juden im Gemeinschaftsleben der Völker,
S. 83.

dischen Umwelt gepflegt, der keinesfalls - wie man es im Osten glaubte - die "Reinheit der jüdischen Sphäre" zu stören brauchte[60]. Da die orthodoxe jüdische Jugend in Mitteleuropa zum grössten Teil staatliche Schulen besuchte[61], tauchten viele Erziehungsprobleme auf, die ihrer Lösung harrten[62]. Ganz im Gegensatz zu der religiösen Ostjüdin, für die nur Erziehungsfragen religiöser Natur galten, die sie dann absolut und autoritär zu behandeln pflegte, war die orthodoxe jüdische Mutter in den Ländern Mitteleuropas aufgeschlossen für alle Fragen, die bei der Erziehung der Kinder auftauchten. Sie war streng traditionstreu in religiösen Angelegenheiten, aber nicht bigott; darum verschloss sie sich auch nicht gegenüber Problemen, die für die geistige Entwicklung der Kinder im mitteleuropäischen Raum eine Rolle spielten[63].

Im religiösen deutsch-jüdischen Hause etwa haben die Kinder sprechen und vor allem fragen dürfen nach Sachen, die mit dem Judentum kaum in Zusammenhang standen oder gar das Christentum berührten. Das letztere war freilich nur in besonders aufgeschlossenen orthodoxen Häusern möglich und musste auch dort als revolutionär gelten. Denn gegen das Christentum schirmte sich das religiöse Judentum in Ost und West energisch ab.

Abschliessend kann man feststellen: Die religiöse mitteleuropäische Jüdin achtete nicht nur auf die jüdische Tradition vergangener Jahrhunderte, sondern mass auch den aktuellen Problemen jüdischer Gegenwart eine entsprechende Bedeutung bei, um ihre Kinder durch Traditionstreue einerseits und Gegenwartsnähe andererseits für eine jüdische Zukunft zu wappnen. Insofern wirkte die orthodoxe jüdische Frau und Mutter in den Ländern Mitteleuropas, die in der zweiten Hälfte des vorigen Jahrhunderts vom "Feuer der Assimilation" ergriffen wurden[64], als vorbildliche Stütze einer jüdischen "inneren Mission". Sie legte tapfer an den Tag, dass ein traditionstreu geführtes jüdisches Haus, in dem die Kinder mit ihren Problemen aufgeschlossenen Eltern gegenüberstanden, auch ohne hermetische Absperrung von der nichtjüdischen Umwelt Bestand haben konnte.

Die *moderne* jüdische Frau in Deutschland oder Oesterreich-Ungarn war

---

60. Es galt jedoch: "Man pflegte es für unziemlich zu halten, dass jüdische Damen öffentlich sprechen, singen oder im Theater auftreten." M. Friedländer, Die jüdische Religion, S. 377.
61. Siehe R. Straus, Wir lebten in Deutschland, S. 63.
62. "In dem damals guten Gymnasium ... war aber mir, der ich die laxe Disziplin der Talmudschule gewohnt war, die pedantische Ordnung der christlichen Schule und deren streng geregeltes Wesen zuwider." M. Oppenheim, Erinnerungen, S. 13.
63. Bei allem Respekt vor den erzieherischen Leistungen der jüdischen Orthodoxie gehen doch die Behauptungen W. Freyhans entschieden zu weit, zumal er zwischen den Modalitäten des osteuropäischen und des mitteleuropäischen Judentums nicht unterscheidet: "Es (das orthodoxe Judentum; Anm. d. Verf.) geht nicht mit Scheuklappen durch die Welt. Seine Erziehung ist eine zu allen Zeiten moderne und hat es dank der Vorschriften der alten Weisen verstanden, sich mit allen Zeitfragen auseinanderzusetzen." W. Freyhan,

eine echte Gefährtin ihres Mannes[65]. Eine völlige Gleichberechtigung zwischen Mann und Frau gab es aber auch hier nicht, da die jüdischen Ueberlieferungen eine solche - vor allem auf religiösem Gebiet - gar nicht zuliessen. Die liberalen jüdischen Frauen Mitteleuropas verkehrten gern in den vornehmen Salons ihrer christlichen Freundinnen, besonders in Berlin, Frankfurt und Wien[66]. Die moderne Lebensweise des deutschen und österreichisch-ungarischen Judentums war freilich eine Folge der Anschauungen, die sich die Juden in diesen Ländern angeeignet hatten.

Die liberale jüdische Frau Mitteleuropas wies dem Judentum in ihrem Hause einen recht bescheidenen Platz zu. Es entstand stets eine prekäre Situation, wenn eine Diskrepanz zwischen den religiösen Gefühlen und dem Traditionsbewusstsein der Mutter und des Vaters bestand. Nachdem die Erziehung der Söhne in erster Linie dem Vater oblag, war es klar, dass sowohl die religiöse als auch die allgemeine Erziehung der Töchter sich an dem mütterlichen Vorbild orientierten. War die Mutter areligiös, wurden Vater und Kinder leicht mit in die Areligiosität hineingezogen[67]. Nur in seltenen Fällen vermochte ein noch halbwegs traditionsbewusster mitteleuropäischer Jude seiner unreligiösen Frau und den Kindern eine einigermassen religiöse Einstellung nahezubringen. Dabei brauchte es gar nicht der Fall gewesen zu sein, dass die Frau in der Familie mehr zu sagen gehabt hätte als der Mann.

Es ist auch klar, dass die Kinder, vor allem die Töchter, die sich in den staatlichen Schulen allerlei Einflüssen ausgesetzt sahen, die sie nicht gerade in ihrem jüdischen Bewusstsein stärkten, eher den unreligiösen, in modernes Gewand gekleideten Argumenten ihrer Mutter Glauben schenkten und Folge leisteten. Es war auch bequemer, als auf eventuelle Mahnungen des Vaters zu horchen, der womöglich obendrein noch den Spott der ganzen Familie hätte ernten können.

Durch die oberflächliche häusliche religiöse Erziehung seitens der modernen jüdischen Mutter in den mitteleuropäischen Ländern ging auch das allmähliche Nachlassen ihres traditionellen keuschen Lebenswandels einher. In diesem Punkte bestand ein grosser Unterschied zwischen ihr und ihrer orthodoxen Glaubensgenossin sowohl im Osten als auch in den Ländern Mitteleuropas. Für die freidenkende deutsche und ungarische Jüdin hatte auch die Heiligkeit der Ehe nicht die religiöse Bedeutung wie für

---

63. ... Der Weg zum Judentum, S. 99.
64. Vgl. F. Rosenzweig, Zur jüdischen Erziehung, S. 43..
65. "Was ist dieses jüdische Weib! Es ist die vertraute, beglückende Freundin ihres Mannes, dessen Herz in dem ihrigen sicher ruht." S.R. Hirsch, Gesammelte Schriften, Bd. 4, S. 201.
66. In diesen vornehmen jüdischen Salons galten nur Bildung und Freundschaft; Abstammung sowie politische Einstellung spielten keine Rolle. Dazu E.L. Ehrlich, Geschichte der Juden in Deutschland, S. 81. Vgl. auch H. Arendt, Rahel Varnhagen, S. 50 f.

die orthodoxe Frau. Während die letztere das Schminken völlig ablehnte, hatte die moderne Jüdin ihre helle Freude daran, was wiederum ihren Töchtern recht imponierte[68].

Hatte nun die orthodoxe Frau des Ostens wegen der vielen Gesetzesvorschriften, die sie traditionstreu erfüllen wollte, keine Zeit für die weltliche Erziehung ihrer Kinder, so mangelte es bei vielen modernen Jüdinnen in Mitteleuropa an Zeit aus anderen Gründen: Sie gaben viel zu stark den gesellschaftlichen Verpflichtungen den Vorrang und überliessen die Erziehung ihrer Kinder weitgehend ihrem Hauspersonal. Ein Teil von ihnen bemühte sich allerdings trotz der gesellschaftlichen Verpflichtungen nach Kräften um die Erziehung der Kinder nach den jeweiligen Landessitten. Diese Mütter wollten zeigen, dass sie die nichtjüdischen Kulturwerte höher einschätzten als die jüdischen, die sie freilich selbst in ihrem eigenen Elternhaus nie richtig kennengelernt hatten und daher der jungen Generation auch nicht übertragen konnten[69].

Viele dieser modernen Jüdinnen hielten in panischer Angst alles von ihren Kindern fern, was betont jüdische Ausrichtung hatte[70]. So wurden diese Kinder zu Weihnachten und nicht am Chanukka-Fest beschenkt, das zumeist mit Weihnachten zeitlich zusammenfiel. Ferner war der Sonntag und nicht der Schabbat der Tag, den die ganze Familie feierlich beging. Die moderne Jüdin in den Ländern Mitteleuropas wollte keinen Schritt hinter ihren nichtjüdischen Landsleuten zurückstehen; weder in der Mode, noch im gesellschaftlichen und familiären Leben oder in der Erziehung der Kinder[71]. Damit trug sie auf diesen Gebieten bewusst zur Entfernung vom Kern jüdischen Daseins bei. Durch ihr fehlendes Eingebundensein in die Tradition konnte sie das jüdische Dasein ihrer ganzen Familie vor der inneren Verarmung nicht bewahren.

Abschliessend muss nun festgestellt werden, dass die Erziehertätigkeit der jüdischen Frau als Mutter in der zweiten Hälfte des vorigen Jahrhunderts unter dem Aspekt zweier Erziehungsgegebenheiten zu beurteilen ist. Einmal wirkte sie in der geschlossenen Erziehungssphäre von der Umwelt weitgehend abgeschirmter, weiträumiger Massensiedlungen des Ostens, wo infolge seltener Konfrontationsmöglichkeiten mit der Umwelt die tradierte jüdische Erziehung die weltliche weitaus übertraf. Zum andern geriet die jüdische Mutter mit ihrem Erziehungsstil in den Ländern Mitteleuropas in eine offene Erziehungssphäre, die durch den hier viel prägnanter wirkenden Emanzipationsprozess begünstigt wurde. Diese

---

67. Siehe N.R. Lazarus, Das jüdische Weib, S. 313.
68. Ebenda, S. 314.
69. Hierüber ausführlicher bei L. Bato, Die Juden im alten Wien, S. 263.
70. Vgl. den Aufsatz von I. Heinemann in: Vom jüdischen Geist, S. 73.
71. Dazu L. Bato, Die Juden im alten Wien, S. 263.

ermöglichte zwar - vor allem durch Uebernahme wertvoller weltlicher
Bildungsgehalte - eine breitere Grundlage für die jüdische Familienerziehung; die tradierte Intimsphäre des jüdischen Heimes, deren Gestaltung der jüdischen Frau anvertraut war, geriet jedoch in Gefahr, an
erzieherischer Ausstrahlungskraft einzubüssen.

4. Erziehung der männlichen jüdischen Jugend

Nach eingehender Erörterung der Erziehungsfunktion der Eltern muss nun
die Frage untersucht werden: Nach welchen Prinzipien und in welchen Erscheinungsformen verlief die Erziehung der männlichen jüdischen Jugend?

Für das *religiöse Ostjudentum* wurde die Erziehung der männlichen Jugend in der zweiten Hälfte des XIX. Jahrhunderts von zwei Gesichtspunkten bestimmt: Entweder sollte der junge Mann zum "Talmud Chacham", d.h.
zu einem im religiösen Schrifttum gut bewanderten, gesetzestreuen Gelehrten erzogen werden[72]; oder man bemühte sich neben einer streng religiösen Ausrichtung ihn zu einem angesehenen "Baal-Bos", d.h. zu einem
erfolgreichen jüdischen Ehrenmann zu erziehen, der dank seiner Tüchtigkeit in guten wirtschaftlichen Verhältnissen lebt.

War der religiöse Ostjude arm, so blieb ihm nur die Möglichkeit, seine
Söhne den nächsten Cheder und höchstens die Jeschiwa durchlaufen zu
lassen. Fleissige und begabte Jungen konnten unentgeltlich eine bessere
Jeschiwa besuchen, wo berühmte Rabbiner lehrten. Hier legte der junge
Jeschiwa-Student nach einigen Jahren besonders schwere Prüfungen vor
einem Rabbinerkollegium ab und konnte das orthodoxe Rabbinerdiplom erlangen[73].

Die Erziehung armer ostjüdischer Jungen beruhte ausschliesslich auf
religiöser Grundlage und zielte letztlich auf ein religiöses Amt. Etwas
Erstrebenswerteres, als ein gelehrter Rabbi zu werden, der im Talmud
zu Hause war, konnte der arme ostjüdische Vater für seinen Sohn gar
nicht ins Auge fassen[74]. Der Bub von vier bis fünf Jahren ging schon
in den Cheder, wo er gewöhnlich fast den ganzen Tag beim Lernen sass[75].
War er schwach oder trotzig, so trug ihn der "Belfer", der jüdische
Hausmeister, auf seinen Schultern hin[76]. Oft schleppte er mehrere kleine Buben auf einmal, die man aus tiefem Morgenschlaf eben geweckt hatte.

---

72. Siehe S.J. Agnon, Das Buch von den polnischen Juden, S. 205.
73. Vgl. M.M. Sfurim, Schloimale, S. 192.
74. Ebenda, S. 194.
75. "Der Lehrer hatte weder Raum noch Zeit, jedem sein Pensum nach seiner Fassungskraft beizubringen." Nach dieser wurde im Cheder allerdings nicht viel gefragt. Siehe
M. Güdemann, Quellenschriften zur Geschichte des Unterrichts und der Erziehung bei den
deutschen Juden, S. 208.

So vergingen die Tage und Jahre dieser Kinder mit Lernen, das im eigentlichen Vorschulalter bei der berüchtigten Strenge des Cheder gewiss keinen Spass machte. Der ostjüdische orthodoxe Vater verlangte trotzdem kategorisch diese Vorschulung für seine Söhne, die in späteren Jahren freilich mehr Verständnis und Freude an diesem aus dem Ostjudentum nicht wegzudenkenden Erziehungsweg fanden. Dazu half ihnen nicht zuletzt die Atmosphäre ihres traditonstreu geführten Heimes, die ihre Ausstrahlungskraft nicht verfehlte. Wärme des Elternhauses und Strenge des Cheder ergänzten sich.

Bei aller Liebe zu den Kindern war auch körperliche Züchtigung bei den Buben nicht selten[77]. Sie erfolgte in erster Linie wegen religiöser Verfehlungen. Der gesetzestreue Ostjude wollte keinen "Schajgez", keinen unbelehrbaren "Strassenjungen" erziehen. Dieselbe Tendenz befolgte auch der M'lamed. Auch ihm, dem Lehrer im Cheder, stand das Züchtigungsrecht zu. Oft wurden ganz kleine Kinder für minimale Vergehen hart bestraft.

Nach einigen Jahren Cheder-Erziehung gab es freilich auch die Möglichkeit, dass der junge Ostjude ein Handwerk erlernte. Um die Erlernung eines Handwerks war es allerdings von Anfang an schlecht bestellt[78]. Der Lehrling musste bei einem kleinen Handwerker Jahre damit verbringen, die Mistkübel zu tragen und der Hausfrau im Haushalt zu helfen. So konnten die Lehrlinge nicht viel lernen und wurden zu Pfuschern. Ihre mangelnde Tüchtigkeit machte sie später oft verbittert und unglücklich. Unter den Lehrlingen, die zu solchen Handwerkern in die Lehre kamen, waren zumeist nur arme, ungebildete Jugendliche, die nie eine öffentliche Schule besucht hatten und z.T. nicht einmal lesen und schreiben konnten. Auch innerhalb der Gemeinde - selbst in der Synagoge - wurden die Handwerker nicht geschätzt[79].

Auch der Handel bot dem armen jungen Ostjuden wenig Entwicklungsmöglichkeiten. Er hatte selten Gelegenheit, in einem angesehenen Geschäft eine Lehrstelle zu bekommen. Seine Kenntnisse erwarb er meist beim Vater, der selbst keine richtige Berufsausbildung besass. Um ein eigenes Geschäft zu gründen, fehlten dem armen Ostjuden die notwendigen Mittel.

Zusammenfassend kann man sagen, dass dem jungen orthodoxen Ostjuden in ärmlichen Verhältnissen im allgemeinen nur ein an Berufsbildung armes und chancenloses Dasein geboten war. Auch die politischen Verhältnisse

---

76. Dazu S.J. Agnon, Das Buch von den polnischen Juden, S. 210.
77. Vgl. M.M. Sfurim, Schloimale, S. 98.
78. Siehe C. Roth, Geschichte der Juden, S. 455.
79. Der Platz der Handwerker befand sich in der Synagoge in den letzten Bänken, und auch zur Thora wurden sie nur ganz zum Schluss aufgerufen. Vgl. M.M. Sfurim, Schloimale, S. 134.

beeinträchtigten die Entwicklungsmöglichkeiten für die orthodoxen jüdischen Jugendlichen in Osteuropa, besonders in Russland. Sie bedrohten sogar zum grossen Teil die Existenz des Ostjudentums, wie bereits ausgeführt wurde. Somit stand die Erziehung der mittellosen orthodoxjüdischen Jugend in Osteuropa unter einem ungünstigen Stern.
Besonders gross war der Unterschied zwischen einem armen orthodoxen Ostjuden und seinem wohlhabenden Glaubensgenossen. Der reiche religiöse russische Jude hatte alle Möglichkeiten, seinen Söhnen zu zeigen, dass die Erfüllung traditioneller Pflichten mit Wohlstand gut zusammenpasste und der Wohlstand als "gerechter Lohn" für den gesetzestreuen Lebenswandel aufzufassen sei, als irdischer Segen für den Glauben an das Ueberirdische[80]. Während die Einhaltung der zahlreichen Gebote für den Armen und seine Familie oft kaum überbrückbare finanzielle Schwierigkeiten verursachte, kamen die vielen religiösen Vorschriften dem reichen Orthodoxen gerade recht. Mit der Fülle althergebrachter Traditionen konnte er seinen Kindern - besonders den Söhnen - die vielfältigen Erscheinungsformen gesetzestreuen Judentums und jüdischer Glaubensinhalte vor Augen führen[81]. Da eine Anzahl religiöser Bräuche - insbesondere im Zusammenhang mit den Feiertagen - für die Söhne gute Möglichkeiten zur Mitgestaltung der Festlichkeiten boten, indem ihnen spezifische Rollen bei feierlichen Handlungen aufgetragen wurden, war es durchaus leicht, die Jungen für die Bejahung ihres mitgestalteten traditionstreuen Judentums zu gewinnen[82]. So boten gute wirtschaftliche Verhältnisse und traditionsbewusste jüdische Daseinsgestaltung ein festes Fundament zur Erziehung heranwachsender Söhne in gehobenen Schichten des orthodoxen Ostjudentums.

Liberal denkende Ostjuden erzogen die männliche Jugend nach folgenden Gesichtspunkten: a) Erziehung zu einem universalgebildeten Weltmann, b) Befähigung zu einem in der nichtjüdischen Umwelt anerkannten höheren Gesellschaftsrang. Somit gingen wie die Erziehungsideale auch die Erziehungswege des orthodoxen und des liberalen Ostjudentums in bezug auf die männliche Jugend weit auseinander.

Für den liberalen Ostjuden bedeutete das Judentum höchstens die Bezeichnung seiner Herkunft, und auch das mit immer stärker reduzierter Beinhaltung. Er richtete mit aller Kraft die Aufmerksamkeit seiner Söhne auf die Kultur der nichtjüdischen Umwelt, deren Gepflogenheiten

---

80. Dazu W. Freyhan, Der Weg zum Judentum, S. 31. Freyhan beschäftigt sich mit den Voraussetzungen und Verbindlichkeiten religiösen Glaubens.
81. Hierüber ausführlicher bei S.J. Agnon, Das Buch von den polnischen Juden, S. 159.
82. "Auch bei Krankenbesuchen, Hochzeiten und Bestattungen soll der Vater die kleinen Söhne mitnehmen, um sie zur Uebung frommer Werke anzuhalten." M. Güdemann, Quellenschriften zur Geschichte des Unterrichts und der Erziehung bei den deutschen Juden, S. 185.

auch er selbst nach und nach übernahm. Die Jungen wurden in die höheren staatlichen Schulen geschickt, wo sie - der elterlichen Assimilationstendenz entsprechend - eine mit den nichtjüdischen Schülern gemeinsame Erziehung genossen. Der moderne Ostjude unterwarf sich damit der liberalen Gesetzgebung Alexander II. in Russland, die die jüdische Jugend dem allgemeinen Bildungsstand anpassen wollte[83].

Mit dem Amtsantritt des judenfeindlichen russischen Kultusministers Pobjedonoszew veränderte sich aber die Lage schlagartig[84]. Er sah schon im gebildeten Russen, noch mehr aber im gebildeten Juden eine Gefahr für den Thron und die Russisch-Orthodoxe Kirche, zu der dieser keinerlei Verhältnis hatte. Seine Politik war darauf aus, der jüdischen Jugend den Zugang zur Bildung zu versperren. So gingen die von den russischen Lehranstalten ausgeschlossenen jüdischen Studierenden nach Westeuropa, um dort ihre akademische Ausbildung zu erlangen[85]. Wenn nun nach den neuen Beschränkungen ein jüdischer Knabe - aus einer liberalen Familie - trotzdem in eine staatliche Schule aufgenommen wurde, so feierten die Eltern dieses Ereignis als etwas Aussergewöhnliches. Die reichen Juden nutzten dabei auch die Bestechlichkeit der Beamten und Lehrer aus. Das Bestechungssystem erfasste auch den Bereich der Hochschulen. Das russische Regierungsdekret von 1887, das Tausenden von jüdischen Jugendlichen die Chance zerstörte, eine höhere Laufbahn einzuschlagen, liess nur einen Ausweg für die liberale jüdische Jugend offen: die Auswanderung[86].

Darauf gründete die sog. frühzionistische Bewegung Osteuropas. Es gehörte zu einem der merkwürdigsten Kapitel ostjüdischer Geschichte, dass die zionistische Bewegung in Osteuropa nicht aus religiöser Ueberzeugung oder völkischem Instinkt hervorgegangen ist, sondern der radikalen Beschränkung der Freiheit jüdischer Existenz seitens des Zarenregimes ihre Entstehung verdankt[87]. Sie setzte - gewollt und ungewollt - den kulturellen Assimilationsbestrebungen des liberalen Ostjudentums Grenzen und leitete somit die Erziehung der liberalen ostjüdischen Jugend in jüdisch-nationale - zionistische - Bahnen. Die Eltern mussten taten-

---

83. Vgl. Z. Scharfstein, History of Jewish Education in modern Times in Europe 1789-1914, Volume 1, S. 307 f.
84. Siehe C. Roth, Geschichte der Juden, S. 454. Roth berichtet auch über zahlreiche pogromartige Ausschreitungen gegen die russischen Juden.
85. Dazu S. Levin, Jugend in Aufruhr, S. 165.
86. Nach diesem Dekret durften die jüdischen Schüler bzw. Studenten in den erlaubten Ansiedlungsgebieten 10%, ausserhalb von diesen 5% und in Petersburg und Moskau nur 3% ausmachen. Vgl. ebenda, S. 161. Hierüber ausführlicher bei E. Schopen, Geschichte des Judentums im Abendland, S. 125.
87. Siehe den Aufsatz von F. Brodnitz in: Die Juden im Gemeinschaftsleben der Völker, S. 45. Brodnitz befasst sich ausführlich mit der Frage, zu welcher politischen Entwicklung die aktive Stellungnahme der Juden in der Form des Zionismus führt.

los zusehen, wie ihre Söhne die von ihnen so eifrig geförderte Assimilation an die Umwelt als ein Zugeständnis der Minderwertigkeit und als Neigung zu Nachäfferei ablehnten.
So gingen gerade aus einem Teil dieser Jugend ausgesprochen liberaler Kreise selbstbewusste, stolze Juden hervor. Diese Jugend, die nie ein echtes jüdisches Zuhause kennengelernt hatte und nur dem Namen nach jüdisch war, entdeckte allein durch die nie geahnte Härte der Verfolgung ihr Judentum[88]. Merkwürdig ist auch, dass die orthodoxen Juden die junge zionistische Bewegung ablehnten[89], obwohl sehr viele ihrer Gebete die Rückkehr nach Zion zum Inhalt hatten.
Zusammenfassend kann also festgestellt werden, dass auf Grund der politischen Verhältnisse die Erziehung der männlichen jüdischen Jugend den Händen der ostjüdischen Assimilationsjuden entglitt. Sie bereiteten damit dem Zionismus den Weg, der ihre fehlende positiv-jüdische Erziehungstendenz zu ersetzen suchte.
Die *mitteleuropäischen orthodoxen* Juden lebten nicht in zusammenhängenden Massen wie im Osten. Auch waren sie etwa in Deutschland längst nicht so stark vertreten und in ihren Aktionen nicht so erfolgreich wie etwa in Ungarn, wo die Orthodoxen mancherorts die Mehrheit bildeten. Es gab ferner Unterschiede zwischen der Erziehung der männlichen Jugend der jüdischen Orthodoxie in Deutschland und Oesterreich einerseits und im ungarischen Landesteil der alten Donaumonarchie anderseits.
Der orthodoxe Jude in Deutschland lebte nach deutschem Lebensstil[90]; er ergänzte ihn jedoch bis zu einem gewissen Grade durch traditionsentsprechende jüdische Inhalte. Deutscher Lebensstil und doch intime jüdische Atmosphäre herrschten im Hause des orthodoxen Juden in Deutschland.
Diese beiden Phänomene charakterisierten die religiöse jüdische Erziehung auf deutschem Boden[91]. Der orthodoxe Jude arbeitete bewusst daran, dass diese sich gegenseitig nicht beeinträchtigten. Er schickte zwar gerne seine Söhne in die jüdische Elementarschule, sofern eine in der Nähe war. Seltener aber besuchten die Jungen aus orthodox-jüdischen Familien die wenigen Jeschiwas, die im deutschen Sprachraum existier-

---

88. Aehnlich wirkte sich ein halbes Jahrhundert später in Mitteleuropa der Judenstern aus.
89. Vgl. den Aufsatz von K. Wilhelm in: Juden, Christen, Deutsche, S. 72. Ich teile Wilhelms Auffassung, nach der die ablehnende Haltung der jüdischen Orthodoxie gegenüber dem Zionismus in ihrem Patriotismus verankert war.
90. "Wir waren ganz selbstverständlich begeisterte Deutsche mit grosser Liebe fürs Vaterland." R. Straus, Wir lebten in Deutschland, S. 43.
91. Hierüber ausführlicher im Aufsatz von M. Susmann in: Vom jüdischen Geist, S. 58.

ten[92]. Somit genoss nur eine verschwindend kleine Zahl von begabten, besonders religiösen jüdischen Jugendlichen eine Talmuderziehung nach östlicher Art. Dem religiösen Juden in Deutschland erschien die Ueberbewertung osteuropäisch-jüdischer Traditionen und Bräuche nicht tragbar und angesichts der bewussten Beibehaltung seines deutschen Lebensstils auch nicht vertretbar[93].

Der Talmud als Erziehungsgrundlage par excellence setzte sich beim religiösen Judentum in Mitteleuropa nicht in der Intensität durch wie im Osten. Dagegen galt das regelmässige Studium der Thora und der übrigen Bücher der Heiligen Schrift für orthodoxe jüdische Jungen auch in den Ländern Mitteleuropas als tägliche Kost, zumeist vom Vater allabendlich dargereicht[94]. Hierbei stützte sich der orthodoxe Jude auf eine fürs gesetzestreue Judentum überaus wichtige biblische Vorschrift: "Uebe sie (die Gesetze) deinen Söhnen ein und erzähle darüber, wenn du zu Hause bist, wenn du unterwegs bist, wenn du schlafen gehst und wenn du aufstehst ..."[95].

Die grosse Wende trat für den Sohn mit dem vollendeten 13. Lebensjahr ein. Als "Bar-Mizwa" (Sohn der Pflichterfüllung) wurde er in der Gemeinde als Erwachsener angesehen[96]. Der orthodoxe jüdische Junge wurde nun durch seinen Vater angehalten, mit ihm sich an allerlei traditionellen Bräuchen zu beteiligen[97]. Diese "Mizwas" - gottgefällige Pflichterfüllungen - nahm der orthodoxe Jude sehr ernst und achtete stets darauf, dass seine bereits Bar-Mizwa gewordenen Söhne in die religiösen Bräuche vorschriftsmässig eingeweiht wurden[98].

---

92. Wegen zu geringer Frequentierung wurden die früher bedeutenden Jeschiwas von Frankfurt/M., Hamburg-Altona, Fürth, Metz und Prag allmählich aufgelöst. Siehe B. Strassburger, Geschichte der Erziehung und des Unterrichts bei den Israeliten, S. 231.
93. Er liess seine Söhne nicht mit den im Osten üblichen langen Haarlocken - "Pejjes" genannt - hinter den Ohren herumlaufen, wie es etwa in Ungarn bei den orthodoxen Juden in Stadt und Land die Sitte war. Vgl. auch R. Straus, Wir lebten in Deutschland, S. 55. Ob es eine nur ungarische Sitte war, die "Pejjes" hinters Ohr zu legen, wie Straus es behauptet, lässt sich nicht nachweisen.
94. Dazu M. Soloweitschik, Die Thora, der Lebensquell des jüdischen Volkes, S. 5. Siehe H. Ehrmann, Durchs Jahr, Essays über die gehobenen Momente des jüdischen Pflichtlebens, S. 320.
95. Vgl. 5. Mose 6,7.
96. Vor dem Bar-Mizwa-Fest, auf das der Sohn vom Vater vorbereitet wurde, galt er nur als Kind mit stark verminderten Rechten und Pflichten in der Gemeinde. Er zählte auch nicht zum "Minjan", der obligatorischen Zahlenstärke (10) bei der Abhaltung von Gottesdiensten und anderen religiösen Handlungen. Nun galten auch für ihn alle Gesetze und Vorschriften, die der Erwachsene zu beachten hatte. Dazu auch M. Friedländer, Die jüdische Religion, S. 384.
97. War der Vater aus dem aronitischen Geschlecht - genannt nach dem Hohepriester Aharon -, so nahm er seinen Jungen mit in die Synagoge, und beide erteilten gemeinsam den aronitischen Segen am Ende der Feiertagsgottesdienste. Gehörte der Vater zum Stamm der Leviten - genannt nach Levi, dem Sohn Jakobs -, so half ihm sein Junge beim Waschen der Hände der Segenerteilenden. Siehe S.R. Hirsch, Versuche über Jissroels Pflichten in der Zerstreuung, S. 478 und 481.
98. Dass im Hause des orthodoxen Juden Vater und Söhne - auch die jüngsten - ohne Kappe oder Hut sich nicht zum Tisch setzten, gehörte zur Selbstverständlichkeit, die

Wir stellen also fest, dass die Erziehung der männlichen orthodoxen
jüdischen Jugend in Mitteleuropa den üblichen deutschen Lebensstil
nicht nur ergänzte, sondern auch bereicherte. An den Lebensgewohnheiten
der nichtjüdischen Umwelt nahm der religiöse Jude samt seiner Familie
vorurteilsfrei teil. Auch dem Vaterland gegenüber wurden die Söhne zu
einer loyalen Haltung erzogen[99]. Sein fester Standpunkt im Judentum
aber vermittelte seinen Söhnen auch einen festen Standort innerhalb
der Jugend des Landes, so dass sie der Einfluss des nichtjüdischen
Lebensbereichs nicht überwältigen konnte. Nichtjüdische Kulturwerte
wurden anerkannt, fremdreligiöse Anschauungen zwar respektiert, aber
innerlich strikt abgelehnt. Eine Vermischung der Inhalte fand nicht
statt.

In Mitteleuropa bestand kein so grosser Unterschied zwischen einem *modernen* Juden und einem Nichtjuden wie zwischen einem liberalen und einem orthodoxen Juden. Das gilt freilich nur aus jüdischer Sicht. In
den einzelnen Ländern gab es allerdings in der Beurteilung dieser Angelegenheit graduelle Unterschiede. Fest stand auf jeden Fall, dass
die Assimilationsbestrebungen der liberaldenkenden Juden in Mitteleuropa von Deutschland bis Ungarn kaum eine Grenze kannten[100].

Das zeigte sich dann in der Erziehung der männlichen Jugend. Hier war
von einer Erziehung im Cheder zwar keine Rede; aber staatlich anerkannte jüdische Schulen lehnte der moderne Jude für seine Söhne im allgemeinen nicht rundweg ab. In diesen jüdischen Schulen in Frankfurt/M.,
Wien oder Budapest lernte die liberal-jüdische Jugend das, was in ihrer
häuslichen jüdischen Erziehung fehlte: die Grundlagen des Judentums[101].
Die liberalen Gemeinden waren sehr darauf bedacht, dass die von ihnen
unterhaltenen Schulen den staatlichen Forderungen und Erwartungen entsprachen, da sie ständig um Anerkennung seitens der Behörden zu ringen
hatten[102].

Zu Hause erwartete den Jungen im modernen jüdischen Hause keine besondere jüdische Atmosphäre; nicht einmal die rituellen Speisevorschriften
wurden eingehalten. Für die heranwachsende jüdische Jugend, die zu Hause kaum noch einen Anhaltspunkt an jüdische Tradition vorfand, war es
schwer, sich ihres Judentums bewusst zu werden. Vielfach gehörte in
das Erziehungsprogramm liberaler Juden in Mitteleuropa allerdings noch

---

98. ... freilich konsequenter Anerziehung durch väterliches Vorbild bedurfte.
99. Religiöse jüdische Erziehung in Mitteleuropa schloss, wie schon erwähnt, eher den
Zionismus als den Patriotismus aus.
100. Dazu E. Schopen, Geschichte des Judentums im Abendland, S. 108.
101. Vgl. B. Strassburger, Geschichte der Erziehung und des Unterrichts bei den
Israeliten, S. 237. Es war klar, dass diese - wenn auch noch so guten - Schulen nicht
vermochten, die fehlende jüdische Heimatmosphäre zu ersetzen.
102. Dazu H. Bärwald, Geschichte der Realschule (Philanthropin) der Israelitischen
Gemeinde zu Frankfurt am Main, S. 68.

der Besuch der Synagoge an den Feiertagen. Der modern gestaltete Gottesdienst in den liberalen Synagogen beeindruckte die Besucher; und ein grosser Teil der Assimilationsjuden liess es sich nicht nehmen, sich mit der ganzen Familie - vor allem mit den Söhnen - häufig dort zu zeigen. Selbst unreligiöse Juden, die seit langem dem Judentum den Rücken gekehrt hatten, hielten aus alter Gewohnheit daran fest, wenigstens an den höchsten Feiertagen[103]. Dieses Festhalten an Gottesdienstbesuchen war natürlich kein Ersatz für die gewichtige Rolle des Vaters im Erziehungssystem des orthodoxen jüdischen Hauses, der mit seinen Segnungen sich zum Zentrum der moralischen Erziehung machte, von dem einerseits die Forderung strikten Gehorsams gestellt wurde, zum andern verzeihende Liebe ausstrahlte. Festgehalten wurde auch an der Beschneidung der Jungen 8 Tage nach der Geburt, da ohne "Brith-Mila", die Aufnahme in den Bund - gemeint ist der Bund Gottes - niemand als Jude anerkannt werden konnte[104].

Ausser diesem recht lockeren traditionellen Rahmen, der den eigentlichen Gehalt fast ins Konventionelle abgleiten liess, bot das liberaljüdische Haus in Mitteleuropa der heranwachsenden Jugend kaum etwas an jüdischer Erziehung und jüdischem Lebensinhalt an. Der moderne Jude war vielmehr froh und stolz, wenn seine Söhne sich mit den Söhnen hochgestellter christlicher Familien anfreundeten. Es gehörte ja auch zu seinen eigenen Gewohnheiten, häufig in nichtjüdischen Kreisen zu verkehren[105]. Die religiöse Bildung beschränkte sich auf die spärlichen Religionsstunden in der staatlichen Schule, wo ihnen eine trockene Judentumskunde geboten wurde. Zu ihrem tieferen Verständnis fehlte von Haus aus jegliche Grundlage. Dieser amtliche Religionsunterricht ohne Unterstützung des Elternhauses vermittelte der jüdischen Jugend liberaler Kreise nicht das Rüstzeug, um in der Konfrontation mit den vielschichtigen Einflüssen der nichtjüdischen Umwelt für die jüdische Sache positiv und erfolgreich zu argumentieren [106].

Die liberalen jüdischen Jungen zogen vielfach vor, ihr Judentum, von dessen Wert - aus Mangel an Erfahrung - sie nicht überzeugt sein konnten, zu verbergen, um sich unangenehmen Sticheleien seitens nichtjüdischer Kameraden nicht auszusetzen.

---

103. Man sah längst getaufte Juden in den letzten Bänken, die in aller Stille an bestimmten Feiertagen das Totengebet "Jiskaddal" für ihre verstorbenen Angehörigen vor sich hin murmelten. Die Einhaltung dieser Totengedenktage gehörte auch bei den modernen Juden noch zum traditionellen Inventar.
104. Hierüber ausführlicher bei S.R. Hirsch, Versuche über Jissroels Pflichten in der Zerstreuung, S. 151.
105. Siehe M. Lazarus, An die deutschen Juden, Berlin, 1887, S. 17.
106. Vgl. N.R. Lazarus, Das jüdische Weib, S. 319. Der Historiker Dubnow beklagt: "In dem gleichen Masse, in dem der jüdische Intellekt durch die vorbildliche deutsche Schule gewann, erlitt das jüdische nationale Selbstbewusstsein Abbruch." Dubnow versteht unter "national" jedoch gewiss nicht den Zionismus, sondern eher das Traditions-

Es ist nicht abzustreiten, dass die Erziehung, die liberale jüdische
Eltern ihren Söhnen angedeihen liessen, das Ziel der Assimilierung
weitgehend erreicht und vielen Schichten beachtliche gesellschaftliche
und wirtschaftliche Vorteile gebracht hat. Was aber das Judentum an
sich angeht, so hat diese Erziehung ihm folgenschwere Schäden zugefügt.
Zusammenfassend bleibt festzuhalten: Die Erziehung der männlichen jüdischen Jugend verlief in der zweiten Hälfte des vorigen Jahrhunderts
auf zwei Ebenen. Einmal setzte sie sich die Bewahrung tradierter Erziehungsinhalte und ein Leben mit strikter Befolgung der Gesetze zum
Ziel, woran die geschlossene Erziehungssphäre der osteuropäischen jüdischen Provinz massgebend beteiligt war. Zum andern galt für das liberale Judentum des Ostens und Mitteleuropas das Prinzip der Assimilierung an die nichtjüdische Umwelt, an der sich die Erziehung der
männlichen Jugend mehr oder weniger zu orientieren suchte.

5. Erziehung der weiblichen jüdischen Jugend

Wenden wir uns nun der jüdischen Mädchenerziehung zu! Auf die Erzie-
hung von Mädchen legte das *ostjüdische religiöse* Judentum grössten
Wert. Man ging von der Ueberzeugung aus, dass der Aufbau des jüdischen
Hauses und die Wahrnehmung der zahlreichen traditionellen häuslichen
Bräuche Obliegenheiten der künftigen jüdischen Frau seien[107]. Darauf
musste sie mit grösster Sorgfalt vorbereitet werden.
Dazu gehörte in der osteuropäischen jüdischen Orthodoxie die möglichst
genaue Kenntnis der wichtigsten Glaubenslehren und jener rituellen
Vorschriften, ohne die ein koscheres Haus nicht geführt werden konnte.
Bei der Bewältigung dieses an und für sich umfangreichen Lernpensums,
dessen Aneignung im grossen und ganzen Ziel seiner Erziehung war, wurde
das orthodoxe Mädchen sehr stark durch die von der ganzen Familie ak-
zeptierte religiöse Hausordnung unterstützt[108]. Diese liess keine
Lücken offen und verschaffte der vielfältigen jüdischen Tradition Al-
leingeltung.
In orthodoxen Familien lernten auch die Mädchen Hebräisch. Während
aber die kleinen Buben in den Cheder geschickt oder gebracht wurden,
erwarben die Mädchen die Kenntnisse in der hebräischen Sprache zu Hause. War die religiöse Unterweisung der Jungen allein Sache des Vaters,

---

106. ... bewusstsein. Siehe S.M. Dubnow, Die neueste Geschichte des jüdischen Volkes 1789-1914, Bd. 3, S. 53.
107. Dazu M. Friedländer, Die jüdische Religion, S. 375.
108. Ebenda, S. 383.

so blieb die Einführung in die Sprache der Gebete meist der orthodoxen
Mutter überlassen. Man fand freilich ein so ausführliches Thorastudium
für die Mädchen nicht für erforderlich, wie es für die Jungen vorgesehen war; Lektüre aus dem Talmud kam schon gar nicht in Frage.
Die Mädchen lernten zwar auch von Anfang an den Ernst und die vielen
Verpflichtungen des religiösen Lebens kennen; aber ihre religiöse Erziehung hatte einen anderen Verlauf als die der Buben. Freilich wurden
Buben wie Mädchen Spiele, die den Schabbat entheiligten, verboten;
aber im allgemeinen waren die orthodox-jüdischen Eltern ihren Töchtern
gegenüber bei geringfügigen Uebertretungen religiöser Vorschriften
grosszügiger. Der Grund lag darin, dass die meisten Gesetze des Judentums in erster Linie nur die Männer - und die Jungen nach ihrem 13.
Lebensjahr - betrafen und nur ein gewisser Teil der Vorschriften spe-
ziell die Frauen anging. Für Kinder insbesondere bestanden eigentlich
nur wenige religiöse Pflichten. Daher musste als religiöser Uebereifer
angesehen werden, Kindern das Spielen, ihr Lebenselement, zu verbie-
ten.
Die Erziehung der Mädchen verlief auf betont praktischer Ebene[109].
Nachdem zu Hause fast ausnahmslos Jiddisch gesprochen wurde, das ohnehin zahlreiche hebräische Ausdrücke enthielt, eigneten sich die Mädchen mit der jiddischen Muttersprache beiläufig auch das Hebräische
an, ohne den ganzen Tag im Cheder verbringen zu müssen[110]. Worauf es
aber in der Erziehung der Mädchen in orthodoxen jüdischen Kreisen vorwiegend ankam, war das Erlernen der Führung eines koscheren Haushalts.
Die Wertschätzung, die der religiöse Ostjude seiner Frau als Hüterin
des Hauses entgegenbrachte, spornte die strebsamen Töchter an, die
Tugenden einer guten jüdischen Hausfrau anhand des mütterlichen Vor-
bildes sich beizeiten anzueignen[111].
Dazu gehörte vor allem die sorgfältige Vorbereitung des Schabbat und
der übrigen Feiertage, die viel sachliches Können erforderte. Aber
auch die zahlreichen sonstigen Begebenheiten des Alltags im Leben
einer religiösen jüdischen Frau gehörten zum reichhaltigen Erziehungsprogramm des orthodoxen jüdischen Mädchens im Osten; so auch Verhal-
tensregeln bei Ritualhandlungen[112].
Man fand in orthodox-jüdischen Kreisen, dass die Mädchenerziehung nie
sorgfältig genug sein konnte, zumal von der künftigen Frau die At-

---

109. Hierüber ausführlicher bei M. Lazarus, Die Ethik des Judentums, Bd. 2, S. 274.
110. Vgl. H.G. Adler, Die Juden in Deutschland, S. 110.
111. "Hoch wird in Jissroel das Weib geschätzt, es sei Priesterin des Hauses! ...
Unsere Lehre legt dem Gatten hohe Liebe, Achtung und Ehrerbietung auf gegen die
Gattin." S.R. Hirsch, Versuche über Jissroels Pflichten in der Zerstreuung, S. 352.
Dazu S.R. Hirsch, Gesammelte Schriften, Bd. 4, S. 451. Siehe W. Freyhan, Der Weg
zum Judentum, S. 73.
112. Es war auch Sitte, dass ein religiöses jüdisches Mädchen während seiner Periode

mosphäre eines religiösen jüdischen Hauses abhing. Es war auch nicht üblich, dass das so gut instruierte und ebensogut kontrollierte und bewachte orthodoxe Mädchen allein seinen künftigen Ehepartner hätte suchen oder gar auswählen dürfen. Das oblag den Eltern oder den Verwandten bzw. dem orthodoxen "Schadchen", dem in religiösen Kreisen gut eingeführten Heiratsvermittler. Da das in traditionellem Milieu aufgewachsene und erzogene jüdische Mädchen von klein auf an Gehorsam gewöhnt war, schloss es auch seine Ehe im Zeichen jüdischer Tradition, die im Zusammenleben der Ehepartner stets gegenwärtig zu sein hatte.

Das häusliche Milieu des *modernen* Ostjuden bot seinen Töchtern keine geeignete Möglichkeit, echtes jüdisches Leben kennenzulernen[113]. Die liberal denkende ostjüdische Mutter hatte auch ganz andere Verpflichtungen nachzukommen, als den Töchtern jüdische Tradition, von der sie oft selbst keine Ahnung hatte, beizubringen. Weder der moderne ostjüdische Vater noch die Mutter hatte Interesse daran, den Töchtern auf Tradition beruhende Erziehung zukommen zu lassen; denn gerade die durch unzählige Vorschriften belastete jüdische Tradition war es, die sie selbst ablehnten. Wenn den Töchtern dann in der Religionsstunde die tragenden Inhalte der jüdischen Religion verkündet wurden, fanden sie sie eher lächerlich als verpflichtend. Es war viel leichter, in der religiösen Atmosphäre des orthodox-jüdischen Hauses das minuziöse Einhalten der Vorschriften den ohnehin an Gehorsam gewohnten Mädchen beizubringen, als zu versuchen, religiöse Gedanken oder religiöses Erleben über die Schule zu vermitteln.

Der moderne Ostjude und seine Frau sahen keine Veranlassung dazu, ihre Zeit mit jüdischer Unterweisung ihrer Töchter zu verbringen. Auf eine koschere Haushaltsführung wurde meist sowieso kein Wert gelegt; so bewegten sich die Töchter aus liberalen jüdischen Familien viel ungezwungener im Kreise der nichtjüdischen Jugend, während die orthodoxen Mädchen stets auf die rituellen Speisegesetze, auf die Einhaltung der Verbote verschiedener Art am Schabbat und an den Feiertagen und auf zahllose andere religiöse Beschränkungen achten mussten[114]. Die Mädchen, die aus liberalen Häusern stammten, verabscheuten den orthodoxen Zwang in allen Bereichen des Alltags. Auch dem Religionslehrer in der Schule konnte freilich nicht gelingen, bei diesen Mädchen religiöse Gefühle zu wecken[115]. Sie waren oft sogar stolz darauf, nicht religiös

---

112. ... niemanden mit Handschlag grüssen durfte.
113. Vgl. N.R. Lazarus, Das jüdische Weib, S. 313.
114. Orthodoxen jüdischen Kindern erschienen durch entsprechende strenge Erziehung und Angewöhnung die vielen Ritualien und Speisebeschränkungen im allgemeinen als eine Selbstverständlichkeit. Dazu R. Straus, Wir lebten in Deutschland, S. 42.
115. Hierüber ausführlicher bei S.R. Hirsch, Gesammelte Schriften, Bd. 5, S. 234.

zu sein. Auch in der staatlichen Schule existierte eine spürbare Trennwand zwischen den Mädchen aus liberalen Familien und den orthodoxen[116]. Das gegenseitige Verhalten der Kinder in der Schule spiegelte freilich das Verhalten ihrer Eltern und ihre Erziehungsgrundsätze wider.
Somit entstand allmählich für die Mädchen aus liberalen jüdischen Familien eine besondere Vorstellung von ihrer eigenen Lage und ihren Beziehungen zur jüdischen und nichtjüdischen Welt. Missachtung, Verpönung und Beschimpfung orthodox-jüdischer Kreise hatten ohne Zweifel dazu beigetragen, dass die Töchter aus modernen ostjüdischen Familien - noch mehr als die Söhne - sich immer mehr dem Judentum entfremdeten und sich mitunter den Nichtjuden näher fühlten als ihren eigenen gesetzestreuen Glaubensgenossen. Das machte sich in zahlreichen Mischehen bemerkbar und fügte dem Gesamtjudentum schliesslich schweren Schaden zu.
Wie schon gesagt, verlief das Leben der *mitteleuropäischen orthodoxen* Juden in einem ganz anderen Rahmen als im Osten. Dementsprechend hatte auch die Erziehung der orthodox-jüdischen Mädchen andere Symptome. Schon der Lebensraum etwa des religiösen deutsch-jüdischen Mädchens unterschied sich von dem seiner Glaubensgenossin beispielsweise in Russland. Während es im Osten eine ganze Reihe von Städten und zahlreichen kleineren Orten gab, wo die jüdische Bevölkerung die nichtjüdische zahlenmässig weit übertraf, befanden sich in Mitteleuropa keine solchen Siedlungsgebiete, wo das jüdische Milieu vorherrschend gewesen wäre[117]. Damit ging der starke Zusammenhalt in religiöser und ethnischer Hinsicht, den die ostjüdischen Massensiedlungen sicherten, verloren.
Unter diesen Voraussetzungen vollzog sich die Erziehung der orthodoxen jüdischen Mädchen in Mitteleuropa. Ihre Einführung in die Intimitäten eines traditionserfüllten jüdischen Hauses verlief in einer ausgeglichenen, mit der Umwelt weitgehend zufriedenen und sie anerkennenden Atmosphäre. Der Respekt vor der nichtjüdischen Umwelt mischte sich stets mit der sonst minuziösen Einhaltung althergebrachter religiöser Vorschriften. Das orthodoxe jüdische Mädchen in Mitteleuropa wusste von Anfang an, dass sowohl seine Eltern als auch es selbst inmitten einer andersartigen Umwelt zu leben hatten. Voreingenommenheiten seitens der Nichtjuden pflegte man nicht mit Hass zu begegnen, sondern

---

116. Religiöse jüdische Schüler wurden von den nichtjüdischen oft mehr geachtet als diejenigen aus liberalen Familien. Siehe R. Straus, Wir lebten in Deutschland, S. 41. Schon die Frühstücksbrote verrieten die Herkunft der Kinder und waren Grund genug für gegenseitige Spötteleien. Butterbrot mit Schinken etwa in der Hand nichtreligiöser Kinder konnte einen heftigen Streit mit den religiösen verursachen.
117. In einigen Städten der westlichen Provinzen Russlands erreichte die Einwohnerzahl der Juden bis zu 60%. Vgl. C. Roth, Geschichte der Juden, S. 456. Dazu E. Schopen, Geschichte des Judentums im Abendland, S. 108.

aus einer fundierten Glaubenshaltung heraus zu bewältigen[118]. So vermieden religiöse jüdische Eltern soweit wie möglich, mit der Ausübung ihrer Religion vor den nichtjüdischen Hausbewohnern aufzufallen.
Es war nicht immer einfach, dem kleinen Schulmädchen beizubringen, dass es etwa während der acht Tage des Pessach-Festes nicht sein gewohntes gutes Frühstücksbrot, sondern nur Mazzen mit in die Schule nehmen durfte. Orthodoxe jüdische Eltern liessen auch ihre Töchter beim Bau der "Sukka", die man gewöhnlich in einer Hofecke oder in den Städten sogar auf dem Balkon errichtet hatte[119], tüchtig mithelfen und sie innen ausschmücken. Diese praktische Mithilfe zur Gestaltung der Feste machte einerseits die althergebrachte Tradition anschaulicher, andererseits trug sie zur Vertiefung religiöser Gefühle bei.
Diese Eltern wussten, dass ihre aus orthodox-jüdischem Hause stammenden Töchter früher oder später einer echten Konfrontation mit der ausserhalb der traditionserfüllten Mauern des Elternhauses stehenden nichtjüdischen Umwelt sich stellen mussten. Die Konfrontation konnte aber nur dann für das traditionstreue mitteleuropäische Judentum einen positiven Ausgang haben, wenn das religiöse Elternhaus eine flexible Haltung in der Erziehung der Töchter einnahm; das galt sowohl gegenüber der vielverzweigten alten Gesetzeslehre als auch gegenüber den Erfordernissen der Zeit.
Diese liess in der zweiten Hälfte des vorigen Jahrhunderts in den Ländern Mitteleuropas - von manchen massiven antisemitischen Tendenzen abgesehen - den allmählichen Abbau religiöser Gegensätze erhoffen. Ausser in dieser konzilianten Haltung in manchen Fragen menschlicher Begegnungen[120], wobei der im Osten vielfach bestehende Hass gegen alles Nichtjüdische auf anerzogene Zurückhaltung reduziert wurde, unterschied sich die Erziehung der weiblichen orthodoxen jüdischen Jugend in den Ländern Mitteleuropas nur insoweit von der Erziehung der ostjüdischen religiösen weiblichen Jugend, als diese im allgemeinen minuziöser in der Pflege der Ueberlieferungen verfuhr. Ausserdem erhielt die jiddische Sprache als Muttersprache des Ostjudentums im orthodoxen Elternhaus im Osten einen Stellenwert, der dem Hebräisch seine Vorrangstellung streitig machte[121]. Gleich war bei beiden das Traditionsbewusstsein in der Erziehung der weiblichen Jugend[122]. Beide sahen in ihm eine lebenserhaltende Funktion jüdischer Existenz.

---

118. Siehe R. Straus, Wir lebten in Deutschland, S. 62.
119. Vgl. den Aufsatz von M. Eschelbacher in: Vom jüdischen Geist, S. 17.
120. "Wir durften immer alle Freuden miterleben, die die Schule bot, und Freundschaft schliessen, mit wem wir wollten." R. Straus, Wir lebten in Deutschland, S. 42.
121. Hierüber ausführlicher bei H.G. Adler, Die Juden in Deutschland, S. 110.
122. Dazu S.R. Hirsch, Gesammelte Schriften, Bd. 5, S. 230.

Die *liberalen* jüdischen Eltern in Mitteleuropa haben sich die Erziehung ihrer Töchter leichter gemacht als die orthodoxen. Sie nahmen keine Rücksicht auf jüdische Tradition, Sitten und Bräuche, wohl aber auf die nichtjüdische Umwelt[123]. Das Jüdische liess sich bequem vertuschen und gegen nichtjüdische Bräuche eintauschen. Diese konnten besonders intensiv wirken, da kein jüdisches Fundament sie entkräftete.

Die moderne jüdische Mutter liess ihre Tochter das Morgen- und Abendgebet - wenn überhaupt - nur in der Landessprache lernen und beten. So wie das Jiddisch, wurde auch das Hebräisch negiert und den Mädchen vor dem Eintritt in die Schule zumeist vorenthalten. Man erzählte den Töchtern weder althergebrachte chassidische noch andere jüdische Geschichten. Vielmehr wuchsen diese Kinder mit dem Märchengut und der Sagenwelt ihres Vaterlandes oder ferner Länder auf[124]. Die liberalen jüdischen Eltern liessen schon in der Schulzeit ihren Töchtern eine Bildung ohne jegliche jüdisch-traditionelle Belastung zukommen, die ihnen den Weg in sog. bessere Kreise der nichtjüdischen Gesellschaft ebnete. Anstelle der traditionellen jüdischen Feste traten vorwiegend Karneval und Silvester. Die Eltern wollten ihre Töchter schon in der Jugend mit Rücksicht auf ihren künftigen Lebensweg von der "Last" jüdischer religiöser Gepflogenheiten befreien. Sie sollten nach Art und Sitte ihrer nichtjüdischen Altersgenossinnen glücklich werden.

Sie bedachten aber nicht, dass sie durch den Entzug der jüdischen Tradition - in den Augen der Orthodoxen der Inbegriff beglückender Freude und erfüllten Daseins - zur Verarmung in der geistigen Entwicklung ihrer Töchter beitrugen, die immerhin in eine jüdische Familie hineingeboren worden waren. Diese durch Traditionsarmut entstandenen Entwicklungslücken moderner jüdischer Mädchen in Mitteleuropa aufzufüllen, war die nichtjüdische Kultur nicht in der Lage; auch dann nicht, wenn sie wesensverwandt zu sein schien. Das durch Fusion jüdischer Kulturfragmente mit nachgeahmten nichtjüdischen Lebensformen erstrebte Lebensglück modern erzogener jüdischer Mädchen war eine Täuschung für alle Beteiligten. Die Nichtjuden erwarteten von der aufgeschlossenen, weltlich erzogenen jüdischen Jugend ein Verhältnis zu ihrer heimischen Kultur, das diese nicht gewinnen konnte, weil ihr die Wurzeln fehlten[125]. Verwurzelt aber blieb diese, wenn auch unsichtbar, in ihrer jüdischen Tradition, in der sie aber nicht heimisch war. Die Fusion

---

123. Siehe N.R. Lazarus, Das jüdische Weib, S. 317.
124. Diese Tendenz fehlte mitunter auch in orthodoxen jüdischen Kreisen nicht.
125. Vgl. den Aufsatz von N. Goldmann in: Die Juden im Gemeinschaftsleben der Völker, S. 85. Dazu der Aufsatz von I. Heinemann in: Vom jüdischen Geist, S. 73.

jüdischer und nichtjüdischer Kulturelemente war auch für die modernen jüdischen Eltern eine Täuschung. Sie wurden sich zu spät bewusst, dass die leichtgenommene traditionsfreie Erziehung ihrer Töchter diese vom Judentum zu weit entfernt hatte und es keine Rückkehr mehr gab. Schliesslich ergab sich, dass auch in gesellschaftlicher Hinsicht diese Fusion ihr Ziel nicht erreichte: im Grunde genommen wurden die jüdischen Mädchen aus liberalen Familien nicht als vollwertige Mitglieder in der nichtjüdischen Gesellschaft anerkannt. In gewissem Sinne davon ausgenommen waren nur wenige sehr begüterte Familien. Zusammenfassend kommen wir zum folgenden Ergebnis: Die Erziehung der weiblichen jüdischen Jugend wies in der zweiten Hälfte des XIX. Jahrhunderts zwischen Ost- und Mitteleuropa mannigfaltige Unterschiede auf. Der absoluten Kompromisslosigkeit des Ostens stand eine gewisse Aufgeschlossenheit für die Umwelt in der orthodox-jüdischen Mädchenerziehung Mitteleuropas gegenüber. Hat sie hier auch nichtjüdische Kulturinhalte mit eingeschlossen, so beschränkte sie sich dort im Grunde genommen auf die strikt religiöse Haushaltführung. Weniger differierte die liberale jüdische Mädchenerziehung zwischen Ost- und Mitteleuropa; diese wie jene orientierte sich grundsätzlich an nichtjüdischen Lebens- bzw. Erziehungsformen, wobei lediglich graduelle Unterschiede zu verzeichnen waren.

FÜNFTER TEIL

SCHLUSSBETRACHTUNGEN

1. Die jüdische Familienerziehung im Lichte allgemeinpädagogischer Ueberlegungen

Die vorliegende systematische Analyse der jüdischen Familienerziehung in der zweiten Hälfte des XIX. Jahrhunderts muss im wesentlichen über vier Fragenbereiche Aufschluss geben:
a) Ueber die mögliche bzw. vorhandene Bildsamkeit des zu Erziehenden,
b) über das Wechselverhältnis bzw. die Erziehungsgemeinschaft zwischen Zögling und Erzieher,
c) über den Bildungsgehalt bzw. die Erziehungsmächte,
d) über die Bildung selbst als Ergebnis bewusster Planung und ungesteuerter Einflüsse.

Zu a): Nach den vorausgegangenen eingehenden Untersuchungen stellen wir fest: Die jüdische Familienerziehung hatte in der zur Untersuchung anstehenden Epoche eine optimistische Vorstellung von der Bildsamkeit des Zöglings. Sie mutete der werdenden Person die Fähigkeit zu, den Traditionalismus, den ausschlaggebendsten Faktor in der jüdischen Erziehung, durch Automatisierung, Gewöhnung und Uebung entsprechender Verhaltensweisen als ein im eigenen Interesse des Zöglings liegendes Wertobjekt zu betrachten.

Die jüdische Erziehung erkannte grundsätzlich die Eigenständigkeit des personalen Lebens des zu Erziehenden - das Eigenrecht der Jugend, die Freiheit und Spontaneität des Individuums, auf dem Primat des eigenen Gewissens gegründet, - im allgemeinen nicht an.

Zu b): Diese eigentümliche Vorstellung von der Uneigenständigkeit des Wesens und der absoluten Bildbarkeit des Zöglings machte das typisch Jüdische im Wechselverhältnis zwischen dem Zögling und seinem Erzieher aus. Einmal trat Sorge um das Gelingen des Erziehungswerks seitens der Erzieher hervor. Allen störenden Einflüssen, die das Erziehungswerk beeinträchtigen konnten, stellte sich der Erzieher mit seiner ganzen Autorität entgegen. Das Autoritätsprinzip blieb ein institutionelles Grundphänomen echter jüdischer Erziehung.

Die Berechtigung zur Autorität nahm der jüdische Erzieher aus der Transzendentalität seines Erziehungsauftrags. Dieses Autoritätsprinzip schloss aber trotz seiner Strenge erzieherische Liebe und opferfreudiges Helfenwollen keinesfalls aus. Liebende Erzieherhilfe und autoritätsbezogener Erzieherwille ergänzten sich vielmehr[1] und bildeten die tragende Basis der jüdischen Erziehungsgemeinschaft. Das spezifisch Jüdische im Verhältnis Zögling - Erzieher lag darin, dass sich der Zögling gläubig dem Erzieher als dem "Sehenden", dem das Ziel des Erziehungsweges bekannt ist, blind anvertraute.

Zu c): Was den Bildungsgehalt echter jüdischer Familienerziehung in der zweiten Hälfte des vorigen Jahrhunderts betrifft, so gilt hier die Feststellung W. Flitners in besonderem Masse: "Es gibt eine Reihe von Gemeinschaften, welche erziehen und für die erzogen wird, und die zugleich die Substanz hergeben, in welcher erzogen wird."[2]

Für die jüdische Familienerziehung ergab sich daraus die Aufgabe, den Nachwuchs nach den grundlegenden Prinzipien des Judentums auszubilden und in die fortwährende Tradition einzugliedern. Wir müssen hierbei die Orthodoxie als tragende Schicht des Judentums in der zur Untersuchung anstehenden Epoche in der Rolle einer produktiven geschichtlichen Sozialordnung mit eigenen Strukturformen ansehen; sie war der Garant für den geistig-sittlichen Gehalt der jüdischen Erziehung schlechthin. Abweichungen hiervon waren möglich und erfolgten oft genug; sie änderten jedoch nichts an der Grundstruktur echter, unverfälschter jüdischer Familienerziehung.

Zu d): Das durch intensive Begegnung mit der Ueberlieferung forcierte und zugleich hie und da durch vielfältige Alltagseinflüsse gehemmte bzw. modifizierte jüdische Bildungsgeschehen wies im allgemeinen stark normative Züge auf. Das lag im Eingebettetsein im Traditionalismus der jüdischen Offenbarungsreligion begründet. Bewusste Planung dominierte weitgehend; sie war teils von althergebrachten Ueberlieferungen abgeleitet, teils von opportunistischem Anpassungsdrang an die Umwelt bestimmt.

Echte jüdische Erziehung und Bildung wurzelten im Grunde genommen in der Vergangenheit; selbst ihr Bezug auf Gegenwart und Zukunft reflektierte auf Konservierung althergebrachter Bildungsinhalte, wenn auch oft in steter Konfrontation mit fremden Kulturen. Demzufolge war formale Bildung von materialer klassischer Prägung im jüdischen Bildungsgeschehen nicht zu trennen. Sie diente zur Kräftebildung, zur sittlich-geistigen Formung des zu Erziehenden, um sein jüdisches Dasein in eigener Verantwortung optimal zu gestalten.

---

1. "Liebe und Macht schliessen sich nicht aus". Siehe E. Spranger, Lebensformen, Geisteswissenschaftliche Psychologie und Ethik der Persönlichkeit, S. 199.
2. Vgl. W. Flitner, Allgemeine Pädagogik, S. 109.

2. Die Situation der jüdischen Erziehung heute

Nach eingehender Behandlung der allgemeinen Erziehungssituation und der vielschichtigen Charakteristika und Probleme der jüdischen Erziehung des ausgehenden 19. Jahrhunderts in den Ländern Mitteleuropas müssen wir uns nun die Aufgabe stellen, die Zusammenhänge zwischen den heutigen jüdischen Erziehungsformen und Erziehungszielen und der damaligen kulturellen Situation der Judenheit *Mitteleuropas* zu untersuchen.

Es stellt sich dabei die Frage, inwieweit die heutige jüdische Erziehungswelt eine weitere Entwicklung erfahren, welche neuen Aspekte sie gewonnen hat und welche Gründe dafür massgebend waren. Schliesslich ist noch zu prüfen, wieweit das heutige Bild der jüdischen Erziehung als selbstverständliches Produkt jener Zeit und der dazwischenliegenden gewaltigen gesellschaftlichen Umwälzungserscheinungen zu betrachten ist, um gegebenenfalls die Gemeinsamkeiten bzw. die Gegensätze aufzuzeigen.

Wir müssen bei unseren Untersuchungen den gesellschaftlichen Ab- bzw. Aufstieg des Judentums sowie die sonstigen Umwelterscheinungen auf der einen Seite und die Entwicklung des jüdischen Erziehungsbildes in positivem oder negativem Sinne auf der andern Seite streng auseinanderhalten und dürfen neben den Berührungspunkten und sonstigen Relationen der jüdischen mit der nichtjüdischen Welt den innerjüdischen Wandel original-israelitischer Erziehungssymptome nicht ausser acht lassen.

Der Grundsatz, uns bei unseren Untersuchungen auf die Wandlung echt jüdischer Erziehungsprobleme zu konzentrieren, erhält durch die Prüfung der allgemeinen Lage der Judenheit Mitteleuropas und ihrer Erziehungswelt vor und nach dem Ersten Weltkrieg - und vor allem nach 1945 - eine besondere Bedeutung. Der gesellschaftliche Aufstieg und die Anerkennung der kulturellen und wirtschaftlichen Leistung der Juden in Deutschland und Oesterreich-Ungarn wurden durch eine breite freiwillige Assimilationswelle beantwortet[3]. Auch die Entstehung zahlreicher jüdischer Schulen und Kulturinstitutionen war nicht immer der Ausdruck für die Intensivierung jüdischer Erziehungsgrundlagen. Die Fundamente jüdischer Erziehung waren nämlich in erster Linie religiösen Charakters[4] auch in der liberalen Aera der ersten zwei Jahrzehnte dieses Jahrhunderts, die den Stempel der steten Säkularisierung dem

---

3. Hierüber ausführlicher bei C. Rosenberg, Bilder aus einem Leben, Erinnerungen eines ostpreussischen Juden, S. 54.
4. So L. Baeck, Dieses Volk - Jüdische Existenz, II. Teil, S. 103. Baeck war der geistige Führer der gemässigten Orthodoxie im deutschen Judentum.

jüdischen Erziehungsprozess aufdrückten. Eine echte Säkularisierung im
jüdischen Erziehungswesen konnte es jedoch nicht geben.
Der Grund dafür lag einmal in der Tatsache, dass die Verweltlichung der
jüdischen Erziehung, d.h. ihre Anpassung an die nichtjüdische Umwelt,
im eigentlichen Sinne nur die zwar zahlenmässig grossen, jedoch mit
der Tradition nicht tief verbundenen Schichten der mitteleuropäischen
Judenheit erfasste; zum andern darf auch nicht vergessen werden, dass
die zwar an traditionellen religiösen Elementen besonders reiche jüdische Erziehung keinen Heiligungsprozess proklamierte wie auch keinen
"Heiligen" züchten wollte. Die Forderung des Alten Testaments, "Ihr
sollt heilig sein wie euer Gott", begleitet zwar im Hintergrund den
jüdischen Erziehungshorizont traditioneller Prägung; aber dieser Aspekt
gelangte nur im europäischen Osten zu grösserer Bedeutung.
Es stellt sich nun die Frage: Wie ist denn die liberale Aera vor dem
Ersten Weltkrieg für den Gesamtkomplex der jüdischen Erziehung in Mitteleuropa zu werten? Es handelte sich in jener Epoche des wirtschaftlichen Aufstiegs in Mitteleuropa auf seiten der Juden um eine allmähliche
Reduzierung jüdischer Erziehungsmerkmale im Familienleben in breiten
Schichten der städtischen Judenheit; zugleich tendierte die nichtjüdische Welt zur Toleranz jüdischer Lebensgewohnheiten. Die durch die
Reduzierung religiöser Elemente im jüdischen Erziehungswesen entstandenen Lücken wurden durch weltliche Bestandteile aufgefüllt. Die Frage
stellt sich nun, ob das Abnehmen jüdisch-geistiger Werte in der Erziehung durch den politischen Einfluss, den die Juden gewonnen haben,
wettgemacht werden konnte.
Zur Beantwortung dieses Fragenkomplexes muss zuerst die für das Judentum fundamentale Bedeutung des alttestamentlichen Begriffs "Am Segula"
- Eigentumsvolk - untersucht werden[5]. Die durch Gott befohlene und
durch die Bibel als Dauerzustand geforderte Absonderung der Judenheit
wird aus jüdischer Sicht nicht als Strafe Gottes etwa für die Nicht-
anerkennung Jesu oder für andere "Delikte" aufgefasst, wie zahlreiche
christliche Theologen und Gläubige bis in unsere Tage hinein meinen.
Die durch Gott vom jüdischen Volk verlangte Absonderung gilt für das
Judentum sowohl als Auflage als auch als Privileg mit einer präzisen
Aufgabenstellung, die sich besonders im Bereich der Erziehung verwirk-
lichen lässt. Das Auserwähltsein als Charakteristikum des jüdischen
Volkes ist ein unverrückbarer Tatbestand im jüdischen Denken; es sollte
sich von jeglichen politischen, wirtschaftlichen oder kulturellen

---

5. Siehe den Aufsatz E. Simons in: Brücken, Gesammelte Aufsätze, S. 467. Der Begriff
"Eigentumsvolk" ist für die jüdische Diaspora von unüberschätzbarer Bedeutung und
spielt bei der jüdischen Daseinsgestaltung eine erhebliche Rolle.

Strömungen und Einflüssen der nichtjüdischen Umwelt fernhalten. Die
Tendenz zur Absonderung und das durch Liberalismus, wechselseitige
Kontakte und Begegnungen geförderte Prinzip der Toleranz standen somit
im Gegensatz zueinander. Eine Synthese konnte nur dort stattfinden, wo
die jüdische Komponente bereits so geschwächt war, dass die Uebermacht
der nichtjüdischen Gegenkomponente ihr nur noch eine kärgliche Rest-
existenz beliess.
Für welche der beiden Gruppen - Juden oder Nichtjuden - sollte nun die
Symbiose der jüdischen Erziehung mit den Liberalisierungstendenzen und
Toleranzsymptomen der nichtjüdischen Umwelt in den Ländern Mitteleuropas von Nutzen sein? Für die Juden etwa, die in grossen Scharen die
Toleranzkundgebung der Gastgebervölker als Zeichen der Verbrüderung
und Liebe empfanden[6] und ohne langes Zögern einen grossen Teil ihrer
eigenen Erziehungsinhalte dafür preisgaben? Man bedenke dabei, dass
sie ja zugleich anhand der übernommenen neuen Erziehungsziele eine erhebliche Lockerung ihrer eigenen erzieherischen Dispositionen erfuhren!
Oder vielleicht für die nichtjüdische Umwelt, die zum Teil noch mit erheblicher Skepsis der kulturellen Begegnung mit dem "gottgeplagten"
Volke gegenüberstand?
Die Antwort auf diese schwerwiegenden Fragen erteilte die Epoche zwischen dem Ersten und dem Zweiten Weltkrieg selbst. Hat der von aussen
kommende Liberalisierungsprozess zur allmählichen Lockerung des jüdischen Erziehungsgefüges geführt, so erfolgte das Gegenteil mit dem Auf-
kommen des Nationalsozialismus[7]. Die Tragödie fing bereits an, als die
verschiedenen nationalsozialistischen Massnahmen sowohl den Juden den
Kampf ansagten, die in zunehmendem Masse sich assimilierten, als auch
den konservativen, die separat bleiben wollten. Der Judenstern musste
kommen, um breiten Kreisen der mitteleuropäischen Judenheit die Grenzen ihrer für viele so hoffnungsvoll erscheinenden Assimilation bewusst
zu machen. Erst dann, als die Aufnahme jüdischer Schüler und Studenten
in die staatlichen Lehranstalten Schritt für Schritt erschwert wurde[8],
sah die Masse der liberalen Juden die Notwendigkeit der Straffung des
jüdischen Erziehungswesens ein, um noch rechtzeitig den Untergang der
jüdischen Kultur zu verhindern. Es kam oft vor, dass Tausende von Juden erst durch die Anordnung, den Davidstern zu tragen, sich als Juden
deklarierт und somit in der Schicksalsgemeinschaft ihren Glaubensbrü-
dern gleichgesetzt sahen.
Die durch mannigfache Liberalisierung verwässerte und gelockerte jüdische Erziehung hätte nie ohne entsprechende Stärkung von innen her den

---

6. Dazu R. Straus, Wir lebten in Deutschland, S. 194.
7. Vgl. den Aufsatz E. Simons in: Brücken, Gesammelte Aufsätze, S. 353. Simon befasst
sich hier ausführlich mit den verschiedenen Phänomenen, die zur Lockerung und Vernachlässigung der jüdischen Erziehung führten.

harten Anforderungen der Zeit standhalten können und wäre schon vor der physischen Liquidierung dem geistigen Untergang preisgegeben worden[9]. In zahlreichen jüdischen Lehranstalten und Kulturinstitutionen - den Volksschulen, den Oberschulen und Gymnasien und schliesslich den Berufsschulen; den Einrichtungen für Erwachsenenbildung und nicht zuletzt den jüdischen Theatern - vermochte das jüdische Erziehungswesen in den Ländern Mitteleuropas den Rahmen zu bilden, in dem die innere Umkehr, die Aktivierung der spezifisch jüdischen Erziehung in Zeiten der Not stattzufinden hatte.

Die Früchte der Zusammenarbeit der anfangs noch staatlich anerkannten jüdischen Erziehungsstätten mit der - notgedrungen - zur erzieherischen Aktivität aufgerufenen jüdischen Familie wirkten lange in die dunkelsten Jahre jüdischer und europäischer Geschichte hinein und spendeten Stärkung und Hoffnung; wo der Mensch zu versagen drohte, half nur noch der Glaube[10]. Er allein - herausgewachsen aus bewusst-jüdischer Erziehung - machte in schicksalsschweren Zeiten das geistige und oft auch das physische Ueberleben möglich. Hier hat man sehen können, wie Erziehung und Glaube im jüdischen Leben untrennbare Begriffe sind, sofern von jüdischer Existenz im wahrsten Sinne des Wortes die Rede ist.

Das Ende des Zweiten Weltkrieges und des Dritten Reiches fand zweierlei Gruppen von Juden vor, die in Mitteleuropa übriggeblieben waren. Die eine Gruppe wollte nach den schrecklichen Ereignissen nichts mehr vom Judentum, geschweige denn von einer jüdischen Erziehung wissen. Tausende der Ueberlebenden erhoben resignierend Anspruch auf völlige Gleichheit mit der übrigen Bevölkerung. "Was hat uns das Auserwähltsein, unser Sonderstatus gebracht? Hass und Vernichtung", meinten sie und setzten alles daran, um künftig jeglichen Unterschied zwischen sich und ihrer Umwelt zu verwischen[11]. Nie in der jüdischen Geschichte wurden so viele Mischehen geschlossen, die Erziehung der Kinder meist dem nichtjüdischen Ehepartner überlassen[12], wobei häufig auch die Be-

---

8. Siehe R. Straus, Wir lebten in Deutschland, S. 194.
9. Hierüber ausführlicher bei E. Simon, Chajjim Nachman Bialik, S. 103.
10. Vgl. E. Simon, Aufbau im Untergang, Jüdische Erwachsenenbildung im nationalsozialistischen Deutschland als geistiger Widerstand, Tübingen, 1959, S. 60. Simon berichtet eingehend über M. Bubers, F. Rosenzweigs und seine eigenen Bemühungen um die Aufrechterhaltung jüdischer Erziehungsstätten. Dazu L. Baeck, Dieses Volk - Jüdische Existenz, I. Teil, S. 147.
11. Siehe K.J. Ball-Kaduri, Jüdisches Leben einst und jetzt, München, 1961, S. 53. Aus Angst vor eventuellen neuen Verfolgungen der Juden neigten diese nach dem Untergang eines grossen Teils des mittel- und osteuropäischen Judentums dazu, religiöse Unterschiede zwischen Juden und Nichtjuden zu verwischen.
12. Vgl. W.W.J. Oppenheimer, Jüdische Jugend in Deutschland, München, 1967, S. 36. Dazu ist ausserdem zu bemerken, dass nach jüdischem Recht Kinder aus Mischehen im allgemeinen nur dann als jüdisch anerkannt werden, wenn die Mutter Jüdin ist.

schneidung der jüdischen Jungen - eine fundamentale Forderung des Judentums - unterblieb.

Diese Umstände drückten der Haltung des überwiegenden Teils der Nachkriegsjuden in Mitteleuropa ihren unverkennbaren Stempel auf, insbesondere im Hinblick auf die Erziehung, deren jüdische Motivierung zusehends gegenstandslos wurde. Die ganze Energie dieser jüdischen Gruppe wurde für die möglichst völlige Nivellierung des jüdischen Daseins mit allen seinen früher zum Teil streng beachteten Symptomen aufgewendet, um auf diese Weise sich und die Nachkommenschaft der schwerwiegenden Problematik zu entziehen, die unwillkürlich beim Zusammenleben von Juden und Nichtjuden entsteht.

Wir sehen also, dass diese Gruppe der Nachkriegsjuden praktisch dem gesamten jüdischen Erziehungswesen eine Absage erteilte, jegliche jüdische Atmosphäre aus dem Hause vertrieb und die Kinder zum grossen Teil eher religionslos, wenn nicht sogar christlich aufwachsen liess. Damit setzte sie die im 19. Jahrhundert eingeleitete Entwicklungstendenz der liberal-jüdischen Erziehung fort, wenn auch unter anderem Vorzeichen[13]; nicht aus Idealismus - wie früher -, sondern aus Resignation und Angst vor der Zukunft.

Die religiöse Gruppe dagegen machte eine andere Entwicklung durch; sie war der liberalen gerade entgegengesetzt. Ihre Tendenz richtete sich nach 1945 nicht nach aussen, sondern nach innen. Der konservative Jude Mitteleuropas befand sich nach Kriegsende nur in sehr beschränkter Zahl in seiner bisherigen Vorkriegsheimat. Heute ist er im Begriff, eine neue Renaissance in der biblischen Heimat mitzugestalten und zu ihrer Verwirklichung auf dem Boden des "Gelobten Landes" nach Kräften beizutragen.

Während der liberale Jude zur völligen Apathie jüdischen Belangen gegenüber tendiert, erwacht im konservativen Juden Mitteleuropas ein neuer Idealismus. Die erzieherische Aktivität, die der konservative Jude in Mitteleuropa vor dem Ersten Weltkrieg zwischen dem religiös-jüdischen Erziehungssystem und den allgemeinen Liberalisierungstendenzen vorsichtig auszubalancieren hatte, verwendet er nach Ende des Zweiten Weltkrieges ungeteilt und daher mit doppeltem Elan in der alt-neuen Heimat Israel. Ausser einigen kleineren orthodox-jüdischen Gemeinschaften in der Schweiz, befinden sich seit 1945 nur noch in Ungarn konservative Juden auf mitteleuropäischem Boden. Das Ziel der Erziehung dieser Gruppe blieb auch nach dem ungeheuren Weltbrand unverändert, nämlich die Fortführung der jüdischen Tradition und ihre Be-

---

13. Dazu H.J. Schoeps, Jüdischer Glaube und jüdisches Gesetz heute, in: H. Ganther, Die Juden in Deutschland, S. 212. Die Kritik Schoeps', eines patriotisch gesinnten Vertreters des früheren liberalen deutschen Judentums, verdient eine besondere Beachtung.

lebung durch die Erziehung der neuen Generation. Dabei spielen die
erzieherischen Aspekte der Volkszugehörigkeit seit der Gründung des
Staates Israel eine bedeutende Rolle[14].

Nach der Verschiebung des Schwergewichts des mitteleuropäischen Judentums auf aussereuropäische Gebiete befand sich das jüdische Erziehungswesen nach 1945 in Mitteleuropa infolge der jüdischen Katastrophe auf dem Nullpunkt. In einigen Grossstädten wurden Synagogen wieder errichtet, die aber nur von einem Bruchteil der überlebenden Juden aufgesucht wurden. Auch einige jüdische Schulen wurden wiedereröffnet, aber ausserordentlich spärlich besucht. Weder Synagogen noch Schulen können aber darüber hinwegtäuschen, dass die grosse, glanzvolle Zeit jüdischer Kultur auf mitteleuropäischem Boden für immer vorüber ist. Lediglich in Ungarn versucht eine aktive jüdische Gemeinschaft von rd. 80 000 Seelen unter ungeheuren Opfern eine Reihe alter, bewährter Erziehungsstätten als Abglanz einer gutfundierten erzieherischen Tradition aufrechtzuerhalten[15].

Eine von der Entwicklung in Mitteleuropa völlig abweichende Tendenz machte sich in der jüdischen Erziehung im *Osten* Europas bemerkbar. Während die Juden in den Ländern Mitteleuropas vor dem Ersten Weltkrieg praktisch alle Freiheiten genossen, um ihre liberalen oder konservativen Erziehungsstätten ins Leben zu rufen und somit eine vitale Erziehungstätigkeit auf jüdischer Basis zu entfalten, gewährte etwa das autoritäre, judenfeindliche Regime in Russland diese Möglichkeiten der kulturellen Entfaltung des rd. drei Millionen Seelen zählenden russischen Judentums nur in einem sehr beschränkten Umfang. Dazu kamen in den ersten zwei Jahrzehnten unseres Jahrhunderts eine Reihe von Pogromen, die vom russischen Volk selbst ausgegangen und von der Regierung forciert worden waren. Diese haben dem Gedeihen des jüdischen Erziehungswesens in Russland sehr geschadet[16]. Somit waren die Umstände vor dem Ersten Weltkrieg in Russland für das Judentum wesentlich ungünstiger als in den Ländern Mitteleuropas, wo die Juden keinen derartigen Verfolgungen ausgesetzt waren.

Wir müssen nun fragen: Haben die äusseren Gefahren sowie die fatale politische und wirtschaftliche Lage breiter Massen der polnischen und russischen Juden die Tendenz der jüdischen Erziehung beeinflusst? Hatte die Intensivierung der jüdischen Erziehung im Osten Europas mit der Aktivierung der jüdischen Erziehung in Mitteleuropa der dreissiger Jahre gemeinsame Aspekte, oder gab es bemerkenswerte Unterschiede?

---

14. Siehe E. Simon, Aufbau im Untergang, S. 47.
15. Hierüber ausführlicher bei A. Moskovits, Jewish Education in Hungary, S. 286.
16. Vgl. Z. Rudy, Soziologie des jüdischen Volkes, S. 26 f.

Unsere erste Frage kann bejaht werden. Zeiten der äusseren Not wirkten
auch in früheren Jahrhunderten wie Zündstoff für die Entfaltung einer
besonders lebendigen jüdischen Kulturtätigkeit. Die babylonische Ge-
fangenschaft der Juden und die Inquisition im Mittelalter haben zahlreiche bedeutende Werke jüdischer Kultur hervorgebracht. So wandte sich
das Interesse breiter jüdischer Massen im europäischen Osten der Intensivierung und Belebung althergebrachter Erziehungsformen und Er-
ziehungsinstitutionen zu, nachdem nur einer schmalen Oberschicht der
osteuropäischen Judenheit möglich war, eine höhere Bildung an staatlichen Lehranstalten oder ausländischen Hochschulen zu erlangen.
In Osteuropa entstand ein Phänomen, das es bislang in der jüdischen
Geschichte - ausser in der Talmud-Epoche - nur selten gab: Die einsei-
tige, aber umso ertragreichere Beschäftigung von jung und alt mit
fundamentalen jüdischen Bildungsinhalten - vor allem dem Studium des
Talmud - brachte religiöse Erziehung und kulturelle Bildung auf einen
Nenner. Diese ostjüdische Art jüdischer Bildung machte bald auch in
einigen Gebieten Mitteleuropas Schule, ganz besonders in Ungarn. Aber
auch in Palästina und in den USA gewann sie an Boden[17]. Nach Deutschland und Oesterreich drang sie kaum ein. Hauptgebiete dieser intensiven Gelehrsamkeit und Erziehungsarbeit waren Galizien, das Gebiet um
Wilna und Lemberg, die Karpato-Ukraine, Weissrussland und Litauen[18].
Während aber in Polen die jüdische Erziehung in der Familie wie in den
zahlreichen jüdischen Lehranstalten und sonstigen Erziehungsstätten
bis zum Beginn des Zweiten Weltkrieges einen grossen Aufschwung erleb-
te und eine erfolgreiche Aktivität entfalten konnte, hat der Bol-
schewismus nach der Etablierung der Sowjetmacht dem überaus aktiven
jüdischen Erziehungswesen auf russischem Boden ein jähes Ende bereitet.
Charakteristisch für die Blütezeit der ostjüdischen Kultur in der Zeit
zwischen den Weltkriegen war, dass es dem ostjüdischen Judentum - vor
allem in Polen und Galizien - gelang, die jüdische Erziehung in fast
allen Bereichen des täglichen Lebens walten und als fast einziges
Kulturgut für die breiten Massen gelten zu lassen[19]. Diese Allge-
meingültigkeit der jüdischen Erziehungsdoktrin bestand unter
den Juden Mitteleuropas selbst in ihrem schlimmsten Verfolgungszeiten nicht. Der Grund hierfür lag in der weitgehend abendländischen

---

17. So L. Baeck, Dieses Volk - Jüdische Existenz, II. Teil, S. 299. Kleinere Zentren
der jüdischen Orthodoxie befinden sich noch in der Schweiz, in Belgien, Holland, Frankreich und England.
18. Dazu E. Simon, Aufbau im Untergang, S. 71. In Wilna wurden auch die meisten Tal-
mudausgaben verlegt.
19. Hierzu R. Mayer, Christentum und Judentum in der Schau Leo Baecks, Stuttgart, 1961
S. 124, wonach Glaube und Tat im Judentum in engem Verhältnis zueinander stehen. Vgl.
E. Simon, Chajjim Nachman Bialik, S. 103.

Orientierung der jüdischen Familien- und Schulerziehung von ihren Anfängen an bis in unsere Tage hinein[20].

Das Ineinandergreifen religiös-kultureller und erzieherischer Symptome charakterisierte die Blütezeit ostjüdischer Kultur[21]. Diese Entwicklung musste in den Ländern Mitteleuropas ausbleiben, da die sporadische Siedlungsweise der Juden hier, die sich höchstens in den Grossstädten in grösserer Zahl fanden, dem geschlossenen jüdischen Erziehungswesen wie auch der strikten Befolgung und Erfüllung der religiösen Gesetze hinderlich war. Die wesentlich weiter fortgeschrittene Industrialisierung und die damit zusammenhängenden gesellschaftlichen Veränderungen verhinderten ihrerseits in Mitteleuropa ebenfalls die ungestörte Entwicklung eines rein jüdischen Erziehungswesens, wie es in zahlreichen polnischen und galizischen Dörfern und Kleinstädten, weit entfernt von jeglichen Modernisierungstendenzen, ungestört praktiziert wurde. Schliesslich ist auch noch zu beachten, dass nur ein kleiner Teil der Juden Mitteleuropas zu den konservativen gehörte und schon aus diesem Grunde die Kollektivierung einer ausschliesslich jüdischen Erziehung nach östlichem Muster nicht stattfinden konnte.

Man könnte nun fragen, ob die ostjüdischen Massen angesichts ihrer geschlossenen jüdischen Erziehung, die Jiddisch als "heilige" Sprache neben Hebräisch und zugleich als Muttersprache einsetzte, auch durchwegs als religiös anzusehen waren. Diese Frage kann zum grossen Teil bejaht werden. Dass die schmale Oberschicht polnischer und russischer Juden, die meist eine gute Allgemeinbildung besassen, in bezug auf die Erziehung eher als liberal denn als konservativ galt, liegt auf der Hand.

Die Variabilität in der erzieherischen Tätigkeit der ostjüdischen Massen war recht bescheiden. Grundlegende religiöse Faktoren liessen in der Familie wie in den Erziehungsstätten jene urtümliche ostjüdische Erziehungsatmosphäre entstehen, in der es keine Unterscheidung, geschweige denn eine Absonderung oder Trennwand zwischen Religion, Traditon, Gesetz oder Brauch geben konnte. Dem Vorbild der Väter, Mütter und Lehrer haftete das Phänomen der Unfehlbarkeit an, das man, wenn auch nicht aus purer Religiosität, so doch aus Tradition widerspruchslos gelten liess[22].

Vermochte schon die Bolschewisierung Russlands das jüdische Leben samt den zahlreichen jüdischen Erziehungsstätten in Stadt und Land lahmzulegen, so versiegte im Zweiten Weltkrieg diese einst fruchtbare

---

20. Siehe L. Baeck, Dieses Volk - Jüdische Existenz, II. Teil, S. 298. Baeck bejaht aus innerer Ueberzeugung die Bereicherung der jüdischen Erziehung durch abendländische Bildungsinhalte.
21. Hierüber ausführlicher bei J.M. Landau, Israel, S. 291.
22. Dazu E. Simon, Chajjim Nachman Bialik, S. 103.

Quelle echter jüdischer Kultur vollends. Hitler legte in den von ihm
besetzten Gebieten allergrössten Wert auf die Ausrottung der ostjüdischen Massen. Damit hatte er nämlich den Kern des Judentums und seine
eigenständige Kultur tödlich getroffen. Waren schon vor der bolschewistischen Machtergreifung nur spärliche Möglichkeiten zur Rettung jüdischer Kultur ins Ausland vorhanden gewesen - vor allem in die USA
und nach Palästina, wo tatkräftige Männer unter schwersten Bedingungen
endlich eine bodenständige jüdische Kultur auf dem historischen Boden
der Väter zu pflegen bereit waren -[23], so versiegte jede Möglichkeit
zur Rettung von Millionen von Ostjuden samt ihren Kultur- und Erziehungsstätten mit dem Ausbruch des Zweiten Weltkrieges. Nirgendwo auf
der Welt war die Verwüstung dieses Krieges gründlicher als in der Zerstörung der Lebensader des Judentums in Osteuropa. Nichts zeigt diese
Tatsache deutlicher als die heutige Situation der jüdischen Erziehung
in diesem Gebiet.
Wie ist nun die Lage der jüdischen Erziehung heute im Osten Europas?
Die alte Judenfeindschaft der Polen und der Russen tritt immer mehr in
den Vordergrund. Die kommunistischen Regierungen beider Ostblockstaaten,
die noch vor wenigen Jahren etliche jüdische Minister zählten, verfolgen seit geraumer Zeit eine ausgesprochen judenfeindliche Politik, obwohl die Zahl des 1939 fast drei Millionen Seelen zählenden polnischen
Judentums 1945 auf rd. 40 000 und inzwischen auf etwa 8000 sank. Die
jüdische Bevölkerung im westlichen Teil der Sowjetunion verringerte sich
in ähnlichem Masse durch systematische Ausrottung. In der ganzen Sowjetunion einschliesslich der damals nicht besetzten Gebiete leben noch rd.
2,5 Millionen Juden[24].
Diese Juden aber, so paradox es klingt, leben ohne Judentum katexochen.
Fünfzig Jahre kommunistischer Unterdrückung und entsprechende Propaganda genügten, um eine jahrhundertealte Tradition jüdischer Kultur zu vernichten, zumal die Massentötungen während der deutschen Besetzung ihren
entscheidenden Beitrag dazu geleistet hatten. Es gab zu keiner Zeit in
der jüdischen Geschichte eine derart fatale Verkümmerung der jüdischen
Kultur - die schlimmsten Verfolgungszeiten im Mittelalter und in
Auschwitz mit eingeschlossen -, wie in der Sowjetunion unserer Tage.
Ausser einer Handvoll älterer Leute in den Grossstädten weiss kein Jude in dem mächtigen Sowjetreich etwas über jüdische Tradition und Erziehung. Er könnte ohnehin nichts damit anfangen, da jegliche Voraussetzung für die Pflege jüdischer Kultur fehlt. Die sowjetische Regie-

---

23. Bemerkenswerterweise stammten diese ersten jüdischen Pioniere in Palästina z.T.
aus der Orthodoxie, z. T. aus sozialistischen Kreisen. Vgl. J.M. Landau, Israel,
S. 35.
24. Siehe Z. Rudy, Soziologie des jüdischen Volkes, S. 28.

rung lässt die Synagogen zu Tausenden in Stadt und Land schliessen und untersagt strikt jede jüdische kulturelle Tätigkeit. Damit muss eine Erziehung in jüdischem Sinne sowohl durch die entsprechenden Schulen, die geschlossen wurden, als auch durch die seit nunmehr fast 60 Jahren der Bolschewisierung ausgesetzte jüdische Familie ausbleiben.
In Polen befindet sich die jüdische Erziehung in einer etwas günstigeren Lage. Der freien Ausübung der Religion und einer beschränkten kulturellen Tätigkeit werden durch die Regierung hier weniger Hindernisse in den Weg gelegt. Das jüdische Erziehungswesen, durch die Ermordung von etwa drei Millionen polnischer Juden seines Fundaments beraubt, vegetiert allerdings auch in Polen nur recht kümmerlich dahin. Hier, im Lande der Chassidim und der gelehrten Wunderrabbiner, wächst eine neue Generation fast restlos kommunistisch gewordener Juden auf, deren Trend vom nackten Ueberleben höchstens bis zur geselligen Pflege der jiddischen Kultur reicht. Die im Untergrundkampf während des Zweiten Weltkrieges übernommene kommunistische Ideologie ist wohl oder übel dabei, die letzten Spuren jüdischer Tradition im Lande der Kabbala zu verwischen.
Die geschilderten Symptome der Situation der jüdischen Erziehung in der Gegenwart lassen ein trostloses Bild von der Gesamtlage des Judentums in Mittel- wie in Osteuropa entstehen[25]. Die urtümliche Kraft fehlt, die trotz lebhafter Auseinandersetzungen zwischen dem liberalen mitteleuropäischen und dem konservativen osteuropäischen Judentum in der Vergangenheit einzig und allein aus dem Osten strömte. Das Gedeihen echter jüdischer Kultur braucht ein genügend breites, ausgesprochen jüdisches Fundament. Wenn dieses stabil genug ist, könnte die jüdische Erziehung unter günstigen Umständen manche fördernde Elemente aus der nichtjüdischen Kultur übernehmen und im Laufe der Zeit z.T. auch integrieren. In der Tat ist die Verschmelzung jüdischer und nichtjüdischer Erziehungselemente theoretisch vorstellbar, aber ohne Schwächung der jüdischen Position nur schwer realisierbar[26], da die gestrandeten Angleichungstendenzen in beiden Parteien, der Juden und der Nichtjuden, den unabänderlichen völkischen Charakter des Judentums in Mittel- wie in Osteuropa ausser acht[27] lassen.
Dieser jüdische Volkscharakter beinhaltet Religion, Tradition und Kultur zugleich. Er mochte im Laufe der Jahrhunderte manchen untergeordneten Veränderungen ausgesetzt gewesen sein[28]; seine Grundstruktur

---

25. Dazu H.J. Schoeps, Jüdischer Glaube und jüdisches Gesetz heute, in: H. Ganther, Die Juden in Deutschland, S. 213.
26. Hierüber ausführlicher bei H.J. Schoeps, Israel und Christenheit, S. 188.
27. Siehe Z. Rudy, Soziologie des jüdischen Volkes, S. 199. Für Rudy spielt die Volkszugehörigkeit der Juden in ihrer Beziehung zur Umwelt eine hervorragende Rolle.
28. Vgl. F. Rosenzweig, Die Schrift, Aufsätze, Uebertragungen und Briefe, S. 157.

blieb jedoch unangetastet. Es ist folgerichtig, wenn ernsthafte Christen in der jüdischen Religion fundamentale Teilgebiete ihrer eigenen biblischen Heilsgeschichte erblicken; lobenswert mag es sein, wenn idealgesinnte Juden eine Verbrüderung mit den Christen anstreben. Der ganze Komplex der Konfrontation jüdischer Kultur und Erziehung mit der christlichen hat aber weniger mit blossem Idealismus als mit handfesten Realitäten zu tun, die eben wegen ihrer von Grund auf anderen Natur miteinander schwer zu vereinbaren und aneinander schlecht zu messen sind. Es wäre völlig falsch, eine Christianisierung der jüdischen Kultur - geschweige denn der Erziehung - zu erwarten.

Zusammenfassend geht aus diesen Untersuchungen und Feststellungen hervor, dass nur ein unangetastetes Nebeneinander der jüdischen und der christlichen Kultur auf die Dauer Bestand haben kann.[29] Das europäische Judentum ist auf die kulturelle und moralische Hilfe des Judentums östlicher Prägung angewiesen, soweit es sich in der übrigen Welt noch erhalten hat. Dabei kommt der vom neuentstandenen Staate Israel ausstrahlenden geistigen Kraft im Hinblick auf ihren volkserhaltenden Charakter eine bedeutende Rolle zu.

---

29. Dazu H.J. Schoeps, Israel und Christenheit, a.a.O., S.133.

LITERATURVERZEICHNIS

ADLER, H.G., Die Juden in Deutschland, München, 1960

ADLER, S. - RUDEL, Ostjuden in Deutschland, Tübingen, 1959

AGNON, Samuel Josef, Das Buch von den polnischen Juden, Berlin, 1916

ARENDT, Hannah, Rahel Varnhagen, München, 1959

ASHEIM, Ivar, Glaube und Erziehung bei Luther, Ein Beitrag zur Geschichte des Verhältnisses von Theologie und Pädagogik, Heidelberg, 1961

BAECK, Leo, Das Wesen des Judentums, Frankfurt/M., ^{2}1922

BAECK, Leo, Dieses Volk - Jüdische Existenz, I. und II. Teil, Frankfurt/M., 1955/57

BAERWALD, H., Geschichte der Realschule (Philanthropin) der Israelitischen Gemeinde zu Frankfurt am Main 1804-1904, Frankfurt/M., 1904

BAEUMER, Gertrud, Die Geschichte der Frauenbewegung in den Kulturländern, in: Handbuch der Frauenbewegung, I. Teil, Berlin, 1901

BAEUMER, Gertrud, Lebensweg durch eine Zeitwende, Tübingen, ^{6}1933

BAEUMER, Gertrud, Im Licht der Erinnerung, Tübingen, 1953

BALABAN, Mayer, Die Judenstadt von Lublin, Berlin 1919

BALL-KADURI, Kurt J., Jüdisches Leben einst und jetzt, München, 1961

BARSCHAK, Erna, Die Einstellung des jungen proletarischen Mädchens zum Beruf, in: Siemering/Spranger, Weibliche Jugend in unserer Zeit, Leipzig, 1932

BATO, Ludwig, Die Juden im alten Wien, Wien, 1928

BEBEL, August, Die Frau in der Vergangenheit, Gegenwart und Zukunft, Zürich, 1883

BEBEL, August, Antisemitismus und Sozialdemokratie, Leipzig, 1894

BERNFELD, Siegfried, Das jüdische Volk und seine Jugend, Wien, 1920

BESSMERTNY, Maria, Die Geschichte der Frauenbewegung in Russland, in: Bäumer, G., Die Geschichte der Frauenbewegung, I. Teil, Berlin, 1901

BOHMANN, Alfred, Bevölkerungsbewegungen in Böhmen 1847-1947, Heft 3, München, 1958

BRAUN-VOGELSTEIN, Julia, Lily Braun, Ein Lebensbild, Leipzig, 1922

BRAUN-VOGELSTEIN, Julia, Gestalten und Erinnerungen, Stuttgart, 1966

BRODNITZ, Friedrich, Aufsatz in: Die Juden im Gemeinschaftsleben der Völker, Genf, 1931

BUBER, Martin, Der Chassidismus und die Krise des abendländischen Menschen, in: Juden, Christen, Deutsche, hrsg. von Schultz, H.J., Stuttgart, ^{2}1961

BUBER, Martin, Warum muss der Aufbau Palästinas ein sozialistischer sein?, in: Der Jude und sein Judentum, Köln, 1963

BUEHLER, Johannes, Deutsche Geschichte, Bd. 5 und 6, Berlin, 1954/60

BUYTENDIJK, F.J.J., Die Frau, Natur, Erscheinung, Dasein, Köln, 1953

DUBNOW, Simon Markowitsch, Die jüdische Geschichte, Berlin, 1898

DUBNOW, Simon Markowitsch, Die neueste Geschichte des jüdischen Volkes 1789 - 1914, Bd. 3, Berlin, 1923

EHRLICH, Ernst Ludwig, Geschichte der Juden in Deutschland, Düsseldorf, ^{2}1958

EHRMANN, H., Durch's Jahr, Essays über die gehobenen Momente des jüdischen Pflichtlebens, Frankfurt/M., ²1923

ELBOGEN, Ismar, Geschichte der Juden in Deutschland, Berlin, 1935

ELBOGEN, I. - STERLING, E., Die Geschichte der Juden in Deutschland, Frankfurt/M., 1966

ELOESSER, Arthur, Vom Ghetto nach Europa, Berlin, 1936

ESCHELBACHER, Max, Aufsatz in: Vom jüdischen Geist, Berlin, 1934

FISHMANN, Isidore, The History of Jewish Education in Europe, London, 1944

FLITNER, A. - BITTNER, G., Die Jugend und die überlieferten Erziehungsmächte, Ueberblick zur wissenschaftlichen Jugendkunde, Bd. 2, München, 1965

FLITNER, Wilhelm, Allgemeine Pädagogik, Stuttgart, ⁶1961.

FLITNER, Wilhelm, Die Geschichte der abendländischen Lebensformen, München, 1967

FREYHAN, Wilhelm, Der Weg zum Judentum, Frankfurt/M., 1959

FRIEDLAENDER, Michael, Die jüdische Religion, Frankfurt/M., 1922

FROEBEL, Friedrich, Ausgewählte Schriften, Bd. 1, hrsg. v. Hoffmann, E. Bad Godesberg, 1951

FROMER, N., Vom Ghetto zur modernen Kultur, Zürich, 1945

GOLDMANN, Felix, Aufsatz in: Das deutsche Judentum, Berlin, 1919

GOLDMANN, Nachum, Aufsatz in: Die Juden im Gemeinschaftsleben der Völker, Genf, 1931

GOLTZ, Bogumil, Buch der Kindheit, Langensalza, 1908

de GRUENWALD, C., An den Wurzeln der Revolution, Alexander II. und seine Zeit, Stuttgart/Paris, 1963

GUBLER, A., Berufswahl und Lehrlingswesen der Töchter, Schaffhausen, 1912

GUEDEMANN, Moritz, Quellenschriften zur Geschichte des Unterrichts und der Erziehung bei den deutschen Juden, Berlin, 1891

GUEDEMANN, Moritz, Das Judentum in seinen Grundzügen und nach seinen geschichtlichen Grundlagen, Wien, 1902

GUEDEMANN, Moritz, Jüdische Apologetik, Glogau, 1906

HERZL, Theodor, Zionistische Schriften, Bd. 1, Berlin ³1905

HERZL, Theodor, Das neue Ghetto, Altneuland, (Aus dem Nachlass), Berlin, 1935

HEINEMANN, Isaak, Aufsatz in: Vom jüdischen Geist, Berlin, 1934

HIRSCH, Samson Raphael, Gesammelte Schriften, Bd. 1-6, Frankfurt/M., 1902/12

HIRSCH, Samson Raphael, Versuche über Jissroels Pflichten in der Zerstreuung, Frankfurt/M., ⁴1909

HOETSCH, Otto, Grundzüge der Geschichte Russlands, Stuttgart, 1949

HOLLAENDER, Ludwig, Aufsatz in: Das deutsche Judentum, Berlin, 1919

HOLSTEN, Walter, Aufsatz in: Christen und Juden, Mainz, 1961

JELAVICH, Barbara, Russland 1852-1871, Aus den Berichten der bayerischen Gesandtschaft in St. Petersburg, Wiesbaden, 1963

KAHN, Fritz, Die Juden als Rasse und Kulturvolk, Berlin, 1921

KAULLA, Rudolf, Der Liberalismus und die deutschen Juden, München, 1928

KLAMROTH, E., Mutter und Tochter, Ein Beitrag zur Psychologie des reifenden Mädchens, Langensalza, 1934.

KLJUTSCHEWSKIJ, W.O., Russische Geschichte von Peter d. Grossen bis I. Nikolaus, Bd. 2, Zürich, 1945

KOEHLER, Ludwig, Theologie des Alten Testaments, Tübingen, ^{4}1966

KOENIG, René, Materialien zur Soziologie der Familie, Bern, 1946

KOENIG, René, Soziologie der Familie, in: Gehlen, A./Schelsky, H., Soziologie, Düsseldorf, 1955

KRIPPENDORFF, Ekkehart, Erziehungswesen und Judentum, München, 1960

KUHN, Walter, Bevölkerungsstatistik des Deutschtums in Galizien, Wien, 1930

KUNZA, Gertrud, Die Umwelt der weiblichen proletarischen Jugend in den Städten, in: Siemering, H./ Spranger E., Weibliche Jugend in unserer Zeit, Leipzig, 1932

LANDAU, Jakob, M., Israel, Nürnberg, 1963

LAZARUS, Moritz, Ideale Fragen, Leipzig, 1885

LAZARUS, Moritz, An die deutschen Juden, Berlin, 1887

LAZARUS, Moritz, Die Ethik des Judentums, Bd. 1-2, Frankfurt/M., 1898/1911

LAZARUS, Nahida Ruth, Das jüdische Weib, Berlin, 1896.

LEHMANN, M., Sabbath, Zürich, 1952

LESCHNITZER, Adolf, Die Problematik der deutsch-jüdischen Lebensgemeinschaft, Heidelberg, 1954

LEVIN, Shmarya, Jugend in Aufruhr, Berlin, 1935

LOEWENSTEIN, Fritz, Aufsatz in: Das deutsche Judentum, Berlin, 1919

MAIMON, Moses Ben, Mischne Thora, in: R.M.B.M., Ein systematischer Querschnitt durch sein Werk, hrsg. v. N.N. Glatzer, Berlin, 1935

MANN, Golo, Deutsche Geschichte des 19. und 20. Jahrhunderts, Frankfurt/M., 1958

MANTEUFFEL-SZOEGE, Georg, Baron, Geschichte des polnischen Volkes während seiner Unfreiheit 1772-1914, Berlin, 1950

MASSING, Paul W., Vorgeschichte des politischen Antisemitismus, Frankfurt/M., 1959

MATTHES, Joachim, Religion und Gesellschaft, Einführung in die Religionssoziologie I, Reinbek bei Hamburg, 1967

MAURACH, Reinhart, Russische Judenpolitik, Berlin, 1939

MAYER, Reinhold, Christentum und Judentum in der Schau Leo Baecks, Stuttgart, 1961

MAYER, Sigmund, Die Wiener Juden 1700-1900, Wien, 1917

MEISEL, Josef, Beitrag in: Jüdisches Lexikon, Bd. IV/1, Berlin, 1930

MEISEL, Josef, Beitrag in: Encyclopaedia Judaica, Bd. 7, Berlin, 1931

METZGER, Wolfgang, Der Auftrag des Elternhauses, in: Oeter, F., Familie im Umbruch, Gütersloh, 1960

MICHEL, Ernst, Der Prozess "Gesellschaft contra Person", Soziologische Wandlungen im nachgoethischen Zeitalter, Stuttgart, 1959

MICHELSON, Clara, Jüdisches Kind aus dem Osten, Berlin, 1936

MOSES, Leopold, Beitrag in: Jüdisches Lexikon, Bd. IV/1, Berlin, 1930

MOSKOVITS, Aron, Jewish Education in Hungary 1848 - 1948, New York, 1964

MOSZCZENSKA, I., Die Gescichte der Frauenbewegung in Polen, in: Bäumer, G., Die Geschichte der Frauenbewegung, Handbuch der Frauenbewegung, I. Teil, Berlin, 1901

MURMELSTEIN, B., Geschichte der Juden, Berlin, 1932

NATORP, Paul, Sozialpädagogik, Theorie der Willenserziehung auf der Grundlage der Gemeinschaft, Stuttgart, ^{5}1922

NAUMANN, Friedrich, Die Frau im Maschinenzeitalter, München, 1903

NAUMANN, Friedrich, Die Erziehung zur Persönlichkeit im Zeitalter des Grossbetriebs, Berlin-Schöneberg, 1907

OFFENBERG, Maria, Bildungsschicht der Grossstadt, in: Siemering, H./ Spranger E., Weibliche Jugend in unserer Zeit, Leipzig, 1932

OPPENHEIM, Moritz, Erinnerungen, Frankfurt/M., 1924

OPPENHEIMER, Walter W. Jacob, Jüdische Jugend in Deutschland, München, 1967

PATAI, Georg, Beitrag in: Jüdisches Lexikon, Bd. IV/2, Berlin, 1930

PEYSER, Dora, Alice Salomon, Die Gründerin der sozialen Frauenberufe in Deutschland, Köln, 1958

RAD, Gerhard, von, Theologie des Alten Testaments, Bd. 1, München, ^{3}1961

RIEHL, Wilhelm H., Die Familie, Stuttgart, 1861

ROEPKE, Wilhelm, Civitas Humana, Zürich-Erlenbach, ^{3}1949

ROESSLER, Wilhelm, Die Entstehung des modernen Erziehungswesens in Deutschland, Stuttgart, 1961

ROSENBERG, Curt, Bilder aus einem Leben, Erinnerungen eines ostpreussischen Juden, Würzburg, 1962

ROSENZWEIG, Franz, Zur jüdischen Erziehung, Berlin, 1937

ROSENZWEIG, Franz, Die Schrift, Aufsätze, Uebertragungen und Briefe, Frankfurt/M., o.J.

ROTH, Cecil, Geschichte der Juden, Köln, ^{2}1964

ROTH, Cecil, Der Anteil der Juden an der politischen Geschichte des Abendlandes, Lüneburg, 1965

RUDY, Zwi, Soziologie des jüdischen Volkes, Reinbek bei Hamburg, 1965

RUPPIN, Arthur, Die Juden der Gegenwart, Berlin, ^{3}1920

RUPPIN, Arthur, Soziologie der Juden, Bd. 1-2, Berlin, 1930/31

SALLER, Karl, Biologie der Familie, in: Oeter, F., Familie im Umbruch, Gütersloh, 1960

SALLER, Karl, Psychohygiene der Familie, Köln-Merheim, 1962

SCHARFSTEIN, Zevi, History of Jewish Education in modern Times, Volume 1, In Europe 1789 - 1914, New York, 1945

SCHELSKY, Helmut, Wandlungen der Deutschen Familie in der Gegenwart, Stuttgart, ^{4}1960

SCHILFARTH, Else, Die psychologischen Grundlagen der heutigen Mädchenbildung, Bd. 1, Berufsgestaltung, Leipzig, 1926

SCHOEPS, Hans Joachim, Jüdischer Glaube und jüdisches Gesetz heute, in: Ganther, H. Die Juden in Deutschland, Hamburg, 1959

SCHOEPS, Hans Joachim, Israel und Christenheit, München, 1961

SCHOPEN, Edmund, Geschichte des Judentums im Abendland, Bern, 1961

SCHWARZ, Stefan, Die Juden in Bayern im Wandel der Zeiten, München, 1963

SEGALL, Jakob, Die beruflichen und sozialen Verhältnisse der Juden in Deutschland, Berlin, 1912

SFURIM, Mendale Moicher (Abramowitsch, Salomon), Schloimale, Berlin, 1924

SILBERGLEIT, Heinrich, Die Bevölkerungs- und Berufsverhältnisse der Juden, Bd. 1, Berlin, 1930

SIMON, Ernst, Chajjim Nachman Bialik, Berlin, 1935

SIMON, Ernst, Aufbau im Untergang, Jüdische Erwachsenenbildung im nationalsozialistischen Deutschland als geistiger Widerstand, Tübingen, 1959

SIMON, Ernst, Brücken, Gesammelte Aufsätze, Heidelberg, 1965

SINGER, Isidor, Presse und Judentum, Wien, ^{2}1882

SOLOWEITSCHIK, Mosche, Die Thora, der Lebensquell des jüdischen Volkes, Luzern, 1957

SPRANGER, Eduard, Lebensformen, Geisteswissenschaftliche Psychologie und Ethik der Persönlichkeit, Halle/S., ^{7}1930

SPRANGER, E./SIEMERING, H., Weibliche Jugend in unserer Zeit, (Hrsg.), Leipzig, 1932

STADTMUELLER, Georg, Geschichtliche Ostkunde, München, 1959

STADTMUELLER, Georg, Ostkunde, Bd. 2, München, ^{2}1963

STRASSBURGER, B., Geschichte der Erziehung und des Unterrichts bei den Israeliten, Stuttgart, 1885

STRAUS, Rahel, Aufsatz in: Vom jüdischen Geist, Berlin, 1934

STRAUS, Rahel, Wir lebten in Deutschland, Stuttgart, ^{2}1962

STRAUS, Raphael, Die Juden in Wirtschaft und Gesellschaft, Frankfurt/M., 1964

SUSMANN, Margarete, Aufsatz in: Vom jüdischen Geist, Berlin, 1934

TAENZER, Aaron, Die Geschichte der Juden in Brest-Litowsk, Berlin, 1918.

TAENZER, Aaron, Die Geschichte der Juden in Württemberg, Frankfurt/M., 1937

TIETZE, Hans, Die Juden Wiens, Wien, 1935

UNNA, Isaak, Aufsatz in: Das deutsche Judentum, Berlin, 1919

VIRCHOW, Rudolf, Ueber die Erziehung des Weibes für seinen Beruf, Berlin, 1865

WALTER, Fr./STEINACKER, H., Die Nationalitätenfrage im alten Ungarn, München, 1959

WEIGL, J., Das Judentum, Berlin, 1924

WEINRYB, Samuel Berek, Neueste Wirtschaftsgeschichte der Juden in Russland und Polen, Breslau, 1934

WILBRANDT, Robert/WILBRANDT, Lisbeth, Die deutsche Frau im Beruf, in: Lange, H. / Bäumer, G. Handbuch der Frauenbewegung, IV. Teil, Berlin, 1902

WILBRANDT, Robert/WILBRANDT, Lisbeth, Arbeiterinnenschutz und Heimarbeit, Hena, 1906

WILHELM, Kurt, Aufsatz in: Juden, Christen, Deutsche, Stuttgart, ^{2}1961

WISCHNITZER, Mark, Die Juden in der Welt, Gegenwart und Geschichte, Berlin, 1935

ZELZER, Maria, Weg und Schicksal der Stuttgarter Juden, Stuttgart, 1964